《教师教育课程标准（试行）》教材大系
教师教育国家级精品资源共享课配套教材

中学数学教学设计

Zhongxue Shuxue Jiaoxue Sheji

李 祎　贾雪梅　编著

高等教育出版社·北京

内容提要

　　本书为教师教育国家级精品资源共享课配套教材,也是教师教育课程标准教材大系之一。全书分为上、下两篇,共十二章内容。上篇主要阐述了数学教学设计的基础知识,介绍了数学教学设计的各个环节,包括教材分析与学情分析、教学目标与重难点的设计、教学宏观策略的设计、教学微观策略的设计、教学过程的问题链设计、教学过程的动态化设计等。下篇分别从基于基本数学课型的教学设计、基于课堂教学技能的教学设计、基于现代教学思想的教学设计等不同视角出发,结合丰富的典型案例分析,对数学教学设计作了具体阐述。本书以二维码形式呈现与课程内容相关的部分视频资源,以辅助学生阅读和理解教材中的内容。

　　本书可作为高等师范院校全日制本科生相关专业的教材;也可作为高等学校本科生、研究生、教育硕士相关专业的教材或参考书;还可供中学数学教师、教研员阅读参考,用作中学数学教师的培训教材或研修读本。

图书在版编目（CIP）数据

中学数学教学设计 / 李祎，贾雪梅编著. --北京：高等教育出版社，2016.6（2021.1重印）

iCourse・教材

ISBN 978-7-04-045129-0

Ⅰ.①中… Ⅱ.①李… ②贾… Ⅲ.①中学数学课-教学设计-师资培训-教材 Ⅳ.①G633.602

中国版本图书馆CIP数据核字（2016）第070063号

| 策划编辑 | 王文颖 | 责任编辑 | 王文颖 | 封面设计 | 张申申 | 版式设计 | 童丹 |
| 插图绘制 | 杜晓丹 | 责任校对 | 张小镝 | 责任印制 | 刘思涵 | | |

出版发行	高等教育出版社	网　　址	http://www.hep.edu.cn
社　　址	北京市西城区德外大街4号		http://www.hep.com.cn
邮政编码	100120	网上订购	http://www.hepmall.com.cn
印　　刷	佳兴达印刷（天津）有限公司		http://www.hepmall.com
开　　本	787mm×1092mm　1/16		http://www.hepmall.cn
印　　张	19		
字　　数	370千字	版　　次	2016年6月第1版
购书热线	010-58581118	印　　次	2021年1月第3次印刷
咨询电话	400-810-0598	定　　价	36.00元

本书如有缺页、倒页、脱页等质量问题,请到所购图书销售部门联系调换
版权所有　侵权必究
物料号　45129-00

前　　言

　　为落实教育规划纲要，深化教师教育改革，规范和引导教师教育课程与教学，培养和造就高素质专业化教师队伍，教育部颁布《教师教育课程标准（试行）》．"中学学科教学设计"是课程标准中对中学职前教师教育课程设置的建议模块和必修内容．为推动课程标准在高等院校的实施，教育部启动了教师教育国家级精品资源共享课建设．本书是李祎教授主持的教师教育国家级精品资源共享课"中学数学教学设计"的配套教材．

　　为了保证教材结构的系统性和严谨性，保持内容的基础性、全面性和时代性，本书的结构和内容作了如下安排．

　　上篇包括第一章至第七章．第一章主要对数学教学设计的内涵进行了界定，论述了数学教学设计应遵循的若干原则，扼要地介绍了数学教学设计的基本内容和形式．

　　第二章到第七章是本课程的核心部分，内容包括数学教材分析与学情分析、数学教学目标与教学重难点的设计、数学教学宏观策略的设计、数学教学微观策略的设计、数学教学过程的问题链设计、数学教学过程的动态化设计等．

　　下篇包括第八章至第十二章．第八章到第十章主要从数学概念、数学命题、数学解题三种基本数学课型出发，分析了它们的内涵、特征、学习机制等，在此基础上提出若干教学设计策略，并结合典型教学案例予以解析．第十一章从课堂教学技能的视角入手，分别从课堂导入、课堂提问、课堂板书、课堂练习、课堂小结五个方面出发，论述了数学教学设计的相关问题．第十二章分别从主体性、过程性、情境式、理解性、启发式等现代教学思想出发，对这些教学理念进行了解析，并结合典型案例阐述了其在数学教学设计中的运用．

　　本书的特色主要体现在以下几个方面．一是结构独特，层次清晰．从教学设计内容、基本数学课型、课堂教学技能等不同视角出发，构建了上、下两篇，共十二章．二是内容全面、新颖．内容设计在注重全面性的同时，还努力体现新颖性，如问题链设计、动态化设计等，均是较新的设计理念．三是注重吸取现代教学理论和学习理论的思想，并对其在数学教学设计中的具体应用进行分析．四是强调理论与实践的融合，精选了典型的数学教学设计案例，以帮助读者更好地领会相关理论的思想内涵．五是强化"教材"的自学功能，通过呈现学习目标、视频资源等，实现"教材"功能向"学材"功能的转化．

　　本书以二维码形式呈现本课程核心内容的教学录像，读者扫描二维码即可观看，也可以登录"爱课程"网（www.icourses.cn）查找本课程在线学习．

　　本书主要由福建师范大学的李祎和贾雪梅共同合作编写完成．在编写过程中，参考了一些著作和研究论文．除引述作者本人的论著内容之外，在引用他人的研究成果时，均在文中进行了标注．在此向这些作者表示衷心的感谢．

本书从形式到内容，均有一些新的尝试，需要不断在实践中进行检验．由于水平有限，书中难免存在疏漏和瑕疵，恳请读者朋友批评和指正．

本书也是教育部人文社会科学研究规划基金（课题编号：13YJA880043）的部分研究成果．该成果能得以顺利出版，得到了多方的大力支持．特别感谢高等教育出版社王文颖编辑在本书的结构设计、文字编辑等方面所做的大量工作，正是由于她的鼎力支持和辛勤劳动，本书才得以与读者见面．

编者
2016 年 3 月

目 录

上 篇

第一章　数学教学设计概述　2

    第一节　数学教学设计的内涵与原则　3
    第二节　数学教学设计的内容与形式　8

第二章　数学教材分析与学情分析　22

    第一节　数学教材分析的内容与方法　23
    第二节　数学学情分析的内容与方法　28

第三章　数学教学目标与教学重难点的设计　33

    第一节　数学教学目标的设计　34
    第二节　数学教学重点的设计　42
    第三节　数学教学难点的设计　46

第四章　数学教学宏观策略的设计　54

    第一节　立足学生主体进行数学教学设计　55
    第二节　以学生为本位进行数学教学设计　66

第五章　数学教学微观策略的设计　75

    第一节　基于教学模式选择的数学教学设计　76
    第二节　基于多媒体技术应用的数学教学设计　86
    第三节　基于学习理论指导的数学教学设计　95

第六章　数学教学过程的问题链设计　108

第一节　问题链的基本形式与设计策略　109
第二节　数学教学过程中问题链的设计　118
第三节　数学教学中问题链设计的案例分析　122

第七章　数学教学过程的动态化设计　127

第一节　动态化教学设计概述　128
第二节　课前数学教学设计　128
第三节　课中数学教学设计　131
第四节　课后数学教学设计　136

下　篇

第八章　数学概念教学设计与案例分析　144

第一节　什么是数学概念　145
第二节　数学概念学习的心理分析　154
第三节　数学概念教学设计的基本策略　161
第四节　数学概念教学设计的案例分析　165

第九章　数学命题教学设计与案例分析　171

第一节　什么是数学命题　172
第二节　数学命题的学习方式　177
第三节　数学命题教学设计的基本策略　180
第四节　数学命题教学设计的案例分析　184

第十章　数学解题教学设计与案例分析　190

第一节　对数学解题的基本认识　191
第二节　波利亚的数学解题观　196
第三节　数学解题教学的预设策略　200
第四节　数学解题创新的教学设计策略　204

第五节　数学解题教学设计的案例分析　207

第十一章　基于课堂教学技能的数学教学设计　212

  第一节　基于课堂导入的数学教学设计　213
  第二节　基于课堂提问的数学教学设计　218
  第三节　基于课堂板书的数学教学设计　222
  第四节　基于课堂练习的数学教学设计　226
  第五节　基于课堂小结的数学教学设计　233

第十二章　基于现代教学思想的数学教学设计　237

  第一节　基于主体性教学思想的数学教学设计　238
  第二节　基于过程性教学思想的数学教学设计　249
  第三节　基于情境式教学思想的数学教学设计　257
  第四节　基于理解性教学思想的数学教学设计　268
  第五节　基于启发式教学思想的数学教学设计　279

参考文献　289

上 篇

第一章　　数学教学设计概述

学习目标

- 深刻理解数学教学设计的基本内涵，明确数学教学设计与传统的备课、说课的区别与联系.
- 掌握数学教学设计应遵循的基本原则，掌握数学教学设计的基本内容和形式.

第一节　数学教学设计的内涵与原则

一、数学教学设计的意义

"凡事预则立，不预则废."无论要完成什么工作，都需要做好充分准备，否则就会事倍功半，劳而无功，教学亦然.为使教学工作获得成功，教师必须认真、充分、精心地准备，教学设计就是教学工作中一个极为重要的环节.

教学设计的过程实际上就是为教学活动制订蓝图的过程.通过教学设计，教师可以对教学活动的基本过程形成整体的把握，可以根据教学情境的需要和教育对象的特点确定合理的教学目标，选择适当的教学方法、教学策略，采用有效的教学手段，创设良好的教学环境，实施可行的评价方案，从而保证教学活动的顺利进行.

另外，通过教学设计，教师还可以有效地掌握学生学习的初始状态和学习后的状态，从而及时调整教学策略、方法，采取必要的教学措施，为下一阶段的教学奠定良好基础.从这个意义上说，教学设计是教学活动得以顺利进行的基本保证.好的教学设计可以为教学活动提供科学的行动纲领，使教师在教学工作中事半功倍，取得良好的教学效果.忽视教学设计，则不仅难以取得好的教学效果，而且容易使教学走弯路，影响教学任务的完成.

做好教学设计不仅是讲好课的重要前提，提高教学质量的基本保证，也是教师不断丰富教学经验、提高业务能力的重要途径.苏霍姆林斯基在其著作中谈到过这样一件事：一位有30年教龄的教师上了一节公开课，极其成功.课后有人问他："您这堂课讲得这样好，请问备课用了多长时间？"他说："对每一节课，我都是用终生的时间来准备的.不过，对于这节课的直接准备，只用了大约15分钟."这个故事告诉我们厚积才能薄发.无数优秀教师的经历表明，精心准备正是他们成长和进步的历程.

二、数学教学设计的内涵

（一）数学教学设计的概念界定

关于教学设计的内涵，国内外学者目前还没有统一的界定.如美国学者加涅认为："教学是以促进学习的方式影响学习者的一系列事件，而教学设计是一个系统化规划教学系统的过程."国内学者何克抗等人认为："教学设计主要是运用系统方法，将学习理论与教学理论的原理转换成对教学目标、教学条件、教学方法、教学评价等环节进行具体计划的系统化过程."一般认为，教学设计是指在有关学习理论、教学理论的指导下，运用系统科学的方法，根据课程标准的要求和教学对象的特点，将教学诸要素有序安排，确定合适的教学方案的设想和计划的过程，包括教学目标、教学重难点、教学方法、教学步骤与时间分配等.

视频1.1　数学教学设计的内涵

关于数学教学设计的内涵，国内较早给出界定的是特级教师奚定华："数学教学设计是以数学学习论、数学教学论等理论为基础，运用系统方法分析数学问题，确定数学教学目标，设计解决数学教学问题的策略方案、试行方案、评价试行结果和修改方案的过程."[①] 数学教学设计既具有设计学科的一般性质，又必须遵循数学教学的基本规律. 我们认为，数学教学设计是以教育学、心理学和数学教学理论为基础，运用系统科学的方法，分析数学教学内容、了解学生基本学情、确定数学教学目标、选择数学教学方法、安排数学教学过程、制订数学教学方案的过程. 简言之，就是指数学教师为达成一定的数学教学目标，对数学教学活动进行的系统规划、安排与决策.

（二）教学设计不同于传统备课

教学设计属于广义的备课范畴，但它与传统的备课又有所不同. 传统的备课中多数教师依照教材和教参确立教学目标和任务，凭借个人经验选择教法、实施教学，整个过程缺乏系统性和科学性. 而当代的教学设计则是以先进的教育教学理念为依据，对教学过程中的各种因素进行分析，以期达成教学活动的系统化设计. 教学设计与传统备课的区别如表 1-1 所示.

表 1-1

比较项目	传统备课	教学设计
主线	教师中心，以教代学，强调教的设计	学生中心，以学论教，强调学的设计
对象	备教材：备课基于对教材知识点的传授，教案就是教学实施的脚本	备教材：深入研究教材 备学生：立足于学生的实际需要，着眼于学生的全面发展
依据	以教师教学经验为备课依据	以科学的教育学、心理学理论为指导，在分析具体教学需要的基础上进行设计
变通性	备课相当于课前的教学准备，它的内容是预设的、静态的，课堂教学强调对教案的忠实执行	教学设计的主体工作需要在课前完成，但需要在教学过程中不断调整，教学设计贯穿于课前、课中和课后
教材观	"权威化"的教材观：将重心放在分析教材、梳理知识、强化考点等方面，教师是"教教材"，其重要职能往往是实现和强化教材与其他教学辅助资料的权威功能和诠释功能，缺少自己的教学创意，缺少主动设计意识	"材料式"的教材观：教材只是教学活动的载体和媒介，只是课堂教学中可供利用的一种教学资源，是"用教材教"，而不是"教教材"

作为记录传统备课结果的教案，与教学设计稿的重要差别是，教案只说"怎

[①] 奚定华. 数学教学设计 [M]. 上海：华东师范大学出版社，2001.

样教",而教学设计稿还要回答"为什么要这样教". 教案是教师备课这个复杂思维过程的总结,多是教学具体过程的罗列,是教师备课结果的记录,是教师进行课堂教学的操作性方案,它重在设定教师在教学中的具体内容和行为,即体现"教什么"和"怎么教". 教学设计稿侧重于有针对性的理论指导的阐述,它虽也包括教案中的精华部分(教学设计稿的编写多以教案为蓝本,作为参考的第一手材料),但更重要的是要从理论和实践的结合上具体阐述"为什么要这样教",要体现出执教者的教学思想、意图和理论依据. 教案是平面的、单向的,而教学设计稿是立体的、多维的,是教案的深化、扩展与完善.

(三)教学设计不同于说课

说课作为一种教研形式,是指教师在特定的场合,在精心备课的基础上,面对评委、同行或教研员,以先进的教育理论为指导,将自己对课程标准、教材的理解和把握、课堂程序的设计和安排、学习方式的选择和实践等一系列教学环节及其理论依据进行阐述,然后由听者评议,说者答辩,相互交流、相互切磋,从而使教学设计不断趋于完善. 简言之,说课主要回答"做什么""怎么做"及"为什么这么做"三个方面的问题.

视频 1.2 说课典型案例:基本不等式

教学设计与说课,既有不同点,也有相同之处.

1. 不同点

教学设计的目的是上课,说课的目的是提高教学质量;前者属于教学活动,后者属于教研活动. 教学设计的施受对象是学生,用时较长;说课的施受对象是教师、教研人员,用时较短. 教学设计主要是课前行为,也包括课中设计和课后设计;而说课既可以是课前说课,也可以是课后说课.

视频 1.3 说课典型案例剖析

2. 相同点

教学设计与说课的相同点在于两者都不仅要回答"做什么"和"怎么做",还要回答"为什么这样做". 回答"为什么",就是要说理,因而"说理性"是两者的重要共同点. 它要求教师必须努力提高理论水平,经常注意理论对实践的指导以及在实践中寻求理论的支持,养成运用教育理论的习惯,提高教育教学水平. 这同备课、上课、写教案相比,要求更高,难度更大,教研性质也更明显、突出.

教学设计稿与说课稿的结构和呈现方式基本相同,主要都从以下几个方面展开:教材分析,学情分析,教学目标,教学重难点,教学策略,教学过程,教学反思与评价. 在每一部分,两者都要尽可能回答以下两个问题:这样做的意图是什么?这样做的依据是什么? 由此增强教学行为的理性和自觉性,避免教学行为的随意性和盲目性.

三、数学教学设计的原则

视频 1.4 数学教学设计的原则

（一）系统性原则

教学设计是一项系统工程，由教学对象分析、教学内容分析、教学目标确定、教学方法选择以及教学评估等子系统组成，各子系统既相对独立，又相互依存、相互制约，组成一个有机的整体．同样，数学教学设计把教学过程视为一个由诸要素构成的系统，需要用系统思想和方法对参与教学过程的各个要素及其相关关系做出分析与判断．从"教什么"入手，对课程标准、教科书和学生实际情况进行分析，然后思考"怎样教"，确定具体的教学目标和教学重难点，选用恰当、实用的教学手段，制订行之有效的教学策略和步骤．

（二）科学性原则

数学教学设计的科学性，主要体现在要最大限度摆脱凭借主观经验进行教学设计的倾向，特别是要充分考虑教学系统的复杂性特点，以及注重对学习者本身进行细致且全面的分析，强调科学原理对教学活动的指导性，减少教学过程的盲目性和随意性．在具体教学设计活动中，不但要指出"做什么"和"怎么做"，还要回答"为什么这样做"．它要求教师要善于学习教育学、心理学、数学教学理论等，注意理论对实践的指导，在实践中寻求理论的支持，养成运用教育教学理论的习惯，提高数学教育教学的水平．

例如，某教师在"基本不等式"的教学设计中，对基本不等式的分析环节中的"设计意图"作了以下阐述．

案例 1-1

我们将 $\sqrt{ab}$ 称为正数 a，b 的几何平均数，将 $\dfrac{a+b}{2}$ 称为它们的算术平均数．引导学生用文字语言将基本不等式叙述为：两个正数的几何平均数不大于这两个正数的算术平均数．

$\sqrt{ab}$ 之所以被称为几何平均数，说明它有自己的几何意义，我们可以通过构造圆来进行探究，同学们课后有兴趣的话可以自行研究．

如果从数列的角度来认识基本不等式，$\sqrt{ab}$ 就是正数 a，b 的等比中项，$\dfrac{a+b}{2}$ 就是它们的等差中项，因此这一结论也可以叙述为：两个正数的等比中项不大于这两个正数的等差中项．

【设计意图】 引导学生学会在数学的符号语言和文字语言之间进行转换；根据多元表征理论，采用数形结合方法让学生多角度理解基本不等式；通过不同知识之间的横向联系，使学生对所掌握的知识能进行融会贯通．

(三) 可行性原则

教学设计要成为现实，必须具备两个可行性条件．一是符合主客观条件．主观条件应考虑学生的年龄特点、已有知识基础和师资水平；客观条件应考虑教学设备、地区差异等因素．二是具有操作性．教学设计是教学实施的蓝图，所制订的教学目标、教学过程必须是可以操作的，否则就失去了教学设计的意义．

1. 教学目标的可操作性

教学目标应是可观察、可测量的，为此描述目标的行为动词，必须是具体的而不能是抽象的．比如把教学目标确定为"掌握一元二次方程根的判别式"，这一目标就不具有可操作性，要对"掌握"的内涵做出具体界定：在用配方法推导求根公式的过程中，理解判别式的结构和作用；能用判别式判断数字系数方程的根的情况；能用判别式判断字母系数方程的根的情况；能应用判别式解决其他情境中的问题．

2. 教学过程的可操作性

教学过程设计就是具体教学活动步骤的安排，因而要具有较强的可操作性．比如，以下关于"对数函数的概念"的教学设计，就具有较强的可操作性．

▶ 案例 1-2

问题与情境	师生活动	设计意图
活动一： 1. 你能说出指数函数的概念、图像、性质吗？	生：回答问题 1．	通过回顾旧知识，使知识得到联系．
2. 通过细胞分裂的次数 x 和细胞分裂后的个数 y 这两个变量之间的依赖关系 $y=2^x$（$x \in \mathbf{N}^*$），教师提出问题："如果知道该细胞分裂后的细胞个数，能否知道细胞分裂的次数？"引导学生将该指数式转化为对数式 $x=\log_2 y$．	师：组织学生分析和讨论，注意引导学生从函数的实际意义出发，解释两个变量之间的关系．	创设问题情境，让学生从生活中发现问题，激发学生的学习兴趣．
3. 阅读教材（人教版）2.2.1 中的例 6，在 $t=\log_{5730\frac{1}{\sqrt{2}}} P$ 中，已知在古遗址上生物体内碳 14 的含量 P，与之相对应的生物死亡年代 t 的值能求出来吗？	教师提出问题，注意引导学生把解析式概括到 $y=\log_a x$ 形式．	初步建立对数函数模型．
4. 你能归纳出这类函数的一般式吗？	学生思考，归纳概括函数特征．	

续表

问题与情境	师生活动	设计意图
活动二： 1. 归纳出对数函数的概念. 2. 你知道为什么 $a>0$ 且 $a\neq 1$ 和 $x>0$ 吗？	师：（板书）一般地，我们把函数 $y=\log_a x(a>0$ 且 $a\neq 1)$ 称为对数函数，其中 x 是自变量，定义域为 $x\in(0,+\infty)$. 引导学生用对数的定义分析、回答.	抽象出对数函数的一般形式，让学生感受从特殊到一般的数学思维方法，发展学生抽象思维能力.

（四）多样性原则

多样性原则就是要求教师在设计教学活动时，要注重活动形式和方法的多样性，力求采用多种不同形式的活动和手段来达成目标. 多样性原则既可以解决教学内容与形式的适切性问题，又可以激发学生学习兴趣，使教学焕发生机.

1. 教学模式的多样性

"云无定姿姿万态，教无定法法千采." 不同数学内容采用不同教学模式，会产生不同的教学效果，但不存在针对所有教学内容都有效的教学模式. 教学有法，教无定法，贵在得法. 教师要根据教学实际需要，设计灵活多变的教学模式，要充分体现教学的动态生成性的特点.

2. 教学手段的多样性

教学手段是实现教学目标的主要措施. 传统的数学教学，从概念到定理，教师单靠粉笔和黑板讲解，势必影响数学教学的质量和效果. 要提高课堂教学效率，必须注意教学手段的多样化. 比如，学生的动手操作实验、多媒体教学手段的应用等. 这样能使学生做、看、听、想等多感官并用，从而提高数学课堂教学效率.

第二节 数学教学设计的内容与形式

一、数学教学设计的基本内容

教学设计有许多不同的模式，所包括的内容也不尽相同. 美国学者马杰（R. Mager）指出，教学设计依次由三个基本问题组成：首先是"我要去哪里"，即教学目标的制订；其次是"我如何去那里"，包括学习者起始状态的分析、教学内容的确定、教学方法与教学媒体的选择；最后"我怎么判断我已经达到了那里"，即教学的评价和监控. 教学设计是由目标设计、内容方法设计、评价监控设计所构成的一个有机整体.

具体而言，数学教学设计主要包括以下基本内容：

（一）教学内容分析

1. 背景分析

分析数学知识发生、发展的过程，它与其他有关知识之间的联系，以及它在社会生产、生活和科学技术中的应用.

2. 功能分析

明确这部分内容在整个教材中所处的地位和作用，以及它的学习价值和教育功能，包括智力价值、德育价值和应用价值.

视频 1.5 数学教学设计之教学内容分析

3. 要素分析

数学教学内容是一个系统，构成数学教学内容的基本要素有：背景材料、概念和命题、例题、习题. 要素分析就是对这四类要素分别进行分析，从而为合理的教学设计提供依据.

4. 结构分析

分析某一教学内容有哪些知识要点，它们是如何安排的，前后次序如何，其中哪些是重点、难点和关键. 结构分析包括两种层次：表层结构分析侧重于知识点之间的联系，深层结构分析着重挖掘表层知识背后蕴含的思想和方法等.

（二）学生学情分析

学情分析的主要内容包括学生的一般特征分析和起点能力分析.

一般特征指对学习者进行学习产生影响的心理、生理和社会的特点，包括学生的年龄、性别、年级水平、认知成熟度、智能、学习动机、个人对学习的期望、生活经验、经济、文化、社会背景等因素. 它们影响设计者对学习内容的选择和组织，影响教学方法、媒体和组织形式的选择与运用.

视频 1.6 数学教学设计之学生学情分析

起点能力是指学生在学习某一特定内容时，已经具备的有关知识与技能的基础，以及他们对这些学习内容的认识和态度. 起点能力分析一般包括以下三个方面：

（1）预备技能分析，即了解学习者是否具备了进行新的学习所必须掌握的知识与技能.

（2）目标技能分析，即了解学生对目标技能的掌握情况.

（3）学习态度分析，即分析学生对将要学习的内容所持的态度.

（三）教学目标设计

根据数学课时的教学要求，结合学生的基础知识和学习能力，制订明确、详细的教学目标. 教学目标的内容要力求全面，充分体现课程理念；教学目标要可观测、可操作、可实施；教学目标的描述要科学，尽可能体现教学目标的四要素（主体、行为、条件、程度）.

视频 1.7 数学教学目标、重点、难点的设计

(四）教学重难点设计

所谓教学重点，是指在教材内容的逻辑结构和知识体系中处于重要地位的内容；所谓教学难点，是指学生在学习过程中阻力较大或难度较高的某些关键点. 课堂教学要完成认知目标，就需要教学设计者在设计时必须解决好"突出重点"和"突破难点"这两个常规问题.

（五）教学策略设计

教学策略是在特定教学情境中为完成教学目标和适应学生学习需要而制订的教学程序计划和采取的教学实施措施. 教学策略主要解决"如何教和如何学"，要同时考虑目标、内容、学生、时间、教学条件等要素，从争取整体教学效益最大化的角度选择教学策略.

教学策略设计和选择的基本依据，应包括以下几个方面：

(1) 分析教学目标. 教学目标不同，所采取的教学策略也就不同.

(2) 关注学习者的初始状态. 学生的知识与技能、学习风格、心理发展水平等初始状态，决定着教学的起点，是制订教学策略的基础.

(3) 考虑学习者的自身特征. 教学目标和教学内容是制订教学策略的客观条件，而学习者的教学思想、经验、风格等自身特征，则是制订教学策略的主观因素.

(4) 关注问题情境. 同一策略可以解决不同问题，不同策略也可以解决相同问题，教学策略的应用随问题情境的变化而变化.

（六）教学过程设计

视频 1.8 数学教学活动的设计

教学过程是一个师生互动的动态化过程，教师要根据教学目标、重点、难点，设置教学环节和程序，通过构建层层递进的问题链，引导学生不断进行分析和思考，最终实现预设的教学目标. 教学过程设计要求教学的总体环节完整，各环节之间呈现出一定的逻辑关系；问题链紧扣教学目标的逐步实现，提出问题之后要预计学生的反应；教师活动与学生活动的安排合理，特别是对学生活动的内容与形式做出较为具体的描述；教学各环节时间分配科学；设计意图与设计依据的分析恰当.

教学过程设计还包括练习设计和板书设计.

（七）教学评价设计

视频 1.9 数学教学评价的设计

所谓教学评价，是指根据一定的教学目标，运用可行的科学手段系统地采集和分析信息，对教学活动过程及结果满足预期目标的程度进行测定和衡量，并给出价值判断，从而为修正教学设计提供依据，实现教学价值的增值.

评价包括对学和教的两方面的评价：一方面要以目标为标准对学生的学习效果进行评价，包括形成性评价和总结性评价两种方式；另一方面评价提供了关于教学效果的反馈信息,从而对教学中所有步骤作重新审查,特别应检验教学策略的有效性.

需要指出的是,教学设计系统是开放的,教学过程是动态的,涉及的环境、学生、教师、信息、媒体等各个因素也都是处于变化之中,因此教学设计具有灵活性的特点. 在具体开展数学教学设计时,应根据不同情况的要求,针对不同的实际问题,决定设计步骤和方法,创造性地进行教学设计.

二、数学教学设计的基本形式

数学教学设计结果的呈现,通常有两种不同的形式:一种是文本形式的教学设计,另一种是表格形式的教学设计. 两种设计主要是形式上的不同,并没有本质上的差异. 但在教学过程设计环节,后一种形式更容易体现师生活动的特点.

（一）文本形式的教学设计

"××××"教学设计

一、教学内容分析

（说明学科、年级、教材版本、所需课时,概述学习的内容和本节课内容的价值及重要性.）

二、学生学情分析

（分析学习者的学习态度、学习动机和学习风格,说明学习者在知识与技能、过程与方法、情感态度与价值观三个方面的学习准备和起点状态.）

三、教学目标设计

（从知识与技能、过程与方法、情感态度与价值观三个维度对该课题预计要达到的教学目标进行整体描述.）

知识与技能：

过程与方法：

情感态度与价值观：

四、教学重难点设计

1. 教学重点
   确定依据
2. 教学难点
   确定依据

五、教学策略设计

（说明本节课教学设计的基本理念,主要采用的教学与活动策略,以及这些策略在实施过程中的关键问题.）

六、教学过程设计

（构建层层递进的"问题链",对问题设计的意图或依据进行分析,并对提出问题之后可能出现的各种情况，进行详细的预判和分析.)
问题1
设计意图
设计依据
问题2
设计意图
设计依据
七、教学评价设计

（二）表格形式的教学设计

课题名称				教材版本	
学生年级		课时		设计教师	

一、教学内容分析

二、学生学情分析

三、教学目标设计

四、教学重难点设计

五、教学策略设计

六、教学过程设计

教学环节	教师活动	学生活动	设计意图或依据

七、教学评价设计

三、数学教学设计参考案例

▶ **案例 1-3 "反比例函数的图像与性质" 教学设计**①

一、教学内容分析

本节课属于人教版数学教材八年级下册第 17 章第一节"反比例函数"的内容,该内容分三个课时,本节课是第二课时.

本节课要求学生通过列表、描点、连线等手段,能熟练地画出反比例函数的图像,并借助函数图像,通过数形结合的方法,观察、分析、归纳出反比例函数的性质,再利用这些函数性质,分析并解决一些简单的实际问题.

函数是代数的核心知识,也是学生学习代数的难点.初中阶段所学习的函数主要有一次函数、反比例函数和二次函数,高中阶段还要进一步学习幂函数、对数函数、指数函数和三角函数.

从宏观方面来看,之前学习的函数、正比例函数、一次函数等概念,为反比例函数的学习打下了一定的基础.学生可以根据已有的知识和经验,通过联系、类比的方式学习反比例函数.学生通过学习反比例函数,进一步深化对函数概念的理解和掌握.同时,本节课内容的学习,还可为学生高中阶段学习幂函数、双曲线方程等相关知识奠定基础.

从微观方面来看,上一节课学生学习了反比例函数的概念,本节课对反比例函数的图像和性质的研究,将为下一节课学习反比例函数的实际应用奠定基础.因而本节课内容起着承上启下的作用,有着举足轻重的重要地位.

反比例函数在生活中应用十分广泛,体现在自然科学、工程技术,甚至是人文社会科学中.应用反比例函数的数学模型,可以更好地刻画现实世界中的数量关系,借此可培养学生数学建模的思想和数学应用的意识.

二、学生学情分析

(一)从八年级学生的学习特点来看

1. 知识基础方面

学生之前已经学习过"正比例函数"的内容,对研究函数性质的方法已经有了初步的认识,这为研究反比例函数图像及其性质奠定了基础.但画反比例函数的图像,以及由反比例函数的图像归纳反比例函数的性质,对学生现有的能力和认知水平具有一定的挑战性.

2. 思维水平方面

八年级学生具备了较强的类比学习能力和总结归纳能力,已经具有函数的相关知识,并且对函数变化过程也有一定的认识,但八年级学生初次接触双曲线这种函数图像,在理解和认知上存在一定的困难.

视频 1.10 "反比例函数"的教学(学生实训)

视频 1.11 "反比例函数"的教学(教学评点)

---

① 本案例设计者:夏芊芊;指导者:李祎.

3. 心理特点方面

学生年龄偏小，上课积极活跃，有较强的求知欲和表现欲，但注意力往往不够持久，容易出现注意力转移和分散的现象．为此，在教学中要采用动手设计、小组交流、多媒体辅助教学等多样化的教学方式．

4. 学习态度方面

要使学生积极而高效地掌握知识，必须在教学过程中关注学生的兴趣、动机、情感、态度等非智力因素．例如，教师可以通过适时的鼓励和表扬，激发学生乐于探索、勇于探究的精神．

（二）从我校学生的实际情况来看

通过平时的交流、沟通了解到，学生多来自条件优越的家庭，基本能力和技能适中，学习态度较端正，但缺乏学习的内驱力，缺乏自主探究问题和解决问题的精神．因此在教学中要创设自主探索、合作交流的环境，通过动手操作设计产生认知冲突：反比例函数的图像应该是怎样的？通过启发式教学不断激发学生探求新知的热情，通过动手画图并展示成果增强他们学习函数的自信心．探究性质时利用"几何画板"呈现更多的反比例函数图像，把抽象转化为直观，激发学生学习的主观能动性．

三、教学目标设计

（一）知识与技能

(1) 能正确画出反比例函数的图像，进一步熟悉画函数图像的主要方法和步骤；

(2) 理解和掌握反比例函数的性质．

（二）过程与方法

(1) 通过从"数"到"形"、以"形"辅"数"，掌握数形结合的方法；

(2) 通过类比一次函数的研究方法，来研究反比例函数的图像和性质，以掌握类比思想，提高迁移能力；

(3) 通过对函数图像进行观察、分析、抽象和概括，提高观察能力和抽象概括能力，增强探究数学问题的本领；

(4) 在描点作图和分析探究的过程中，掌握分类讨论的思想和从特殊到一般地研究问题的方法．

（三）情感态度与价值观

(1) 在动手作图的过程中，体会"做数学"的乐趣，养成勤于动手、善于思考、勇于探索、乐于交流的习惯；

(2) 在自主探究反比例函数性质的过程中，培养积极参与和勇于探索的精神；

(3) 在探究活动中培养严谨的科学态度和勇于探索的科学精神；在师生、生生的交流活动中，学会与人合作，学会倾听、欣赏和感悟．

四、教学重难点设计

（一）教学重点

通过研究反比例函数的图像和性质的过程，促进学生掌握研究函数性质的一般方法，培养学生分析问题和解决问题的能力.

【设计依据】 作图过程是在"数"与"形"的"相互作用"下完成的，结合函数图像探究函数性质是重要的研究方法，通过探究活动让学生掌握探究问题的一般过程与方法更为重要，这是由"知识本位"向"能力本位"过渡的必然要求.

（二）教学难点

画图时如何恰当取点是第一难点；通过图像如何探究出反比例函数的性质是第二难点.

【设计依据】 由于取点要具有全面性、代表性和典型性，才能相对准确或容易地作出函数的图像，这对刚开始学习函数的学生而言，具有一定的难度；"探究函数性质"这一问题开放性较强，学生头脑中也没有单调性、对称性、逼近性等预设的有关函数性质的概念，因而给学生的思考带来了一定的难度.

五、教学策略设计

（一）教学工具设计

1. "几何画板"的使用

比如，可以利用多媒体演示画图，把"反比例函数的图像无限逼近坐标轴"这一抽象特征清晰地展示在学生面前，把抽象内容直观化、具体化；又如在研究反比例函数 $y=\dfrac{6}{x}$ 和 $y=-\dfrac{6}{x}$ 之间的关系时，利用几何画板把两个函数图像放在一个平面直角坐标系中，一个图像用红色，一个图像用绿色，让学生直观观察两幅图像的对称性.

2. 实物投影仪的使用

在画图过程中，利用实物投影仪来展示学生的作品，及时纠错. 在探索反比例函数的性质时，通过实物投影仪把每个小组代表的作品集中展示，从自己的作品中探索性质，提高学生学习的自信心.

3. 教具准备

每个人发放一张 A4 大小的纸，上面画有四个完整的平面直角坐标系，以及供填空取点的表格.

（二）教学策略设计

根据奥苏贝尔的"有意义接受学习"的理论，以及新课程所倡导的自主探索、合作交流、动手实践的学习方式，考虑到教学的实效性和高效率，本节课以启发式的讲解为主，适当辅之以自主探索和合作交流，充分体现"以学生为主体，教师为主导"的教学理念.

1. 抛锚式的教学策略

教师首先利用"设计面积为6的菜园"的实际问题，来进行"抛锚"，既引出和圈定了学习主题，又可以激发学生的学习兴趣和主动精神. 在学生通过设计和观察得出规律后，教师由特殊到一般提出本节课的课题. 课堂结束之际，通过拓展题又联系到情境问题，使整个教学设计首尾呼应，浑然一体.

2. 脚手架教学策略

教学中以问题串的形式来进行设计，每一个问题的设问相当于是脚手架，让学生借助脚手架建构自己的理解. 比如在画反比例函数的图像前，通过问题串的设问，为学生寻找适当的研究方法搭建脚手架；在取点描绘图像和图像纠错环节，通过交互式脚手架，在教师示范、分组画图、合作交流的过程中，突破画图的难点.

3. 过程性变式教学策略

利用"变式理论"设计习题，结合反比例函数的图像和性质，从简单"练习题"向较为复杂的"组合题"过渡，渗透一题多解、一题多变、一法多用的思想，通过适当的引申和变式，培养学生在复杂背景中辨别条件的能力.

六、教学过程设计

（一）温故知新，创设情境

复习旧知：①正比例函数的概念及其性质；②反比例函数的概念.

问题 1 反比例函数到底"反"在何处呢？

师生活动：教师提问，学生回答.

【设计意图】复习巩固，温故知新.

【设计依据】寻找新知识的生长点，建立新知与旧知的联系. 奥苏贝尔说过："任何学习都是建立在学生已有知识和经验基础之上."

情境探究：有一块长方形的菜地，长为 x，宽为 y，面积为 6，可以怎样设计这块菜地呢？（以 1 厘米为一个单位）大家动手画一画.

师生活动：学生积极思考，并动手画图，小组交流讨论；教师巡视，观察学生设计成果.

【设计意图】恰当的问题情境，能引发学生的认知冲突，激发他们的求知欲和探索精神.

【设计依据】从心理学的角度来看，人容易对已有经验和熟悉的事物引起共鸣. 通过感兴趣的问题，更容易产生认知心向.

学情预设：学生可能设计出多种面积为 6 的长方形，选择四幅图像并排展示，例如：长和宽分别为 6 和 1 的长方形，长和宽分别为 5 和 1.2 的长方形，长和宽分别为 4 和 1.5 的长方形，长和宽分别为 3 和 2 的长方形.（图略）

由面积是 6 可知 $xy=6$，即 $y=\dfrac{6}{x}$，这是我们所学习过的反比例函数. 从图形对比可以发现，当 x 不断增大时，y 却不断减小.

引出课题：一般地来研究反比例函数 $y=\dfrac{k}{x}(k\neq 0)$.

问题 2 函数是描述变量变化相依关系的数学模型，在反比例函数 $y=\dfrac{k}{x}(k\neq 0)$ 中，y 随 x 的变化而变化. 那么，y 随 x 变化的过程中，会呈现出怎样的特点和规律呢?

学情预设：问题难度较大，学生思考存在困难，而且考虑到教学的时效性，思考的时间不能太长.对于学习优异的个别学生，可能会从解析式的角度进行初步探索.

【设计意图】这是一个一般性的问题：所有函数的性质，揭示的都是 y 随 x 变化的规律.通过这个一般性和开放性的发问，有助于培养学生的问题意识.

（二）动手操作，探究规律

问题3 静态分析 $y=\dfrac{k}{x}(k\neq 0)$，不易看出变化的特征和规律，我们应借助什么工具来研究其特点和规律呢?

师生活动：教师提问，引导学生寻找合适的研究工具，学生思考并回答.

【设计意图】采用"数形结合"的思想，借由函数图像研究函数性质，这是研究函数问题的一般方法.

【设计依据】学习研究问题的方法是数学学习的关键.

问题4 如同一次函数的研究方法，我们考虑在平面直角坐标系中研究反比例函数 $y=\dfrac{k}{x}(k\neq 0)$，那么应怎样进行研究呢?

学情预设：之前学习过一次函数性质的研究方法，即通过画图像进行观察和归纳函数的性质，所以预计大部分学生都能想到画反比例函数的图像.

【设计依据】研究一次函数性质的方法，会在这里产生知识技能的正迁移.

问题5 怎样画出反比例函数 $y=\dfrac{k}{x}(k\neq 0)$ 的图像呢?

师生活动：学生思考画图的具体步骤：列表、描点、连线.

【设计意图】回顾画函数图像的步骤，为下一步画图埋下伏笔.

问题6 对于一般的反比例函数 $y=\dfrac{k}{x}(k\neq 0)$，你能画出它的图像吗?

学情预设：学生可能会试着取点，发现由于抽象字母 k 的存在，要画出具体图像是不可能的.

【设计意图】迫使学生要学会"从特殊到一般""从具体到抽象"的研究方法.

问题7 下面我们就一个具体函数来进行思考.比如之前情境中的反比例函数 $y=\dfrac{6}{x}$，怎样才能画出它的图像呢?

师生活动：教师引导学生思考情境中的反比例函数，其自变量 x 的值都为正数.对于一般的 $y=\dfrac{6}{x}$，x 能取0吗？能取负数吗？怎样取点能把图像画得更精确一些呢？

学情预设：学生在画图中可能出现以下错误：

①取点时，都取正值，导致只画出一条曲线；

②取的点不够多，或取的点分布不均，使图像失真；
③连线时习惯过原点或与两坐标轴相交；
④连线时习惯用线段，导致出现"硬转弯"的折线图.
这时教师要向学生强调，取点要满足：
①全面性：x 既能取正数，又能取负数；
②代表性：使点均匀地分布；
③典型性：使计算简便.

【设计意图】取点要有全面性、代表性、典型性，这是教学中需要突破的一个难点，要多启发学生展开充分的思考.

问题 8 观察这个图像，有什么特征呢？

学情预设：反比例函数的图像是双曲线，由两条曲线组成.

图像无限延伸，会与 x 轴或 y 轴相交吗？假如相交，可从解析式的角度进行分析：$y=\dfrac{k}{x}(k\neq 0)$，因为 $k\neq 0$ 得到 $y\neq 0$，所以图像不与 x 轴相交；因为 $x\neq 0$，所以图像不与 y 轴相交.

图像无限延伸，会与 x 轴或 y 轴平行吗？假如与 x 轴平行，x 值不断增大而 y 值不改变，这从解析式 $y=\dfrac{k}{x}(k\neq 0)$ 的变形 $xy=k$ 可知，这是不可能发生的；同理可知也不会与 y 轴平行.

图像是中心对称图形，也关于直线 $y=x$ 或 $y=-x$ 对称.

【设计意图】预设学生可能出现的各种想法，充分发挥学生的能动性，尊重学生的个性化思考，并根据学生的回答以学定教.

【设计依据】教学需要弹性预设，更需要动态生成；"以学定教"是教学的基本原则，课堂上随时把握学情，这样教学才更具有针对性.

(三) 小组合作，深入探究

问题 9 刚才只是一个具体的函数，是"个性"，我们需要把握反比例函数 $y=\dfrac{k}{x}(k\neq 0)$ 具有的共性，其他反比例函数是否具有一样的特征呢？试着画出函数 $y=-\dfrac{6}{x}$，$y=\dfrac{3}{x}$，$y=-\dfrac{3}{x}$ 的图像.

师生活动：学生分组画图，教师巡视指导.

【设计意图】渗透从特殊到一般的概括归纳思想，让学生认识到不能一次性强行归纳，要概括总结规律，画一个函数图像并不够.

【设计依据】体现了具体与抽象、特殊与一般的辩证关系.

问题 10 展示学习小组所画的图像，可以发现，$y=\dfrac{6}{x}$ 和 $y=\dfrac{3}{x}$ 的图像分布在第一、三象限，$y=-\dfrac{6}{x}$ 和 $y=-\dfrac{3}{x}$ 的图像分布在第二、四象限，为什么会这样呢？

学情预设：图像分布在不同的象限可能是由 k 值决定的.

从"形"的角度来验证：让学生列举其他 $k>0$ 和 $k<0$ 的反比例函数，通过几何画板的动态演示，让学生直观感受反比例函数的图像特征.

从"数"的角度来验证：从 $y=\dfrac{k}{x}(k\neq 0)$ 可知 $xy=k$，k 为定值，即 x 与 y 的乘积为定值.

$k>0$ 时，x，y 同号 $\begin{cases} x，y 都为正，图像在第一象限 \\ x，y 都为负，图像在第三象限 \end{cases}$

$k<0$ 时，x，y 异号 $\begin{cases} x 为负、y 为正，图像在第二象限 \\ x 为正、y 为负，图像在第四象限 \end{cases}$

【设计意图】以"数"与"形"的相互转化，来探究函数图像的规律，提升学生分析、归纳的能力，深刻理解图像分布的象限是由 k 值决定的.

问题 11 通过以上对具体函数的观察和分析，你能概括出一般反比例函数 $y=\dfrac{k}{x}$ 的图像特征吗？

得出结论：

（1）$k>0$，图像分布在第一、三象限，在每个象限内，y 随着 x 的增大而减小；

（2）$k<0$，图像分布在第二、四象限，在每个象限内，y 随着 x 的增大而增大.

【设计意图】类比一次函数图像的研究方法，通过图像观察从特殊到一般地总结出规律. 这里渗透了分类讨论的思想方法.

问题 12 把反比例函数 $y=\dfrac{6}{x}$ 和 $y=-\dfrac{6}{x}$ 放在同一平面直角坐标系中时，它们之间有什么关系？（用几何画板演示）

结论：两个图像关于 x 轴对称，也关于 y 轴对称.

【设计意图】观察两个图像的对称性，感知数学中的对称美.

（四）分层训练，巩固体验

例 1 反比例函数 $y=\dfrac{k}{x}(k\neq 0)$，其图像经过点 $(-2，3)$，则该反比例函数的图像分布在第几象限？

例 2 已知反比例函数 $y=\dfrac{3-k}{x}$，其图像位于第一、三象限，则字母 k 的取值范围是多少？

例 3 反比例函数 $y=\dfrac{3-k}{x}$ 的图像，当 $x>0$ 时，y 随着 x 的增大而增大，则 k 的取值范围是多少？

教师在讲评这些例题时，有意识地渗透数形结合的思想方法，从而使解题难点得以化解.

例4 （拓展题）如图1-1，过反比例函数 $y=\dfrac{1}{x}(x>0)$ 的图像上任意两点 A、B 分别作 x 轴的垂线，垂足分别为 C、D，连接 OA、OB，设 $\triangle AOC$ 和 $\triangle BOD$ 的面积分别是 S_1、S_2，比较它们的大小，可得（　　）

(A) $S_1 > S_2$　　　　(B) $S_1 = S_2$

(C) $S_1 < S_2$　　　　(D) 大小关系不能确定

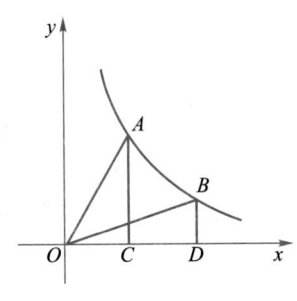

图1-1

【设计意图】例题的设计以阶梯式呈现，给学生较充分的探究时间，以培养学生分析和解决此类问题的能力．

【设计依据】利用变式教学理论，通过一系列的变式练习，实现由知识向能力的转化．

（五）理论深化，总结评价

问题13　通过刚才的拓展题，再回到菜地面积为6的情境中，通过函数图像，你又能获得哪些深刻认识？

【设计意图】情境的设置并不是敲门砖，而是贯穿教学始终的一条主线，通过首尾呼应，使得整体设计浑然一体．

问题14　本节课你有哪些收获？试从数学知识、思想方法、感受体会等角度，对本节课进行总结．

教师引导学生进行总结，并适时地对学生的总结进行补充和完善．

【设计意图】不仅要总结数学知识，也要总结思想方法，还要交流认知体会，这样学习才会更高效；同时总结也要充分发挥学生的能动性．

七、教学评价设计

评价的目的是全面了解学生的学习状况，激发学生的学习热情，促进学生的全面发展．在教学设计中，采用师评、互评、自评相结合的方式，对以下五个评价点进行评价．

1. 探索动手设计长方形的评价

以师评为主，教师巡视每个小组的完成情况并做出评价，关注学生参与活动的情绪状态，对学生自主探索得到的想法给予鼓励，对学习有困难的学生积极引导，让学生感受探索的快乐．

2. 画函数图像的评价

以自评为主，学生通过列表、描点、画图，掌握画反比例函数图像的方法．

3. 探索规律的评价

以互评为主，通过从解析式的角度和图像的角度分别分析函数图像的特征，掌握观察函数图像的方法，关注学生思维水平和解决问题的能力。

4. 分层训练的评价

师评和互评相结合，通过阶梯式的例题，提高学生的解题能力。

5. 回顾反思的评价

以自评为主，关注学生在知识与技能方面的发展，以及在数学活动经验方面的积累。

习题作业

1. 什么是数学教学设计？
2. 数学教学设计应遵循哪些原则？
3. 数学教学设计主要包含哪些内容？
4. 你认为要做好数学教学设计，教师需要具备哪些方面的素养？
5. 自选一节中学数学内容进行教学设计，并与同学交流设计的心得与体会。

第二章　　数学教材分析与学情分析

<u>学习目标</u>

　　• 了解数学教材分析的基本内容，掌握数学教材分析的一般方法.
　　• 了解数学学情分析的具体内容，掌握数学学情分析的一般方法.

第一节　数学教材分析的内容与方法

数学教材是编写者根据数学课程标准的要求，结合数学学习的特点和学生的认知规律精心编写而成的．它系统地阐述了数学教学的内容，选编并配备了相应的例题、习题，是教与学的主要依据．然而，教材并不等于讲稿．教师在授课之前，必须深入学习数学课程标准，认真分析和研究教材，领会教材的编写意图，在此基础上科学地组织教学内容，精心编写教案并实施教学．

一、数学教材分析的内容

教材分析是指通过对教材的分析，掌握教材的知识体系，理解教材的编排意图，掌握教材的重点、难点和关键，以及根据教学要求确立适当的教学目标．一般来说，数学教材分析主要包括以下几方面的内容．

（一）研究教材的科学性

研究教材科学性的目的是掌握教材的知识体系和逻辑体系，真正理解教材的实质，从而为教学设计提供科学依据．具体的研究内容如下：

1. 研究数学概念

数学概念是数学思维的细胞，研究数学概念，就是要掌握概念的产生和发展过程，掌握概念的逻辑结构及定义方法，掌握概念的分类原则及应用范围，并明确概念与相关概念间的逻辑关系．

2. 研究数学命题

数学公理、定理、公式和法则等，都属于数学命题的范畴，对这些数学真命题的研究，不仅要掌握条件和结论，还要注意应用范围，研究命题的推导方法，研究它的等价形式，研究它的特殊形式和一般形式等．

3. 研究数学方法

数学在发展过程中，除广泛运用一般的逻辑方法之外，已形成了自身独特的科学方法，教师在传授知识的同时，应有步骤、有计划地向学生介绍有关的数学思想和数学方法．为此，教师在研究数学教材时，应对这些逻辑方法和数学方法认真研究，研究这些方法的实质及应用，研究这些方法的使用范围，研究教师如何进行这些方法的教学等．

视频 2.1　数学教材内容的科学性分析

（二）研究教材的系统性

教材的系统性体现在教材的知识体系和逻辑结构中．教材的逻辑结构和体系既有联系又有区别，逻辑结构只考虑内容间的逻辑关系，而教材体系的建立除考虑逻辑关系外，还要考虑数学知识的历史发展顺序和学生思维发展的特点．

研究教材的系统性可以从两个方面进行：一是从整体到局部，首先把握教材的整体结构和知识体系，然后再深入研究每章、每节的结构和体系；二是从局部

视频 2.2　数学教材内容的系统性、思想性分析

到整体，可以先从章、节入手，最后整理出教材的整体结构.

▶ 案例 2-1

数系的发展过程是：在原始社会里，为了能够辨认"多"与"少"的概念，产生了自然数的概念；在测量的过程中，遇到量的等分，而产生了（正）分数；由于不可公度线段的存在，引进了（正）无理数；为了表示相反意义的量，又引进了负数；由于用根式解一元二次方程时出现了负数开平方的问题，超过了实数的范围，为了解决这一矛盾，引进了虚数，把实数集扩展到复数集. 经过这样的分析，再结合教材内容，就可以使教师在教学中居高临下地把握数学知识结构体系.

（三）研究教材的思想性

数学教材的思想性寓于教材内容之中，一般体现在以下两个方面：

一是研究教材体现的辩证唯物主义观点. 数学包含了丰富的辩证法思想，教师要注重研究教材中体现的辩证观点. 比如，对立统一观点、发展变化观点、质量互变观点、否定之否定规律等. 这样的例子俯拾皆是. 例如，对立统一规律——加法与减法是对立的，引进负数以后，它们又是统一的；乘法与除法是对立的，引进分数以后，它们又是统一的；极限中的过程与结果、有限与无限、近似与精确，都是既对立又统一的. 又如，否定之否定规律——可导函数的每个可导点处都存在导数（"肯定"），但无法直接求出其值（准确值），必须先求出一个区间内（对点的"否定"）的平均值（平均值是一种近似值，它否定了准确值），然后通过取极限，又回到原来的点（点又"否定"了区间，同时准确值否定了近似值）.

二是研究教材中体现出来的爱国主义思想. 我国是世界文明古国，也是数学的发源地之一. 翻开数学史册，我国数学发展水平曾位于世界前列，古代有许多杰出的数学家取得了在世界上有影响力的数学成就. 教师应结合具体的教学内容，向学生介绍我国的相关数学成就，对学生进行爱国主义教育. 同时，也可以通过向学生介绍近现代数学的发展，了解我国近现代数学与国际发展水平之间存在的差距，从而激发学生的爱国热情和学习数学的动力.

（四）分析教材的重点、难点和关键

对于教材中的重点、难点和关键，要从教材内容的联系中把握. 一般来说，教学重点是针对教学内容的重要性而言的，教学难点是针对学生掌握的难易程度而言的，教学关键则是针对学生建构知识体系而言的.

一般来说，教学重点应该是一节课、一个单元、一册书乃至整个学段都起作用的基础知识和思想方法，通常概念、性质、法则、公式、解题思路和方法等，都可以定为教学重点. 例如，平面几何中"三角形"是基本的直线形，其他平面

直线形大多数可以转化为三角形来研究,三角形在以后章节和生产实践中应用广泛,因此,"三角形"是整个几何教学内容的重点.

难点是指学生难理解、难辨析、难计算、难解答、不易接受的学习内容. 难点是由于学生的认识能力与教学要求之间存在差距而形成的. 教材的难点有两方面含义:一方面针对教材中的部分内容,指那些用到的基础知识较多,或论证方法比较复杂的内容,为知识上的难点;另一方面针对学生实际,指那些较抽象、难理解的教学内容,为认识上的难点. 比如,在"有理数除法运算"中,难点可确定为"商的符号确定". 因为有理数的除法是建立在小学算术运算的基础上,但它与小学算术运算的区别关键在于符号,即需确定商的符号,而学生往往容易在符号上出错.

关键则是指理解、掌握某一部分知识或解决某一类问题的突破口,它是突出重点、突破难点的中介与桥梁,抓住了关键,就突出了重点,还能使难点得到突破.

(五)研究组织教材的方式

组织教材是备教材中非常重要的一环. 如果教材组织安排得好,在教学中就能更好地集中学生的注意力,调动学生的学习积极性,就能一环套一环地开展课堂教学活动. 所谓组织教材,就是把一堂课的全部教学内容,按照教学过程的特点和学生认识事物的规律组织起来,也就是对教材进行由易到难、由浅入深、由简到繁、由特殊到一般地组织与安排.

具体而言,也就是按照教学目的,结合学生实际,恰当安排教学内容:先讲什么、后讲什么,哪些精讲、哪些略讲,补充哪些、省略哪些,进行慎重而必要的调整、增添或删减. 教学内容的质与量,直接影响学生学了些什么、会学些什么,如果教学内容量多而质粗,教学时浮光掠影,速度过快,学生思维活动跟不上,学生就会"吃不了";如果教学内容质精而量少,教学节奏缓慢,密度过稀,学生思维活动松弛,学生就会"吃不饱";如果教学内容胡拼乱凑,"添枝加叶",虽然学生兴趣浓厚,但脱离教学目标,效益一般也不会高.

二、数学教材分析的方法

(一)知识结构分析法

知识结构有表层和深层之分,因此这种分析方法又可分为表层知识结构分析法和深层知识结构分析法两种.

1. 表层知识结构分析法

教材的表层知识结构分析,主要侧重于分析教材知识系统各知识点之间的联系,每个知识点在该系统或其子系统中的作用、意义和重要性,确定各知识点应掌握的程度和训练的要求等.

视频 2.3 数学教材内容分析的方法

案例 2-2

"数列"的表层知识结构分析，如图 2-1 所示。

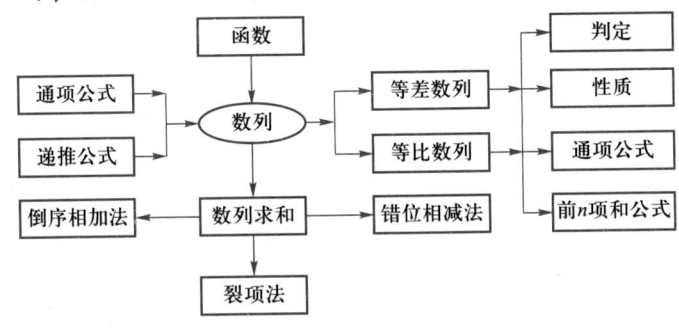

图 2-1

本章从内容上看，可以分为数列、等差数列、等比数列三个部分. 在"数列"这一部分，主要介绍数列的概念、分类，以及给出数列的两种方法. 在"等差数列"这一部分，在介绍等差数列的概念时，突出了它与一次函数的联系，这样便于利用所学的一次函数的知识来认识等差数列的性质. 在"等比数列"这一部分，在介绍等比数列的概念和通项公式时，也突出了它与指数函数的联系，这不仅可以加深对等比数列的认识，而且可以对处理某类问题的指数函数方法和等比数列方法进行比较，从而有利于对这些方法的掌握.

2. 深层知识结构分析法

深层知识结构分析是在表层知识结构分析的基础上，深入到数学知识的本质特征和内在联系，着重挖掘表层知识背后蕴含的数学的精神、思想和方法等.

案例 2-3

仍以"数列"为例来进行分析. 由于本章处在知识交会点，所蕴含的数学思想方法较为丰富，教材在这方面也力求充分挖掘. 教材注意从函数的观点去看数列，在这种整体的、动态的观点之下使数列的一些性质显现得更加清楚，某些问题也能得到更好的解决. 方程或方程组的思想也体现得较为充分，不少例题、习题均属这种模式：已知数列满足某一条件，求这个数列. 对于复杂的数列求和问题，经常要转化为等差、等比或常见的特殊数列的求和问题，其中蕴含了等价转化的思想. 此外，还有数形结合思想、分类讨论思想、递推归纳思想、算法思想等.

（二）背景分析法

教材的背景分析法就是以知识的产生、发展、科技发展的需要为出发点，结合知识在社会生产和科学研究中的实际应用对教材进行分析.

▶ 案例 2-4

对于高中教材中"向量"引入的背景,分析如下:

一方面是向量的双重性特征. 向量是一个具有几何和代数双重身份的概念,同时向量代数所依附的线性代数是高等数学中一个完整的体系,具有良好的分析方法和完整结构. 通过运用向量对传统问题的分析,可以帮助学生更好地建立代数与几何的联系,也为中学数学向高等数学过渡奠定一个直观的基础.

另一方面是数学与物理学联姻的需要. 数学和物理学的关系是有目共睹的,而向量在力学中的应用即使在中学阶段也是不难发现的. 一个良好的物理或现实背景是学生对数学产生兴趣和学好数学的重要因素,使学生尽早地认识到数学与物理世界的紧密关系,不仅可以增强学生学习的兴趣,同时也使学生认识到数学伟大的社会性.

(三) 心理分析法

心理分析法是从学生学习心理过程入手,挖掘和研究教材与教学中的心理因素. 教材的心理分析一般为两方面:一是从分析教材的心理因素入手,分析编写者对内容的整体结构设计,包括内容选取与安排、教材的主要风格和特点等如何适应学生的心理发展;二是分析学生在学习的具体环节中的心理过程、特点及障碍,以便在教学实施过程中更好地落实教学要求.

数学教材编写充分注意到了学生的心理特征,在分析教材时要对知识的引入、概念的形成、定理的发现和证明、例题及练习题的安排等方面进行学习心理分析. 教师应遵循学生的认知水平及学习数学的心理规律,强调从学生已有的生活经验出发,让学生通过亲身经历获得数学理解,同时在思维能力、情感态度等方面得到发展.

▶ 案例 2-5

对于"两角差的余弦公式"这节内容,分析如下:

(1) 按常规,学生很可能想到先探究两角和的正弦公式,怎样想到先研究两角差的余弦公式是一个难点(但非重点),教学时可以直接提出研究两角差的余弦公式,但这样处理,会显得预设太多,而生成不足.

(2) 两角差的余弦公式的猜想与发现也是一个难点. 因为学生可能不明白为什么要添辅助线和如何添辅助线,也不会想到用"割补法"求正弦线、余弦线.

(3) 尽管教材在前面的习题中,已经为用向量法证明两角差的余弦公式做了铺垫,但多数学生仍难以想到. 教师需要引导学生在仔细观察公式的构成要素和结构特征的基础上,联想单位圆上点的坐标特点和向量的数量积定义,努力使数学思维显得自然、合理.

(4) 用向量的数量积定义证明两角差的余弦公式时,学生容易犯思维不严谨的错误，教学时需要引导学生搞清楚两角差与相应向量的夹角的联系与区别．

（四）功能分析法

根据系统科学中结构决定功能的基本原理，数学教材中知识系统的内容、结构和特点，决定了该教材具有一定的潜在教育功能．数学教师只要遵循它、正常地运用它，就能使教学发挥出一定的教育功能．为了更好地发挥教材中的知识所蕴含的种种教育因素的作用，数学教师有必要对教材进行潜在教育功能的分析．

（1）知识方面：使学生获得何种数学知识，包括数学思想、方法、原理、规则等深层知识；这些知识的学习意义和价值（主要是应用价值，包括实际应用、在数学上的应用以及在后继学习中的应用）；应着重加以训练的数学技能（如运算技能、推理技能、作图技能等）．

（2）智能方面：所学知识有利于发展学生何种智能（如数学活动中的分析综合能力、抽象概括能力、逻辑推理能力、运算能力、空间想象能力、问题解决能力、数学语言表达能力、创造能力等）；教材提供了哪些具体途径（即活动导向系统）．

（3）非智能方面：所学知识有利于使学生受到何种思想品德教育，促进何种心理发展（兴趣、意志、动机、态度和习惯等）．

案例 2-6

"函数的单调性"是学生学习函数概念后所学的函数的第一个性质，也是学生进入高中后接触的第一个用数学符号语言刻画的数学概念．在解决函数值域、极值、不等式、比较两个数大小等具体函数问题时均用到函数的单调性．同时，利用函数图像来研究函数性质的数形结合思想将贯穿于整个高中数学学习．函数单调性的学习对于培养学生的抽象概括能力，以及掌握从特殊到一般、分类讨论、数形结合等思想方法，均具有重要的作用．

第二节 数学学情分析的内容与方法

一、学情分析的重要意义

新课程的核心理念是"一切为了每一位学生的发展"．学生是教学活动的主体，学生的学习情况是课程关注的中心．教师必须深入研究学情，准确把握学情，以学定教，顺学而导，才能增强教学设计的针对性和预见性，使教学设计及其实施建立在客观的、符合学生实际的扎实基础上，使教学方向更正确，方法更灵活，效果更理想．

学情分析最直接的作用就是能够使教师在教学中做到有的放矢，做到真正意

视频 2.4 学情分析的内涵与意义

义上的因材施教,帮助教师更好地把握教学过程,从而提高教学的针对性和有效性. 具体来讲,学情分析的重要性体现在下面几个方面:

首先,学情分析是教材分析的重要前提之一. 数学教学内容都是根据"需要"与"可能"精心选择的,而且还经过了依据学生的认知特点的加工处理. 所以离开了对学生的了解就难以正确解读教材. 也只有针对具体学生的实际情况,才能恰当确定教学内容的重点、难点和关键.

其次,学情分析是制订教学目标的基础. 只有真正了解学生的已有知识经验和认知特点,才有可能比较准确地把握学生特定学习活动中的最近发展区,从而在知识与技能、过程与方法、情感态度与价值观三个维度上设定恰如其分的教与学的目标.

再次,学情分析是确定教学难点的依据. 教学难点是相对于学生而言的,只有准确把握学情,确定的教学难点才可能恰当. 比如,哪些对于学生来说是过于抽象的,哪些对于学生来说是过于复杂的,哪些是学生容易犯错误的,诸如此类的问题都是学情分析的重要内容,也是确定教学难点的主要依据.

最后,学情分析也是选择教学方法、安排教学活动乃至编拟数学习题的依据. 因为每一个不同的班级,都会有不同的个性风格与学习特点. 脱离学生实际状况的教学设计,容易演绎成教师一厢情愿的自我表演,任何观察、操作、探究、讲解、练习的实效,在很大程度上取决于教学设计对学生的适应性.

在实际数学教学中,许多教师教学很卖力,但就是不出成绩,其中原因之一就是忽略了学情分析,忽略了对学生短板的分析. 学生在学习中因为某种原因产生短板是很正常的,教师如果能及时帮助学生找到这块短板,对学生所起的作用将是无法估量的. 教师要帮助学生把握学习思路和学习方法,明白自己在学习过程中存在的问题. 一个不知道自己问题所在的学生绝对不是优秀的学生,同样,一个不知道学生在学习中存在什么问题的教师也绝对不是称职的教师.

教师的职责是"传道授业解惑". "传道授业"易理解,难以说清的是"解惑". 什么是"惑"? "惑"在哪里? "惑"是怎么产生的? 这是问题的焦点. 教师只有懂得了这几个问题,才能真正做到解惑,使学生在原有基础上有较大进步.

二、学情分析的具体内容

(一)分析学生的学习基础

为了确定教学的恰当起点,教师必须分析学生学习某一内容时的已有认知基础. 美国教育心理学家奥苏贝尔说过:假如让我把全部教育心理学仅仅归结为一条原理的话,那么,我将一言以蔽之:影响学习的唯一最重要的因素,就是学习者已经知道了什么.

1. 分析已有知识与技能

教师要分析学生在学习该内容时所具备的与该内容相联系的知识、技能、方

视频 2.5 学情分析的具体内容

法等,以确定新课的起点,做好承上启下、新旧知识有机衔接工作.针对本节课的教学内容,确定学生需要掌握哪些知识、具备哪些经验,然后分析学生是否具备这些知识和经验.分析时可以通过单元测验、摸底考查、问卷等较为正式的方式,也可以采取抽查或提问等非正式的方式.如果发现学生知识经验不足,要么采取必要的补救措施,要么适当调整教学难度和教学方法.

2. 了解现有认知发展水平

准确地诊断学生的认知发展水平是进行有效教学设计的前提.只有准确把握学生的认知水平,才可以使教学更有针对性和适切性,才能有效防止教学中的随意性,防止难度过大使教学目标难以落实,或难度过低没有挑战性,导致数学教学效率低下.要想了解学生现有认知发展水平,教师需要掌握一定的心理学知识,并具备理论联系实际地分析、解读学生认知活动表现的能力.

(二) 分析学习中可能遇到的困难

学生在学习中可能遇到的问题和阻力,往往会成为他们进一步学习的困难与发展的障碍,教师如果能及时发现这些困难与障碍,并及时帮助学生克服这些困难和障碍,学生就能获得有效的发展.因此,在备课中要努力去关注和发现学生在学习中可能存在的困难和障碍,分析这些困难和障碍产生的具体原因,思考并采取相应的有针对性的教学策略.

(三) 分析学生的学习动机与态度

学习动机是推动学生进行学习活动的内在因素,是激励、指引学生学习的强大动力.心理学研究表明,学生处于压抑、不满的心理状态而失去信心时,将直接阻碍、削弱甚至中断智力活动,破坏学习的动力,当然也谈不上学习效率.没有数学学习动机,就像汽车没有发动机.学生如果有了强烈的数学学习动机,就有了数学学习的积极性、主动性,就能变"要我学"为"我要学".因而数学教学要获得成功,就要认真分析、了解学生的心理需求,想方设法启动学生的内驱力,并采取各种有力措施,把学生的兴趣和需求纳入合理的轨道,以调动学生的学习积极性,将外在的教学目标转换为学生的心理需要.

(四) 分析学生的学习方法与习惯

教学过程不仅需要教师的活动,而且需要学生的活动,只有教师教得最优化和学生学得最优化融合在一起,才能保证教学效果的最优化.陶行知说过,好的先生不是教书,不是教学生,乃是教学生学.在数学教学中对学生进行学法指导,以及培养学生良好的学习习惯,是非常必要的,它是提高数学课堂教学有效性的必要条件.不同年段的学生都有适合自己的学习方法,不同的教学内容需要不同的学习方法,教师只有事先了解学生对学习方法掌握的情况,才能根据不同的教学内容进行相应的学法指导,使教学效果优化.

最后需要说明的是,在对学生的学情进行分析时,既需要考虑学习者之间稳定的、相似的共性特征，又要分析学习者之间变化的、差异性的个性特征．共性特征的分析可以为集体化教学提供理论指导，差异性分析能够为个别化教学提供理论依据．共性特征基本符合年龄发展规律，可以根据不同学生表现出来的相对稳定的特征，借助心理学和社会学的相关理论对其进行分析．差异性的特征分析主要来自于调查数据，通过个别访谈、问卷调查、同学之间的简单询问等方式获得数据，然后进行归纳、分类、整理，这样的数据分析可以为教学目标的设置和教学方法的选择提供直接的依据．

三、学情分析的一般方法

（一）观察法

作为一名有经验的教师，首先要学会教学观察技能，掌握学生一举一动、一言一行．所谓教学观察技能，是指在课堂讲授或指导学生学习的同时，有目的、有计划、有组织地感知学生的学习行为，以获取教学反馈信息的能力．通过教学观察，能够及时知道自己的教法是否适应学生的需要，学生是否听懂了讲授的内容，学生对教学的态度等；通过教学观察，能够了解学生在学习中哪些知识技能掌握得比较好，哪些还没有完全掌握，存在什么偏差和问题．教师可以根据这些信息，及时对教学做出调整，以减少无效劳动，确保教学活动不偏离预定的教学目标．

视频 2.6 学情分析的方法和误区

（二）材料分析法

这是了解学情普遍使用的方法．它的特点是通过已有的文字记载材料，间接了解、研究学生已发生的事件或固定的基本情况．材料包括档案、笔记本、练习本、作业、试卷、班级日记、成绩单等．通过查阅有关资料，可以比较系统地了解学生的学习、生活、思想、个性等方面的情况，并以此作为教育教学的重要依据．学生的作业是教师日常了解学情的主要途径．作业不仅可以帮助学生及时巩固课堂所学知识，培养和发展学生能力，也可以反馈教学效果，为教师规划以后新课的教学内容和方法提供依据．

（三）谈话法

谈话法是研究者通过口头谈话的方式从被研究者那里搜集第一手资料的一种研究方法．通过一定的深度访谈，教师可以更加深入地了解学生的已有知识储备、学习经验、学习态度、学习动机等方面的信息．访谈前，教师应该在认真分析的基础上，确定访谈的目的、内容，列出详细的访谈提纲，选择一定数量的、有代表性的访谈对象，并确定适合的访谈时间、地点等，谈话时要做好必要的记录．

(四) 问卷法

问卷调查是以书面提出问题的方式搜集资料的一种方法,教师通过已有的相关问卷或专门设计的问卷对学生的已有学习经验、学习态度、学习动机和学习期望等进行较为全面与深入的了解. 问卷大致可分为非结构型和结构型两种. 前者只提出问题,不列出答案,要求学生自己写出答案,优点是答案不受限制,但不利于统计;后者不仅提出问题,还列出供选择的答案. 问卷的设计要满足科学性与有效性的最基本要求,问卷中的问题要能客观、准确、全面地反映学生的实际状况,并符合研究的根本目的与基本要求.

习题作业

1. 数学教材分析的具体内容包括哪些?
2. 数学教材分析的主要方法有哪些?
3. 数学学情分析的具体内容包括哪些?
4. 你认为应如何进行数学学情的分析?

第三章　数学教学目标与教学重难点的设计

学习目标

- 掌握数学教学目标设计的基本要领，能结合具体内容进行数学教学目标设计.
- 理解数学教学重点的确切含义，掌握确定数学教学重点的一般方法.
- 明确数学教学难点的含义，掌握难点形成的常见原因.
- 能结合具体内容进行数学教学难点设计.

第一节　数学教学目标的设计

一、数学教学目标的含义

视频 3.1　数学教学目标的内涵与分类

作为教育工作者，会经常遇到"教育目的""培养目标""课程目标"等术语．从教育目的的层次性来说，上述术语与教学目标有着具体与抽象的层次关系，即教育目的—培养目标—课程目标—教学目标，其中教育目的由国家确定，培养目标由各级各类学校制订，而教学目标的确立则是教师的职责．可见教育目的统领一般要求，逐级细化，以教学目标为基础，教学目标日积月累地得以实现，最终实现教育目的．

视频 3.2　数学教学目标的内容

数学课程目标为数学教学明确了方向，然而它是宏观的大方向，在代数、几何、统计与概率等方面的教学中都需落实．所以当数学课程目标反映到具体的教学内容上时，就有了教学目标．教学目标在层次上也可进行分类，由宏观到微观，依次包括分科教学目标、单元教学目标、课时教学目标（即课堂教学目标）．这样的层次说明了数学课程目标的不断具体化，通过"小"的近期目标的不断实现，实现"大"的远期目标．

课程标准将教学目标分为三个维度，即知识与技能，过程与方法，情感态度与价值观．这三个维度的教学目标，如同三角形的三个顶点，是相互联系、互为一体、不可分割的．

二、数学教学目标设计的要素

视频 3.3　数学教学目标的表述

在进行教学目标设计时，关键是要科学设计和恰当表述三维目标．教学目标的设计和表述，一般包括四个明确的部分：行为主体，行为动词，行为条件，行为程度．有时为了陈述简便，在不会引起误解或歧义的情况下，可以省略行为主体或行为条件．

（一）行为主体

教学目标的陈述应从学生的角度出发，陈述行为结果的典型特征，行为的主体必须是学生，而不能以教师作为目标的行为主体．以往我们习惯采用的"使学生……""提高学生……""培养学生……"等方式都是不符合陈述要求的．比如，"使学生学会用代入消元法解二元一次方程组"等．尽管有时行为主体"学生"两字没有出现，但也必须是隐含着的．比如，"会解简单的一元一次不等式，并能在数轴上表示出解集"．

（二）行为动词

高中数学课程标准在给出课程目标时，已阐明了各目标水平的要求，并列举了各目标水平对应使用的行为动词.

在"知识与技能"维度常采用结果性目标方式,即明确告诉学生数学学习的结果是什么,采用的行为动词一般较为明确,可测量、可评价.

(1) 了解:对知识的含义有感性的、初步的认识,能知道"是什么",并能在有关问题中识别它们.

(2) 理解:对概念和规律——定理、公式、法则等达到了理性认识,能说清"为什么",以及与其他概念和规律之间的关系.

(3) 运用:在理解的基础上,能运用所学知识迅速、灵活地解决一些问题,即知晓"做什么""怎么做",从而形成能力.

在"过程与方法"及"情感态度与价值观"这两个维度,常应用体验性目标方式,即描述学生的心理感受、体验,明确安排学生表现的机会,所采用的行为动词常是体验性、过程性的,如"经历""感受""体会""探索".例如,"体验勾股定理的探索过程""通过对某问题解决途径的探讨,获得认知策略等过程性知识,并提高交流与沟通能力".

(三) 行为条件

行为条件是指影响学生产生学习结果的特定的限制或范围.对条件的表述有四种类型:一是关于使用手册与辅助手段,如"可以带计算器";二是提供信息或提示,如"在给出公式的条件下,能……";三是时间的限制,如"在10分钟内,能……";四是完成行为的情境,如"在课堂讨论时,能……".

(四) 表现程度

课程内容标准所指向的表现程度,通常是指学生通过学习后所产生的行为变化的最低表现水准,用以评价学习表现或学习结果所达到的程度.因此,除了在行为动词上体现程度的差异外,还可以用其他方式表明所有学生的共同程度.比如,假设一道题目有五种解题方案,但作为面对全体学生的标准,不能要求所有学生都能提出五种解题方案,就可以这样来陈述:"至少拟出三种解题方案"或"80%的学生都能提出五种解题方案".

三、数学教学目标设计的原则

(一) 全面性原则

全面性原则包括两个方面的含义:一是教学目标的制订要面向全体学生,既要制订面向全体学生的基本教学目标,又要针对学有余力的学生适当地提高要求,制订出有一定弹性的教学目标体系,使全体学生都能充分地发展.二是教学目标要有利于学生的全面发展,知识与技能、过程与方法、情感态度与价值观等维度的目标要有机地融合在一起,要体现促进学生全面发展的思想,在学生获得知识和技能的过程中,促进其情感体验,帮助其形成科学的世界观和方法论.

(二)主体性原则

教学设计的目标在于帮助学生学习,或者说教学设计的目标是服务于学习,因此,坚持学生的主体性应是教学目标设计的原则.教学目标的行为主体应为学生,评价教学是否成功,其直接依据就是看学生在自己原有基础上获得了什么,而不是教师完成了什么任务.但在具体的教学目标设计中,学生这一主体可以是隐含的、未直接陈述出来的.

(三)具体性原则

具体性原则是指在设计教学目标时,必须明确、具体、有针对性.要依据课程标准的要求,根据教材的内容和学生的认知结构、能力水平、兴趣、习惯等,把教学目标具体化.教学目标是教学评价的依据.一个好的目标体系,实际上已蕴含了学习结果的测量和评价标准.所以在制订教学目标时,应该准确地选择和使用相应的行为动词,使其具有可操作性和评价功能.

(四)层次性原则

教学目标的设计要体现层次性和差异性.在课堂教学中,每节课可能都包含三个维度的教学目标,但通常情况下,由于受知识本身以及学生实际和学习环境所限,一节课要实现所有的目标是不现实的.这就要求我们在制订教学目标时,要分层次、分阶段进行考虑.另外,由于学生个体的差异,即使是在同一堂课,教学目标也应是多样的,承认差异,因材施教,因人设标,分类推进,方是科学之原则.

四、数学教学目标设计的步骤

(一)目标分解

任何一级教学目标的确定,必须以上一级目标为依据,下位目标是为上位目标服务的.教学目标自上而下的分解过程,是一个不断具体化的过程.课时教学目标是教学目标中最为具体的目标,要确定课时目标,就必须明确其上位目标——单元教学目标及其相互关系;要设计单元教学目标,就必须明确其上位目标——年级教学目标及其相互关系;要设计年级教学目标,就必须明确其上位目标——课程教学目标及其相互关系.这就涉及一个教学目标的分解过程.这样才能从整体上把握教学目标,为正确教学目标的确立打下基础.

(二)任务分析

单元目标或者课时目标确定后,我们就可以根据单元目标和课时目标进行任务分析. 这里的任务分析,实际上就是指对学生为了达到单元目标和课时目标规定的知识与能力、情感态度与价值观等进行具体的剖析. 通常的做法是,从已确定的教学目标开始提问和分析:如果我们要求学生获得教学目标所规定的能力,那么根据目前学生的认识水平、知识基础,他们必须具备哪些次一级的能力?而要培养这些次一级的能力,又需具备哪些更次一级的能力?这样的提问和分析一直进行到教学起点为止.

(三) 起点确定

教学目标不仅是对教师的教学行为的要求,更是对学生预期的学习结果的要求. 既然如此,要设计出合适的教学目标,就不能忽视对学生的分析,就需要对学生的学习起点能力进行分析,即确定教学的起点. 教学起点的确定,直接关系到教学目标的作用发挥. 教学起点定得太高,则可能导致课时教学目标过高,超过了一般学生的能力,可能导致学生产生畏难心理. 教学起点定得太低,则会在学生已掌握的内容上浪费时间和精力,可能导致学生产生厌学心理.

五、数学教学目标设计的陈述

(一) 认知目标的陈述

在认知与动作技能领域上,现今常用的教学目标设计的陈述方法是在马杰行为目标理论实践基础上提出的 ABCD 目标模式,其中 A 指行为主体 (audience),B 指行为 (behavior),即通过学习后学习者能做什么,C 指条件 (condition),即上述行为产生的条件,D 为标准 (degree),意指上述行为达到的最低标准. 如下面一个数学教学目标的陈述:在课堂讨论中,80%学生都能提出三种解题方案. 其中,"行为主体"是学生,"行为"是提出三种解题方案,"条件"是在课堂讨论中,"标准"则为 80%的学生都能提出.

以美国心理学家格伦兰德 (N. E. Gronland) 为代表的一些心理学家提出用内部心理与外显行为相结合的方式表述教学目标. 用这种方法陈述的教学目标含有两部分:一为一般教学目标,即基本教学目标,用一个动词描述学生通过教学所产生的内部心理变化,如记忆、知觉、理解、创造、欣赏等;二为具体教学目标,列出反映这些内在变化的具体行为范例,即学生通过教学所产生的能反映其内在心理变化的外显行为,这使得一般教学目标进一步明确和具体,可以作为判断学生是否达到一般教学目标的依据.

▷ 案例 3-1

对于函数单调性概念的教学,其教学目标之一可以陈述如下:
A. 理解函数单调性概念 (反映心理产生的变化).

A-a. 能给出增函数、减函数的具体例证和图像特征（具体行为范例）.
A-b. 能用函数单调性定义判断一个简单函数的单调性（具体行为范例）.

（二）非认知目标的陈述

在情感领域方面，根据布卢姆等人对情感目标的理解可知，情感目标最终体现为价值体系的个性化，包括学习者的态度、信念、道德品质等可以外化为具体行为的心理层面. 因此，艾斯纳（E. W. Eisner）提出的表现性目标可用于表述情感维度的教学目标. 表现性目标要求教师只明确规定学生必须参加的活动，而不必具体规定每个学生应从这些活动中习得什么. 所以，在数学教学目标设计中，其中的情感目标不要用如"学生能发展其数学学习兴趣"等习得性的结论表达，只需说明学生在这样的指标下有何具体行为，如"学生经历勾股定理的探索和发现过程，从中体验数学的内在规律美"等.

六、数学教学目标设计例析

（一）数学概念教学目标设计例析

数学概念教学的主要目标，在于明晰概念内涵、把握概念外延. 下面以人教A版选修2-2中的"数系的扩充与复数的概念"一节为例，进行教学目标设计分析.

视频 3.4 例析数学教学目标的确定

▶ **案例 3-2**

由于复数系是在实数系基础上进行扩充的，学生有其他数系扩充得到实数系的经验，能用已有的认知结构同化本节内容，故可引导学生以概念同化的形式获得复数的概念，从教学内容出发进行层次分析（图 3-1）.

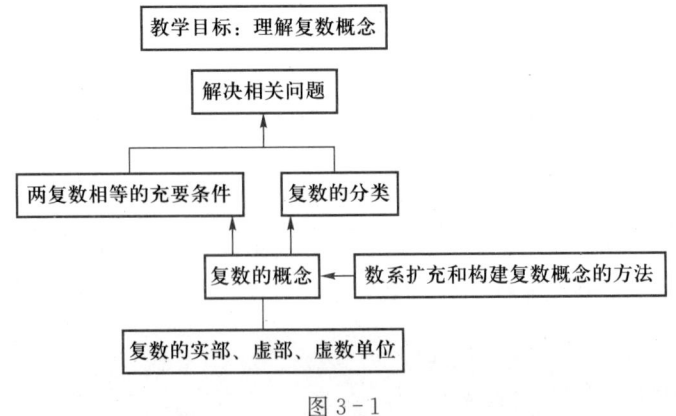

图 3-1

通过教学目标分析可知，理解复数概念的知识目标包括对数系扩充和建立复数概念的方法、复数相等的充要条件、复数的分类等不同知识的认识，并能运用复数的有关知识解决相关问题.

本节课的知识与技能维度的教学目标,可以利用内部心理与外显行为相结合的方法进行表述:

A. 通过具体问题情境,了解数系扩充的方法,理解复数的概念.

A-a. 能说出数系扩充的过程.

A-b. 能给出复数的具体例子,并指出其实部、虚部及类别.

A-c. 能用复数相等的充要条件求出待定的复数表达式.

由于复数系的引入是人类理性思维的具体体现,有利于激发学生的学习兴趣,同时本节课也具有丰富的文化因素,多种历史素材可以运用,使得本节课也具有较丰富的情感目标. 因此本节课的情感态度与价值观维度的教学目标,可利用表现性目标陈述如下:

B. 在实数系的扩充过程中,体会现实需要与理论矛盾对学科发展的作用,感受人类理性思维的作用,激发数学学习的兴趣.

B-a. 主动查阅有关数系扩充的具体依据和发展过程的资料.

上述教学目标的设计,全面、具体、明确,既能对课堂教学活动进行指导,又能作为对学生进行学业评价的标准和依据.

(二)数学命题教学目标设计例析

数学命题教学的目标,应立足于命题的发现、证明与应用过程上. 下面以人教版八年级下册"勾股定理"一节的第一课时为例,对命题教学目标的设计进行解析.

▷ 案例 3-3

"勾股定理"是通过实施探究活动发现定理的极好素材,因而在本课时里,不少教师都选择通过一定的活动来实施探究性教学. 下面我们选用两种方案来进行分析.

方案一:拼图法

学生用已提供的材料(8张全等的直角三角形纸片和3张大小不等的正方形纸片,而且正方形的边长分别等于直角三角形的三边长)拼成两个既无缝隙、又不重叠的正方形. 引导学生发现,拼成的两个大正方形面积相等. 再将两个大正方形中各自的4张三角形纸片拿走,发现剩下的图形面积相等. 最后启发学生概括出结论,待定理证明后,进行一定的练习.

方案二:猜想法

学生在教师提供的方格纸上画出不同的直角三角形,量出斜边长,用得到的数据猜想三边的关系. 通过舍去错误的猜想得到所需的结论,最后再进行验证.

由于方案一的拼图法有利于培养学生的动手操作能力,学生在拼图过程中进行尝试、联想、归类等活动,有利于发展学生的空间想象和几何直观能力. 但是，由于学生水平差异，无法保证每个学生都能发现勾股定理．

若要执行方案一，可制订如下教学目标：

A. 在拼图的操作与观察过程中，发现勾股定理及其证明方法，发展合作意识．

A-a. 能描述出勾股定理，用不同的思路证明勾股定理．

B. 通过对勾股定理历史的了解，感受数学文化，激发学习热情．

B-a. 主动在课后搜集更多证明勾股定理的方法．

C. 初步应用勾股定理解决相关简单问题．

C-a. 运用勾股定理求解"已知两边，求第三边"等直角三角形问题．

方案二在于形成问题"如何求已知两直角边的直角三角形的斜边长"，以此驱动学习．通过画图、测量、猜想与验证的过程，在较大程度上丰富了学生的学习经验，有利于发展学生的思维，有利于营造和谐积极的课堂氛围．

若要执行方案二，则可制订如下教学目标：

A. 经历勾股定理的猜想、验证过程，理解勾股定理．

A-a. 归纳并叙述勾股定理，掌握勾股定理的证明方法．

B. 激发独立学习数学的兴趣，发展合情推理与演绎推理的能力．

B-a. 主动参与探究过程，在课后搜集关于勾股定理的历史材料和证明方法．

上述两个方案的目标设计各有特色，但都较好地落实了《义务教育数学课程标准（2011年版）》中"探索并掌握三角形的基本性质与判定""探索勾股定理及其逆定理，并能运用它们解决一些简单的实际问题"的目标要求．

七、数学教学目标设计应注意的问题

在进行数学教学目标设计时，应特别注意以下几个方面的问题．

（一）注重隐性目标的深入挖掘

以数学思想方法为例，教材中蕴含了丰富的思想方法，如化归思想、转化思想、类比思想、数形结合思想等，但这些并没有明确地写在教材上．如果说显性的数学知识是写在教材上的一条明线，那么隐性的思想方法就是潜藏其中的一条暗线．明线容易理解，暗线不易看出．教师只有深刻领悟了数学思想方法，才能从整体上、本质上理解教材；只有深入挖掘出教材中的数学思想方法，才能科学地、灵活地设计教学过程．

▶ **案例 3-4**

在"对数函数及其性质"一节的教学中，包含了许多数学思想方法：通过图像研究函数的性质——数形结合思想；通过具体函数的性质归纳出一般函数的性质——从特殊到一般的归纳思想；区分 $a>1$ 和 $0<a<1$ 两种情况来讨论函数的

性质——分类讨论思想；通过与指数函数的对比来研究对数函数——类比的思想方法；对数概念引出及对数性质应用实例——数学模型思想方法.

教师有意识地使用一些提示语，使数学思想方法显性化，才能促使学生更好地学习和掌握思想方法.

（二）注重过程目标的恰当设计

新课程对数学教学目标提出了一种新要求，即在关注知识结果的同时，更注重对过程目标的关注和对学生的关注，更关注学生获取数学知识的过程以及在学习中的经历、感受和体验. 因此，教师在设计数学教学目标时，应特别注意关注新课程所提出的过程目标.

▶ 案例 3-5

对于"函数单调性"的教学，知识目标定位在以下三个方面：一是理解函数单调性的概念；二是掌握判断函数单调性的方法；三是会用定义证明一些简单函数在某个区间上的单调性. 但是，这节课的过程目标更重要. 因为函数单调性的定义是对函数图像特征的一种数学描述，由图像直观特征到自然语言描述，再到数学符号刻画，反映了数学的理性思维和理性精神. 对高一学生来讲，它是一个很有价值的数学教育载体和契机. 因此，这节课的过程目标应该包括：学生体验数学知识的发生和发展过程，经历数学概念符号化、形式化的建构过程.

（三）注重情感目标的恰当设计

高中数学课程标准对情感目标是这样描述的：提高学习数学的兴趣，树立学好数学的信心，形成锲而不舍的钻研精神和科学态度；具有一定的数学视野，逐步认识数学的科学价值、应用价值和文化价值，形成批判性的思维习惯，崇尚数学的理性精神，体会数学的美学意义，从而进一步树立辩证唯物主义和历史唯物主义世界观.

不少教师在设计情感态度与价值观的目标时，将认知目标掺杂、混入其中，导致目标设计层次不清，逻辑混乱. 情感目标只涉及非认知因素和辨证观点，而不能将思维品质、能力水平、思想方法等认知因素包含其中. 比如一篇教学设计稿中对情感目标是这样描述的：让数学回归生活，使学生对数学有亲近感；创设开放情境，让学生有探究知识的欲望；适度设置障碍，让学生有克服困难的信心；及时引导反思，让学生有学习的上进心. 这样对情感目标的描述，就是合理、恰当的.

（四）教学目标的设计，要准确、具体、实用

确定教学目标时，应当注意它与教学内容的实质性联系，避免目标远大、空洞，形同虚设，无法落实. 许多教师表面上是按照三维目标制订教学目标的，但

实质上没有认真分析当前教学内容的本质特点，没有反映出当前教学内容的价值所在，因而削弱了目标对课堂教学的定向作用.

课堂教学目标应当准确、具体、实用，只有这样，教学目标才能真正起到对教学的定向作用.

所谓"准确"，就是要准确反映课程标准要求，表现在两个方面：一是体现对当前教学内容的数学理解要求；二是符合学生的认知发展需要，也就是说，既要与学生的发展水平相适应，又要具有发展性（处于学生思维最近发展区内）.

所谓"具体"，就是要用可操作性的语言，对"了解""理解""掌握""灵活应用"等做出具体界定，而不能只是抽象地说"理解……""掌握……".

所谓"实用"，就是要阐述清楚经过教学，学生将会发生哪些变化，会做哪些以前不会做的事，使目标成为有效教学的依据，为检查学习效果提供标准.

比如，目标表述为"理解函数单调性概念"，就显得过于笼统. 首先需要对"理解"的含义进行具体界定，使我们能准确把握学生是否已经达到"理解". 实际上，"理解"的基本含义是学生能用概念做出判断. 因此该目标可以改述为："能给出增函数、减函数的具体例证和图像特征；能用函数单调性定义判断一个简单函数的单调性."在这个陈述中，不包括复杂函数（如带参数函数、复合函数）等，而且强调了具体例证、图像特征的作用.

第二节　数学教学重点的设计

一、数学教学重点的含义

视频 3.5　数学教学重点的含义与类型

教学重点是指教学中的重点内容，是依据教学目标在对教材进行科学分析的基础上，所确定的最基本、最核心的部分，是课堂教学中需要解决的主要矛盾，是教学的重心所在. 通常在一节课、一个单元、一本书乃至在整个学段中起作用的基础知识和思想方法，比如基本的概念、性质、定理、法则、公式、解题思路和方法等，都可以定为教学重点内容. 例如，在平面几何中，"三角形"是最基本直线形，其他平面直线形都与之联系，其在以后的章节中应用广泛，所以，"三角形"是整个几何教学内容的重点.

教学重点是针对教材中的学科知识系统、文化教育功能和学生的学习需要而言的. 因此，重点的形成主要有以下三个方面：从学科知识系统而言，重点是指那些与前面知识联系紧密，对后续学习具有重大影响的知识、技能，即重点是指在学科知识体系中具有重要地位和作用的学科知识、技能；从文化教育功能而言，重点是指那些对学生有深远教育意义和功能的内容，主要是指对学生终身受益的学科思想、精神和方法；从学生的学习需要而言，重点是指学生学习遇到困难需要及时得到帮助解决的疑难问题.

相对于形成重点的三个方面，重点可分为知识重点、育人重点和问题重点.

而按重点的地位和作用，又可把重点分为全书重点、章节重点（或单元重点）、课时重点. 全书重点一般是贯穿整个中学阶段重要的数学思想、方法和起核心作用的数学知识与技能，它是重点的最高层次，如"函数与方程的思想"和"函数"就是高中数学的重点，这是由于它们贯穿于整个高中数学学习之中，是高中数学中重要的数学思想和支撑高中数学的主干知识. 章节重点或单元重点是贯穿于全章节或单元的主干知识、技能与方法，它的地位和作用不如全书重点大，属于中等层次. 课时重点是指课堂教学时的重点，课时重点可以是章节重点或单元重点，也可以不是. 如对于学生学习中普遍存在的疑难问题，教师教学时就会专门拿一节补救课来解决. 这时如何消除学生学习中存在的疑难问题就成为教学的重点，即课时重点，但问题解决后，若它在后面的学习中又不起支撑和奠基作用，则它就不再是重点了. 对这类只限于该节课的重点，我们称其为"暂时重点".

教学重点对学生数学学习的好坏和教学质量的提高具有十分重要的作用，教学中对重点内容不仅要求学生理解，还要求学生掌握和熟练运用，即重点在教学中应具有突出的地位. 教学设计时不论是教学目标的确定、教学活动的安排（包括教师的分析讲解、学生的交流讨论与巩固练习等）、学生练习题的设计都应围绕重点进行. 例如，对重点内容练习的设计，必须提供给学生一定数量的、不同层次的练习题. 既要有单项练习，还要有变式练习和综合练习. 只有这样，才能使学生真正达到对重点内容的巩固、理解、掌握和熟练运用.

二、数学教学重点设计的原则

（一）内容与方法并重的原则

教学内容中的重点知识，往往在知识逻辑系统中处于"节点"位置，既支撑着其他知识的生成，同时也连接着其下方各知识，这样的"节点"在知识结构系统中有着关键地位. 教学重点除了显性的学科知识之外，也包含学科知识中蕴含的思想方法. 数学思想方法在数学学习中地位非凡，所以在设计教学重点时，应充分挖掘学科知识中的数学思想方法.

（二）结果与过程统一的原则

教学过程具有发展性的特点，即在这个过程中，学生既掌握知识，同时发展智力. 课程标准强调数学学习的过程探索，强调让学生领悟数学知识发展和形成的真谛. 因此，从一定意义上讲，"过程"胜于"结果". 基于学生智力与能力发展，教学重点更应含有过程，做到过程与结果的有机统一. 也就是说，教学重点不应仅是让学生掌握某个知识，更应是学生在学习知识的过程中，经历知识探索和发现的过程，从而使智力和能力得到相应的发展.

(三) 教材与学生兼顾的原则

教材重点之所以不能完全视为教学重点，是因为教学重点并不能仅仅考虑教材因素，还要考虑学生的因素. 在现有基础上通过数学学习，能够真正发展学生能力的教学过程，能够真正开发学生智慧的教学内容，也是教学重点应考虑的对象. 为此，确定教学重点，必须深入了解学生，包括学生的认识能力、知识水平等智力因素和学生的需要、兴趣等非智力因素.

三、数学教学重点设计的方法

(一) 地位作用分析法

根据教学重点的含义，教材知识体系中具有重要地位的知识、技能与方法是教学重点. 所以，可以从分析学习内容在教材知识体系中的地位和作用来确定是否为教学重点.

视频 3.6 数学教学重点的确定方法

▶ 案例 3-6

"单调性"是函数的重要性质，在各种函数的研究中都会涉及，它是比较函数值大小、求函数的极值与最值以及证明不等式等的重要工具，所以它必然是教学的重点. 又如，对于"向量"，由于其具有数与形的双重特征，利用它处理数学中的许多问题，如长度、角度、平行和垂直等问题，都比传统方法更快捷、方便和有效，因此它是数学研究中的一个重要工具，也是中学数学教学的重点.

(二) 课题分析法

很多情况下学习内容的标题（或课题）就明确了将要学习的主要内容，由此可以根据学习内容的标题（或课题）来确定教学的重点.

▶ 案例 3-7

对于"反函数的概念"（上教版高一上册），课程标准和考试大纲都只要求了解，因此，它不是章节重点或单元重点，但在学习"反函数的概念"一节课时，由于本节的标题就是"反函数的概念"，所以，"反函数的概念的理解"就是本节课的课时重点. 教学时，为了突出理解"反函数的概念"这一重点，可根据反函数的内涵特征把它分解为四个学习目标（知识技能目标）：能举例说明反函数存在的条件；知道反函数与原函数的定义域和值域之间的关系；能说出求反函数的步骤；能正确地求出一个函数的反函数. 这四个学习目标达到了，对反函数的概念也就真正理解了，从而突出了本节课的教学重点. 但在教学实践中，许多教师却把"求反函数的步骤"确定为教学重点,从而使学生对反函数概念的学习,只局限于工具性理解,不能上升到关系性理解,也就不能真正理解和掌握反函数的概念,导致求解反函数问题时经常出错.

(三)例习题分析法

重点内容的学习要求学生要达到理解、掌握和灵活运用,因此,教材中一般都配备了一定数量的例习题供学生练习、巩固并形成技能与能力. 所以,分析教材中例习题的安排和配置可以确定教学重点.

▶ 案例 3-8

人教版高中数学教材"两角和与差的正弦、余弦、正切"一节中,教材在得出"两角和与差的正切公式"后,分别在例题、练习和习题中,安排了多个该公式运用的题目,涉及公式的正用、逆用和综合运用. 教材这样配备例题和习题的目的,就是要求学习者不但要能推导公式,了解公式的来龙去脉,而且还能真正理解和掌握公式的结构特征,形成熟练运用公式解题的技能,提高运用公式分析问题和解决问题的能力,达到灵活运用公式解决问题的目的. 从例习题配备的数量、层次分析,可以看出"两角和与差的正切公式"的重要性,这就说明了它应成为本节课的教学重点.

四、数学教学重点设计例析

数学新授课的教学,可以分为概念教学、命题教学和解题教学.

对于数学概念的学习而言,要求学习者能在领会概念所反映事物的本质特征基础上,充分揭示概念的内涵,辨别概念的有关外延. 因此,对数学概念教学而言,数学概念本身就是知识重点. 然而,数学概念的理解和掌握要经历一个过程,在这个过程中,学生要经历观察、抽象、概括、辨析、应用等思维活动,因此概念的形成过程也是教学重点,这样的过程性重点蕴含着知识性重点.

▶ 案例 3-9

"函数的单调性"这节课的教学重点,应是让学生经历和体验"符号化""数学化"的过程:首先,观察图像,描述变化规律,如上升、下降,从几何直观角度加以认识;其次,结合图、表,用自然语言描述,即 y 随 x 的增大而增大(或减小);最后,用数学符号语言描述变化规律,逐步实现用精确的数学语言刻画函数的变化规律. 在这一过程中,蕴含了数形结合、从特殊到一般、分类讨论等重要的数学思想方法.

对于数学命题教学而言，数学命题本身也是知识重点．然而，数学命题的理解和掌握要经历一个过程，在这个过程中，学生要经历观察、发现、猜想、证明、应用等活动．这一活动既涉及对命题的理解和掌握，也涉及学生能力的培养和非认知体验，因此命题的形成过程也是教学重点，这样的过程性重点蕴含着知识性重点．

▶ **案例 3-10**

对于"等比数列求和公式"的教学，若直截了当地给出教材中的"错位相减法"，无疑脱离了学生的认知基础，用波利亚的话来说，"就像是帽子里突然跑出一只兔子式的证明"．"如果引人注目的步骤的动机和目的是不可理解的，那么我们在论证和发明创造方面就学不到什么东西"．这样的教学也偏离了教学的重点．所以本节课的教学重点应确定为：启发、引导学生发现"错位相减"的解题思路，掌握"错位相减"的解题方法．

对于数学解题教学而言，掌握解题方法、知道如何解题重要，但如何寻找解题方法、知道为何要这样解题更为重要．波利亚提出的"怎样解题"表中，"拟定计划"是关键环节与核心内容，这说明在数学解题教学中，学生如何获得解题思路是至关重要的．因此，在设计解题教学的重点时，需注意将重点立足于寻找并发现解法的思维过程中．当然，解题教学通常与某类"双基"的巩固和应用相关联，因而应将重点同时立足于解决本节课的重点问题上来．比如，高中数学"解三角形"这一章的复习课，其解题教学的重点应确定为：学会综合运用相关知识来探索和建立三角形边角关系的等量模型．

第三节　数学教学难点的设计

一、数学教学难点的内涵

教学难点是指学生不易理解或掌握的知识、技能和技巧．难点要根据学生的实际水平来确定，在一般情况下，使大多数学生感到困难的内容，教师要着力想出各种有效办法加以突破，否则不但这部分内容学生听不懂、学不会，还会给以后的新知识和新技能的掌握造成困难．

教学难点和重点具有不同的性质．教学难点具有暂时性和相对性．难点内容一旦经过教学被学生理解和掌握了，就破解了，这就是难点的暂时性．某些知识与方法对一部分学生（一般学校）可能是难点，而对另一部分学生（示范学校）就可能不是难点，这就是难点的相对性．而教学重点一般具有一定的稳定性和长期性，它并不因为学生的理解和掌握就不再是重点，而是在一定的教学阶段会贯穿教学的始终，这是由于重点内容大多在知识系统中和育人功能上具有重要的地位和作用．比如高中数学中的一些数学思想方法，如数形结合的思想、分类整合的思想、化归转化的思想等，就具有稳定性和长期性，是贯穿整个高中数学教学始终的教学重点．

教学难点与重点又有一定的联系．有些内容是重点而不是难点，有些内容是难点而不是重点，而有些内容则既是重点又是难点．

▶ 案例 3-11

二倍角余弦公式及其变形的运用，在三角函数的教学中，它既是重点又是难点．一方面，它是三角函数变换中起着支撑作用的重要公式，几乎是每年高考必考的内容，因此它是三角函数部分教学的重点．另一方面，由于它的变形较多，运用的灵活性较大，而且还需要较多的数学知识、技能与方法，对大多数学生都有较大的难度，因此它又是数学教学中的难点．

二、数学教学难点设计的意义

在数学教学设计中，很多教师对教学难点的价值认识不足，对教学难点的把握不到位，对教学难点的处理不妥当，由此造成数学教学效率低下．因此，准确界定数学教学难点，分析其成因，探寻其化解策略，是摆在每位数学教师面前的重要课题．

数学教学难点内容往往蕴含丰富的教学功能，一名优秀的教师应视难点为机遇，充分利用难点培养学生的能力．这是因为数学教学的根本任务是发展学生的思维，没有难点就没有太强的思考性，高层次思维就难以培养起来，所以，从某种程度上看，教学难点正是数学教学的魅力所在．

在以往的数学教学设计中，过分强调难点的消极作用，认为难点是学生获取知识的障碍，在难点的教学中走向两个极端：一是避重就轻，回避了事；二是单纯追求化难为易，使学生对教师讲授的知识体会不深、理解不透．其后果必然造成学生思维得不到长足发展，难点积少成多，以致困难重重，造成数学学业水平的不良．

数学教学难点具有两重性：一方面，它可能成为学生学习上的分化点；另一方面，它又是学生智慧的开发点．因此，找准数学教学难点，花力气突破教学难点，既可以帮助学生克服畏难情绪，又可以有效发展学生思维和提高学生素质．在数学教学难点的设计中，既要追求化难为易的效果，又要注意化难为易的过程，只有在这个过程中，学生才能在克服难点的同时使知识水平和能力水平获得提高．

三、数学教学难点形成的原因

视频 3.7 数学教学难点的成因分析

突破难点的关键在于对造成难点的原因进行正确分析. 教师在教学设计时，要根据教材特点及学生情况，预见学生在接受新知识时的困难和可能产生的问题，对可能出现的教学难点做出判断，以便对症下药，采取有效措施，避免教学中的主观主义.

数学教学中难点的形成，通常有以下几方面的原因.

（一）内容过于抽象

数学内容的抽象性是产生教学难点的重要原因. 如代数式的运算、无理数的概念是传统的教学难点，难就难在"抽象"，学生惯于用具体的数、有限的思维去认识和思考问题，这些概念因高度的概括性而难以被学生理解和领会，由此成为认知上的障碍.

针对这种情况，教学中宜采用直观手段，适当地使知识直观化、形象化，让学生先从感性方面进行认知，逐步上升到理性认识的层面.

▶ **案例 3-12**

比如"数学归纳法原理"就很抽象，学生理解起来较困难，教学时教师可进行多米诺骨牌试验或列举放鞭炮的实例等，将抽象的归纳法原理具体化、直观化，让学生"看得见""摸得着"，从而帮助学生突破数学归纳法原理理解的困难.

（二）内容过于复杂

如果问题中包含多个知识点，知识点过于集中，知识容量大，综合性较强，变化较为复杂，而学生知识结构欠缺，认识能力不足，由此引起的矛盾便产生了教学难点.

▶ **案例 3-13**

比如用数学归纳法证明与正整数 n 有关的命题时，由假设当 $n=k$ 时命题成立的递推基础，去推证当 $n=k+1$ 时命题亦成立，往往用到多方面的知识进行转化，学生一时难以融合各方面的知识而产生困难. 对过于复杂的内容引发的难点，化解的办法通常是分散知识点，各个击破.

（三）内容过于陌生

内容过于陌生有两种情况：一是该知识远离学生的生活实际，学生缺乏相应的感性知识，因而难以开展抽象思维活动，不能较快或较好地理解；二是该知识与旧知识联系不大或旧知识掌握不牢，或学生对与之联系的旧知识遗忘.对于前者，应通过利用学生日常生活经验，充实感性知识加以突破；对于后者，则应查漏补缺，加强旧知识的复习.

（四）内容过于隐晦

某些数学教学内容非常隐晦，而学生习惯于从表面上认识问题，缺乏从本质上理解问题的能力，这就造成学生理解上的困难.

▶ 案例 3-14

对于概率的统计定义，大多数教材中是这样进行描述的：在大量重复试验中，如果事件 A 发生的频率 $\dfrac{\mu_n}{n}$ 会稳定在某个常数 p 附近，那么事件 A 发生的概率"$p(A)=p$".在这一定义中，频率稳定于概率，并不意味着频率的极限是概率，对其本质的深入揭示，涉及大学中的大数定律，学生认识起来就有一定的困难.

（五）内容跳跃性过大

在学习新的概念、原理时，如果缺少相应的已知概念、原理作基础，新知识与旧知识之间跳跃性过大，就容易使学生陷入认知困境.例如，对于新知识的入门教学，一方面由于某些长期运用已成定势的内容，使学生对与之存在差异的知识产生心理障碍；另一方面由于跳跃式的大跨度思维，给学生带来思维方向上的障碍.如从小学到初中一直学习实数，在学生的潜意识中，除了实数以外不再有其他形式的数了，因而学习虚数时就较难接受.又如，学生从小学到初中一直接触和研究的是平面图形，形成了强烈的视觉上的习惯，给立体几何的学习带来认知上的困难.

四、数学教学难点设计的方法

（一）通过教学重点确定教学难点

教学重点掌握不好，势必会影响后续内容的学习.而教学中的有些内容，既是重点又是难点，因而有些教学难点可以通过对教学重点的分析来确定.

视频 3.8 数学教学难点的确定方法

▶ 案例 3-15

高中"三角函数 $y=A\sin(\omega x+\varphi)$ 的图像与性质"的教学重点是"掌握函数 $y=A\sin(\omega x+\varphi)$ 图像与函数 $y=\sin x$ 图像的关系，明确 A、ω、φ 对图像变化的影响"，而在它们的关系中，学生最难理解的是不同变换（即振幅变换、周期变换、相位变换)的先后顺序对函数图像的影响,因而可以把教学难点确定为"各种变换内在规律的揭示".

(二)通过学情分析确定教学难点

这是指教师根据知识本身的难易程度,结合学生的理解水平来确定教学的难点,具体可根据难点形成的原因来分析确定.

▶ 案例 3-16

"集合"是高一数学教学的难点. 一是由于集合为原始概念,它不是由已有的其他概念来定义的,学生头脑中没有可帮助其理解集合的已有概念,从而造成学生不易理解集合概念;二是集合涉及的知识面广,它涉及不少初中数学知识,而许多初中数学知识学生已经生疏和遗忘;三是与集合有关的新概念及新符号较多,这些新概念、新符号还容易混淆,学生接受和理解都较困难. 所以,有关集合的各个概念的含义以及这些概念相互之间的区别就是本章教学的难点.

(三)通过教材分析确定教学难点

尽管教学难点是依学生的实际水平而定,它具有学情的相对性,但难点又具有一定的普遍性. 比如有些数学知识抽象性很强,学生普遍缺乏与之相关的感性认识,理解起来相当困难,这就构成了学生的普遍难点. 因而依据对教材内容特点的分析来确定教学难点,也是一种可行且常用的方法.

▶ 案例 3-17

在教学"从不同方向看物体"时,要求学生画出几何体的三视图,由于学生对圆柱、圆锥、三棱柱、三棱锥等几何体的三维视图不易想象,故而构成了教学的难点. 这时借助形象可感的教具模型、媒体设备等直观演示加以突破,就会取得良好的教学效果,因为人的认知过程总是从具体到抽象、从感性到理性来发展的.

(四)通过教学经验确定教学难点

教师通过课堂观察、作业批改等途径,依据多年来的教学经验,对于学生在哪些内容上易犯错误、学习困难等,通常都会有一定的经验积累,据此就可以确定一节课的教学难点.

▶ 案例 3-18

在教学七年级上册有关多项式的内容时,教师发现很多学生在判定多项式的项和次数时经常容易出错. 比如对于多项式"$6xy-4x-1$"的一次项和常数项，常出现诸如"一次项是$4x$，常数项是1"的错误，这与学生没有充分理解"多项式是几个单项式的和，每一个单项式称为项"有很大关系. 而这里的"和"是代数和，要将多项式$6xy-4x-1$看成$6xy+(-4x)+(-1)$，才不会出现上述概念性的错误. 据此经验，就可以把教学难点确定为"多项式的项及次数的确定".

五、数学教学难点设计例析

合理定位并有效突破难点，是一堂课成功与否的标志之一，往往也是一堂课的"课眼". 当前的教学实践中，教学难点分析不准确，引导策略不到位，教学效果不理想的情况经常出现. 下面分别以一节初中课和高中课为例进行分析.

▷ **案例 3-19** 平行四边形的判定

"平行四边形的判定"是初中几何教学中一节十分重要的内容，主要体现在知识技能和思想方法两个方面：从知识技能方面来看，它既是对前面所学的全等三角形和平行四边形性质的回顾和延伸，又是以后学习特殊平行四边形的基础，同时它还能进一步培养学生简单的推理能力和图形迁移能力；从思想方法方面来看，通过平行四边形和三角形之间的相互转化，渗透了化归转化的数学思想.

由于学生探索到"两组对边分别相等的四边形为平行四边形"和"两条对角线互相平分的四边形为平行四边形"这两种判别方法后，由边和对角线数量关系分别判别四边形为平行四边形就比较容易解决，并且学生在探索过程中所经历的"观察—猜想—验证—说理—建模"的思维过程也是以后学习和认识世界的重要方法，具有广泛的应用价值，所以本节课的重点为探索平行四边形的两种判别方法.

但在对教学难点的确定上，有的教师把教学难点定位为"判定定理的证明". 其实，本节课的教学难点是学生难以想到"从性质定理出发，考查其逆命题的真假性，从而提出判定平行四边形条件的猜想". 因为定理的证明并不难，采用的是构造全等三角形，把平行四边形问题转化为三角形问题的方法，这在前面学习"平行四边形性质"的过程中，学生已经学习过并且进行了相当的训练. 因此，在本节内容教学中，难的是怎样发现判定条件. 研究图形性质定理的逆命题是发现图形判定条件的通用方法，人教版教材中在"平行线"处最早出现，在"平行四边形"处第一次系统运用，这既需要互逆命题的知识，又需要很强的逆向思维能力，学生往往想不到.

所以对于本教学难点的突破，有的教师设计了以下四环节：

第一步"忆"——忆平行四边形的性质

(1) 从边看：两组对边分别平行，两组对边分别相等；

(2) 从角看：两组对角分别相等，四组邻角互补；

(3) 从对角线看：对角线互相平分.

第二步"说"——说平行四边形性质的逆命题

(1) 两组对边分别平行的四边形是平行四边形（定义）；

(2) 两组对边分别相等的四边形是平行四边形；

(3) 两组对角分别相等的四边形是平行四边形；

(4) 对角线互相平分的四边形是平行四边形.

第三步"猜"——这些逆命题可否成为平行四边形的判别方法

第四步"引"——从中选出两个逆命题

(1) 两组对边分别相等的四边形是平行四边形；

(2) 对角线互相平分的四边形是平行四边形.

在实际教学中，由于教学难点定位不准确，导致有些教师把判定猜想直接灌输给学生，或者设计一些"没有由来的人为造作"的情境或操作活动来引导学生"发现"，这种发现过程往往是"假发现". 如在"平行四边形判定"教学中，教师设计用一对全等三角形拼平行四边形的活动，引导学生在拼图中"发现"判定定理及其证明思路. 问题是怎样想到用一对全等三角形拼平行四边形就能发现判定条件？在这样的教学中，学生的思路没有合理的来源，本质上还是教师灌输给学生的，学生思考过程的困难并没有得到有效的帮助.

案例 3-20 函数的单调性

函数单调性是一个较为抽象的概念，本节课的教学难点是归纳、抽象出函数单调性的定义，这对于仍处于经验型逻辑思维发展阶段的高一学生来讲，具有一定的挑战性. 要克服和解决这个难点，主要是要对以下关键点进行恰当设计：如何用形式化的符号语言刻画函数的上升或下降的变化趋势.

在学生的头脑中建构函数的单调性有两个过程：一是使学生构造函数单调性的意义；二是通过思维构造把这个意义用数学的形式化语言加以描述. 对函数单调性的意义，学生可以通过观察函数的图像认识，并不会有很大的困难. 因此，前一过程的建构学习相对比较容易进行，而后一过程的进行则有相当的难度，难点就在于用数学的符号语言来描述函数单调性的定义时，如何才能通过学生自己的思维活动来完成. 这其中有两个难点：

(1) "x 增大"这一意思如何用数学符号表示；同样，"$f(x)$ 增大"如何用符号表示.

(2) "'随着' x 增大，函数 $f(x)$ '也' 增大"，如何用符号表示.

学生在初中数学的学习中，只有在学习函数的初级概念时，用 $y=f(x)$ 表示函数 y 随着自变量 x 的变化而变化时，接触到很少一点的动态数学对象的数学符号表示以外，大多数时候都是用数学符号来表示静态的数学对象. 因此，从用静态的数学符号描述静态的数学对象，到用静态的符号语言刻画动态数学对象，在思维能力层次上存在重大差异，对刚刚由初中进入高中学习的学生而言，无疑是一个很大的挑战．

因此，在教学中可以提出如下问题：

如何从解析式的角度说明 $f(x)=x^2$ 在 $[0,+\infty)$ 上为增函数？

这个问题是形成函数单调性概念的关键．在教学中，教师可以运用小组活动的形式进行，先是小组讨论，之后派代表说出自己小组的观点，最后全班相互补充．在讨论中普遍出现的问题，通过教师的引导，组织学生讨论，在讨论中达成共识．

对于该问题，学生错误的回答主要有两种：

（1）在给定区间内取两个数，例如 1 和 2，因为 $1^2<2^2$，所以函数 $y=x^2$ 在 $[0,+\infty)$ 上为增函数．

（2）可以用 0，1，2，3，4，5 验证：

因为 $1>0$，$1^2>0^2$；$2>1$，$2^2>1^2$；$3>2$，$3^2>2^2$；$4>3$，$4^2>3^2$；$5>4$，$5^2>4^2$．所以函数 $y=x^2$ 在 $[0,+\infty)$ 上是增函数．

对于这两种错误，教师要引导学生进一步展开思考，让学生明白只对有限几个自然数验证是不行的，只有当"所有"比较的结果都一样时，才可以证明它是增函数．也就是：任意取 $0 \leqslant x_1 < x_2$，有 $x_1^2 - x_2^2 = (x_1+x_2)(x_1-x_2) < 0$，即 $x_1^2 < x_2^2$，所以 $y=x^2$ 在 $[0,+\infty)$ 上为增函数．

通过这种方式，既让学生明白了单调递增或递减的本质，也可以让学生认识到以下两点：①两个自变量的取值要具有任意性；②通过求差比较它们函数值的大小．至此，学生对函数单调性的定义有了一定的理性认识．在此基础上，教师引导学生用数学语言归纳、抽象出函数单调性的定义，使学生经历从特殊到一般、从具体到抽象的认知过程．

习题作业

1. 你认为数学教学目标的设计应注意哪些方面的问题？
2. 如何使所设计的数学教学目标具有更强的可操作性？
3. 什么是数学教学的重点？确定数学教学重点的方法有哪些？
4. 试以"函数奇偶性"的学习为例，对本节课的教学目标与重点进行设计．
5. 数学教学中难点形成的原因通常有哪些？
6. 你认为应如何确定数学教学的难点？
7. 试以"函数单调性"的学习为例，对本节课的教学难点进行设计．

第四章　数学教学宏观策略的设计

学习目标

- 深刻领会"先学后教""少教多学""以学定教"的教学理念,并能将其渗透和运用到数学教学设计当中.
- 明确"以学生为本位"的教学意蕴,并能将其渗透和运用到数学教学设计当中.

第一节 立足学生主体进行数学教学设计

立足学生主体的教学思想，在目前数学教学改革过程中，涌现出了许多先进的理念，这些理念具体反映在课堂教学中，又会有不同的形式和做法．特别是具体到教学设计中，应如何践行这些理念，值得深入思考和探索．根据近几年较有影响力的一些教改实验，以下介绍"先学后教""以学定教""少教多学"三种理念，并且探索如何基于这些理念来进行数学教学设计．

一、基于"先学后教"理念的数学教学设计

（一）"先学后教"教学理念解析

为了充分落实和体现学生的主体性思想，江苏泰兴洋思中学创造了"先学后教，当堂训练"的课堂教学模式，这是对传统的"先教后学，课后作业"教学模式的颠覆性改革．

所谓"先学后教"，指的是教师紧扣教学要求，弹性设计出导学学案和前移作业，使得学生在导学方案和前移作业的引导之下进行先学，继而提出需要教师解答的问题，教师再根据学生在先学过程中提出的问题和学生在独立完成前移作业中出现的问题，根据动态生成的课堂教学制订适合的方案．

视频 4.1 建构主义：立足学生主体进行教学设计的理论基础

所谓"当堂训练"，就是让学生当堂独立完成作业，进行严格训练，这样就减少了作业的抄袭行为，提高了作业质量和信度，便于教师随时掌握学生的学情，有的放矢地进行辅导，提高了辅导对象的准确性．

"先学后教，当堂训练"蕴含了先进的教学理念："教师的责任不在教，而在教学生学."只有"先学后教，以教导学，以学促教"，才能取得最佳的教学效果．"先学后教，当堂训练"的教学模式，以"学"字开头，"学"是学生带着教师布置的任务，有既定目标的自学，学生的自学成为一堂课的起点，也是这种课堂教学模式的最大特色和亮点．

这种教学模式从表面上来看，只是改变了教与学的顺序，其实不然，从深层次上来看，它是对教学思想、教学模式的变革．"先学后教，当堂训练"模式的本质可归纳为：

(1) 它是一种教师指导下的每一个学生富有个性的自主学习的教学模式；
(2) 它是一种班级授课制下的既集体学习又个别指导的教学模式；
(3) 它是一种代表最广大学生利益的大众教育而非精英教育的教学模式．
"先学后教，当堂训练"模式的基本环节为：
1. "先学""后教"五环节
(1) 提示课堂教学目标（约1分钟）
目的：让学生从总体上知道本节课的学习任务和要求．（操作：投影）
(2) 指导学生自学（约2分钟）

目的：让学生知道学什么、怎么学，用多长时间，应该达到什么要求，如何检测等．（操作：投影）

（3）学生自学，教师巡视（5～8分钟）

操作：即在学生自学时，教师要巡回辅导，启发思考，留心观察，广泛答疑．

目的：使每个学生都能积极动脑，挖掘其潜能．

（4）检查学生自学效果（5～8分钟）

操作：让中差生尤其是后进生回答问题或板演．

目的：最大限度地暴露学生自学后存在的疑难问题．

（5）引导学生更正，指导学生运用（8～10分钟）

操作：学生观察板演，与自己的比较、找错；学生自由更正，让他们各抒己见；引导讨论，说出错因及更正的道理；指导学生归纳，形成规律．

目的：凡学生能解决的让其自己解决，找出那些真正需要教师引导、点拨的知识点，通过讨论、教师点拨，使学生进一步加强对所学知识的理解，最终形成运用知识解决问题的能力．

2. 当堂训练的策略

操作：以课本后的作业和老师精心选编的作业内容为主，以考试试卷的形式进行检测，以学生独立完成为主要方式，以学生自我批改、学生相互批改、师生交流批改为评阅手段，达到当堂学习当堂清的效果．当堂训练的时间一般不少于15分钟．

目的：通过课堂作业的完成，检测每位学生是否真正学懂知识，是否巩固了所学知识，是否能够运用知识，是否都当堂达到学习目标，以利于教师二次备课，以利于学生进入新的知识学习环节．

当堂训练的内容应具有针对性、量力性和典型性．所谓针对性，即根据学科的特点和不同学生的认知水平，布置不同层次的习题，一般可分为必做题和选做题，其中必做题面向所有的学生，选做题则要求基础好的学生做．所谓量力性，即作业内容要根据教学的重点和难点布置，难度要适当，既不拔高，又不过于简单；作业题的数量要适当，以学生经过努力在15分钟之内完成为限．所谓典型性，即要精心选择供训练用的作业，可设计为一点多题以强化巩固，或一题多点以系统巩固，或一题多解以引导学生标新立异．

（二）基于"先学后教"理念的教学设计案例

▶ **案例4-1　集合的含义与表示**[①]

1. 学习目标

（1）了解集合含义，理解元素与集合"属于"关系，熟记常用数集专用

[①] 本案例由黄冈实验学校孟凡洲提供．

符号;

(2) 深刻理解集合元素的确定性、互异性、无序性,能够用其解决有关问题;

(3) 能选择集合不同的语言形式描述具体问题.

2. 自学内容和要求及自学过程

(1) 阅读教材第 2—3 页前两段,回答下列问题(集合的含义):

①我校全体高一学生能否构成一个集合?

②高一的所有女生能否构成一个集合?

③剑桥英语词典的所有英语单词能否构成一个集合?

其实,生活中有很多东西能构成集合,你能举出一些例子吗?通过以上分析,你能给出集合的含义吗?

结论:①____. ②____. ③____. 我们把研究的对象统称为____,把一些元素组成的总体叫____,简称____.

(2) 阅读教材第 3 页"思考题"后面的第 1—3 段,回答问题(集合与元素的关系):

④如果用 A 表示我校全体高一学生组成的集合,用 a 表示我校高一学生中的一位同学,b 是高二年级的一位同学,那么 a、b 与集合 A 分别有什么关系?由此可见元素与集合之间有什么关系?

结论:④a____集合 A 的元素,b____集合 A 的元素. 元素与集合的关系有两种:____和____,用符号表示即为____、____.

注意:一般用大写字母 A,B,C,$\cdots$ 表示集合,用小写字母 a,b,c,$\cdots$ 表示元素.

(3) 阅读教材第 2 页最后一段和第 3 页前两段,回答问题(元素三大性质):

⑤大于 3、小于 11 的偶数能否构成集合?(引申:你能说出它们的元素吗?)

⑥我国的小河流能否构成集合?(引申:若不能,为什么?若能,你能说出它的元素吗?)

⑦问题⑤、⑥说明集合中的元素具有什么性质?

⑧由实数 31、23、34、31 组成的集合有几个元素?(你能说出原因吗?)

⑨问题⑧说明集合中的元素具有什么性质?

⑩由实数 31、23、34 组成的集合记为 M,由实数 23、31、34 组成的集合记为 N,这两个集合中的元素相同吗?这说明集合中的元素具有什么性质?由此类比实数相等,你发现集合有什么结论?

结论:⑤____;⑥____;⑦____. 给定一个集合,它的元素必须是明确的,即任何一个元素要么_____,要么_____,这就是集合中元素的确定性;⑧____个;⑨互异性. 给定集合的元素是互不相同的,即集合中的元素不重复出现,这就是集合的互异性;⑩集合 M 和 N ____. 这说明集合中的元素具有_____,即集合中的元素是没有顺序的. 可以发现:如果两个集合中的元素完全相同,那么这两个集合____.

(4) 阅读课本第 3 页 "数学中一些常用的数集及其记法",完成任务:
⑪快速写出常见数集的记号.

结论:常见数集的专用符号:____:非负整数集(或自然数集)(全体非负整数的集合);____:正整数集(非负整数集 N 内排除 0 的集合);____:整数集(全体整数的集合);____:有理数集(全体有理数的集合);____:实数集(全体实数的集合).

归纳:通过以上的学习,我们可以归纳出几种表示集合的方法?

结论:自然语言;大写字母.

(5) 阅读教材第 3—4 页,回答下列问题(列举法、描述法):
⑫除字母表示法和自然语言之外,还能用什么方法表示集合?
⑬集合共有几种表示法?

结论:⑫方法一(字母表示法),大写的英文字母表示集合,例如常见的数集 N、Q,所有的正方形组成的集合记为 A 等;方法二(自然语言),用文字语言来描述的集合,例如"所有的正方形"组成的集合等.

还可以用下列方法表示集合.

列举法:把集合中的全部元素_____,并用_____括起来表示集合,这种表示集合的方法称为列举法.

描述法:在大括号内先写上表示这个集合元素的_____,再_____,在竖线后写出这个集合中元素所具有的_____. 这种用集合所含元素的共同特征表示集合的方法称为描述法.

注:在不致混淆的情况下,描述法也可以简写成列举法的形式,只是去掉竖线和元素代表符号. 如:所有直角三角形的集合,可以表示为 $\{x \mid x$ 是直角三角形$\}$,也可以写成$\{$直角三角形$\}$.

总结:⑬表示一个集合有四种方法:字母表示法、自然语言、列举法、描述法.

注意:一个集合的表示方法不单单是一种,有时候可以用多种表示方法. 例如方程 $x^2-4=0$ 的解组成的集合,可以用列举法表示为$\{2,-2\}$,也可以用描述法表示为$\{x \mid x^2-4=0\}$.

3. 巩固练习

(1) 自学教材第 3 页例 1,然后完成练习一.

练习一:用列举法表示下列集合.
①所有绝对值等于 8 的数的集合 A;②所有绝对值小于 8 的整数的集合 B.

(2) 自学教材第 4 页例 2,然后完成练习二.

练习二:分别用列举法和描述法表示方程 $x^2-9=0$ 的解组成的集合.

(3) 根据今天学习的知识,完成练习三.

练习三:完成教材第 5 页练习题.

注意:当集合中的元素个数较少时,通常用列举法表示,否则用描述法表示.

4. 作业

(1) 必做题：教材第 11 页习题 1.1A 组第 1 题 (1)(3)(6)；12 页第 3 题 (1)(3).

(2) 选做题：教材第 11 页习题 1.1A 组第 2 题，第 12 页第 4 题.

二、基于"以学定教"理念的数学教学设计

(一)"以学定教"教学理念解析

所谓"以学定教"，就是依据学情确定教学的起点、方法和策略. 这里的学情包括学生的知识、能力基础，学生的整体认知水准，学生课前的预习程度，学生对新知的情绪状态等. 而"定教"，就是确定教学的起点不过低或过高，在恰当的起点上选择最优的教学方法，运用高超的教学艺术，让每一位学生达到最优化的发展.

视频 4.2 "以学定教"观下的学程设计

"以学定教"并非新近出现的思想. 我国教育家陶行知曾说过："教什么和怎么教，绝不是凭空可以规定的，它们都包含'人'的问题，人不同，则教的东西、教的方法、教的分量、教的次序都跟着不同了."也就是说，学情决定教情，教师要根据学生的学情，确定教学内容和教学策略.

"不针对学生思想的讲授是不会有什么效果的，教师讲的和学生听的应该一样多."[①] 但在目前的数学教学设计中，不少教师通常把学生当成等待灌输的容器，从教师的主观假想或知识体系出发进行设计，很少从学生的角度考虑问题；在教学过程中，试图以片面的外部灌输作为促进学生发展的根本动因，很少考虑学生的主观愿望和认知需求.

著名教育心理学家奥苏贝尔曾说过："假如让我把全部教育心理学仅仅归结为一条原理的话，那么，我将一言以蔽之：影响学习的唯一最重要的因素，就是学习者已经知道了什么. 要探明这一点，并应据此进行教学."[②] 所以，教师在进行数学教学设计时，应顾及学生的数学认知需要，深入了解学生的学情，认真分析学生的个性差异，根据学生的实情来确定教学内容、选择教学方法和组织教学过程，真正做到"目中有人""有的放矢"，这样才能取得令人满意的教学效果.

基于"以学定教"理念，给出以下数学教学设计建议.

第一，要做好学情分析，确定教学的起点与策略. 教学设计时，教师若心中无数，则可能会出现：如果起点太低，学习的内容缺乏挑战性，学生在学习伊始就感到平淡无味；如果起点太高，学生对学习容易产生畏难情绪；如果教法不

[①] 美国国家研究委员会. 人人关心数学教育的未来 [M]. 方企勤，等，译. 北京：世界图书出版公司，1993：59.

[②] 奥苏贝尔. 教育心理学——认知的观点 [M]. 佘星南，等，译. 北京：人民教育出版社，1994：194.

当,则难以激发学生的学习兴趣,导致学生在课堂上被动接受.要解决这些问题就必须做好学情的调查与分析.

第二,要审时度势,灵活调整教学预设.受传统教学的影响,教师在设计教学活动时,往往环环相扣、步步为营,形成一种线性序列.如怎样提问、如何过渡、练习什么等,教师都精心设计在先,生怕学生脱离轨道,不知不觉中给教学来了个五花大绑!教师教得苦,学生学得累.其实,要根据实际情况审时度势、因地制宜,适时调整教学预设,才能彰显课堂的生命活力,取得良好的教学效果.

第三,要坚持因材施教,关注学生的个性差异.学生的个性不同,必然带来数学学习上的个别差异.只有承认这种差异,才有可能使每个学生在原有基础上获得再发展.基于这一理念,在进行数学教学设计时,可以根据学生的学业基础、智能水平与学习态度的差异,将学生进行隐性分层.即把学生不明显地划分为若干层次,结合教材与学生学习的可能性,为每一层学生设置相应的教学目标,针对不同层次的学生,提出与他们的学习水平相适应的问题.

(二)基于"以学定教"理念的数学教学案例

▶ 案例 4-2 "直线与平面垂直的定义及判定" 教学案例

师:前面我们已经学过直线和平面平行的判定和性质,定理的内容是?

生:……

师:根据判定定理,线线平行可以推出线面平行;根据性质定理,线面平行可推出线线平行,两个定理怎么用要分清楚.

下面我们来学习直线和平面的另一种位置关系.

师:请大家欣赏图片,若把笔直的旗杆、高楼抽象成直线 l,天安门广场、地面抽象成平面 α,我们可以直观地感受到直线 l 与平面 α 具有怎样的位置关系?

生:垂直.

师:你还能举出一些直线与平面垂直的例子吗?

生:大桥的桥柱和水面,教室的门框与地面,站立的人与地面等.

师:生活中直线与平面垂直的现象比比皆是.那么,数学上,又是如何定义直线与平面垂直呢?

我们来做一个简单的实验:请大家拿出一支笔,竖立在桌面上,你会发现笔与桌面具有怎样的位置关系?

生:是垂直的关系.

教师继续提问:请在桌面任意取一条直线(大家也用一支笔来代替),观察此直线与竖立的笔所在直线具有怎样的位置关系?

师:(用教具直观演示)我想同学们都发现了,桌面上的直线分两类:要么与笔相交,要么与笔异面.若相交,则垂直(可以用直角三角板测量);若异面,可适当平移使之相交,因为交角为90°,所以由异面直线所成角定义,可知两直线也是垂直.所以结论是:桌面上任意一条直线都与竖立的笔所在直线是垂直的.

师:这样的事实启发我们,可以借助于线线垂直来定义线面垂直!

定义如下:如果直线l与平面α内的任意一条直线都垂直,我们就说直线l与平面α互相垂直,记作$l\perp\alpha$.

师:下面是两个辨析题.

(1)若$l\perp\alpha$,$b\subset\alpha$,则$l\perp b$.( )

(2)如果直线垂直于平面内的无数条直线,则这条直线与该平面垂直.( )

师:第一题显然是对的(画图直观说明).根据定义,线面垂直可推出线线垂直,证明空间中的线线垂直又多了一种方法.那么第二题呢?

大家可利用手中的笔和桌面,积极尝试探究,这样才可能发现问题.

生:不行,我可以举出反例说明.如一条直线与平面斜交,可以在平面内先找到一条与斜线垂直相交的直线,再把这条直线平移,可以得到平面内有无数条直线与斜线垂直,但很明显斜线并不与平面垂直.

(教师及时通过多媒体同步展示学生所举反例,增强直观感知.)

师:很好!该同学抓住了这句话的关键词:无数!"无数"其实只是对平面内直线的数目予以要求,却并未强调平面内直线的任意方向.无数条也没用,必须是任意一条.

正因为定义中要求平面内的直线必须是任意的,所以,利用定义来判定直线与平面是否垂直就不太方便,我们需要去找一个更为简便的方法来判定.

【折纸试验】

请同学们拿出准备好的一块(任意)三角形的纸片,我们一起来做一个实验:过$\triangle ABC$的顶点A翻折纸片,得到折痕AD,将翻折后的纸片竖起放置在桌面上(注意:要求BD、DC与桌面接触).如图4-1所示,观察并思考:折痕AD与桌面垂直吗?

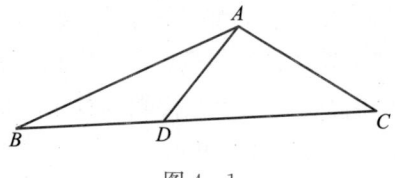

图4-1

师:结果是有些垂直,有些不垂直,还有些不确定.比如这位同学的实验结果,其他同学帮他判断一下,究竟折痕AD与桌面垂直还是不垂直?怎么判断?

我看过他的翻折过程,认为应该是不会垂直的.我用直角三角板来量$\angle ADC$,发现它是一个锐角,不是直角;若量$\angle ADB$,它一定是个钝角,也不是直角.根据线面垂直的定义,显然此时折痕AD与桌面不可能垂直.

大家多翻折几次,看看如何翻折才能使折痕AD与桌面所在的平面垂直?

师：当且仅当折痕 AD 是 BC 边上的高时，折痕 AD 与桌面所在平面垂直.

思考：想一想，为什么这样翻折会垂直呢？翻折之后，哪些垂直关系还保留着？

生：翻折之后垂直关系 $AD \perp CD$、$AD \perp BD$ 并未改变.

师：你能由此得出线面垂直的判定方法吗？

生：只需要在平面内找两条直线与已知直线垂直就可以了.

教师继续追问：是平面内的任意两条吗？

生：必须是平面内两条相交直线.

师：交角多大有关系吗？

生：没关系，相交就行.

师：很好，这就得到了线面垂直的判定定理.

定理：一条直线与一个平面内的两条相交直线都垂直，则该直线与此平面垂直.

师：好了，根据图 4-2，写出定理的符号语言.

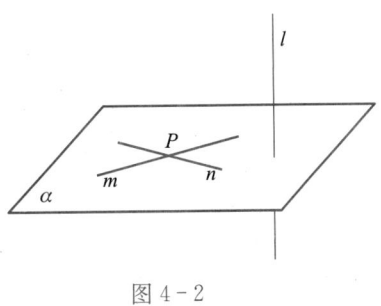

图 4-2

生：若 $l \perp m$，$l \perp n$，$m \subset \alpha$，$n \subset \alpha$，$m \cap n = P$，则 $l \perp \alpha$.

师：有了判定定理，以后要判断一条直线与一个平面垂直，只要在这个平面内找到两条相交直线和已知直线垂直即可，用线线垂直来推出线面垂直.

三、基于"少教多学"理念的数学教学设计

（一）"少教多学"教学理念解析

视频 4.3　少教多学：来自建构主义教学观的启发

"少教多学"理念，历史悠久，源远流长. 孟子曾说过："君子深造之以道，欲其自得之也. 自得之则居之安，居之安则资之深，资之深则取之左右逢其原."夸美纽斯在《大教学论》中提出："教学的主要目的在于：寻求并找出一种教学的方法，使教员因此可以少教，学生可以多学."我国教育家叶圣陶先生提出："教是为了达到不需要教.""教师当然须教，而尤宜致力于'导'.""导者，多方设法，使学生能逐渐自求得之，率至于不待教师教授之谓也."以上诸多论述都在强调"少教多学"的教学思想. 由此可见，"少教多学"作为一种教学思想，它的提出绝非偶然.

"少教多学"之"少教"，不是让教师投入得更少，更不是弃学生于不顾."少教"具有几个特点：一是启发性地"教"，即教师不要包办学生的学习和思考，少做灌输式的"教"，要鼓励学生自主学习、主动发现并提出问题、尝试解决问题，教师为学生的学习提供必要而适当的帮助；二是针对性地"教"，即教师不要笼统全面地教学，要针对学习过程中存在的问题及学生的个体差异展开教

学；三是创造性地"教"，即集中时间和精力创造性地设计教学内容和教学过程，帮助、激起、强化、优化学生的自主学习；四是发展性地"教"，即教师按"最近发展区"的要求，为学生的学习搭建"支架"，通过支架的支撑作用把学生的智力、情感水平提高到另一个新的发展水平．

"少教多学"之"多学"，并不是要多死记硬背教材，教师要通过"少教"将学生的学习变成发自内心的活动，将学生引向积极学习、深度学习、独立学习的境界．"少教多学"之"多学"具有三个内涵：一是"积极学习"，即学生全身心地参与学习，使学习变成发自内心的活动；二是"深度学习"，即学习者积极地探究、反思和创造，而不是反复记忆；三是"独立学习"，学生在学习过程中逐步摆脱对教师的依赖，自主选择、自主思考、自主提问、自主领悟，尽可能依靠其个人能力独立完成．

基于"少教多学"理念，给出以下数学教学设计建议．

首先，要把课堂时间还给学生，尊重学生的各种体验权利，创造条件让学生动眼、动脑、动口、动手．因为教学时间作为教学过程中一个相对恒定的因素，是一种有限的存在，也是不能"再生""复原"的稀缺资源．教师"满堂灌""堂堂灌"的时间多了，学生主动学习的时间必然会减少，就更谈不上为学生留出创造性学习的时间了．"少教多学"就是要减少教师在课堂上讲授的时间，给学生以自由的时间和空间，让学生大胆思考，激发学生的创造欲望和动机，鼓励学生形成创造意识．教师要充分利用有限的课堂时间，积极开发学生的"自我学习时间"，在"自我学习时间"内按个人兴趣在教师指导下进行有目的的学习．

其次，"少教多学"的基本思想体现在课堂上，其课堂特征主要体现在以下三个方面：第一，以"学生发展"为根本目标．为此要想方设法培养学生的能力，有效促进学生的主动发展和独立发展．第二，以"自主探究"为基本方式．学生模拟数学家的研究方式和研究进程，自主探究感兴趣的各类问题，在探究过程中获得创新发现，在创新中感受积极的成功体验．第三，以"数学问题"为中心．一方面，问题是激发学生好奇心和求知欲的动力，是贯穿学习过程的主线；另一方面，学生通过学习来发现新问题，使学习过程成为发现问题、解决问题和发现新问题的过程．

（二）基于"少教多学"理念的教学设计案例

▶ **案例 4-3** "平行线的特征" 教学设计

1. 创设情境

（1）用计算机展示一个房屋的屋顶、楼梯、门等现实生活中的物体，并请学生找出其中蕴藏着的平行线；

（2）从同学们的答案中抽象出图 4-3．

（3）请学生找出同位角、内错角、同旁内角（用计算机显示结论）．

【设计意图】从学生熟悉的事物导入,使学生既复习了旧知识,又增加了学习的兴趣.

2. 探索 1

(1) 提出问题

请你用可能的方法在图 4-3 中找出所有角之间的数量关系.

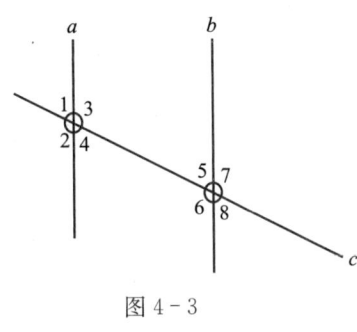

图 4-3

(2) 学生活动

以小组为单位展开讨论,比较这 8 个角的数量关系,并鼓励学生大胆使用科学而有效的方法,可以使用量角器量出度数进行比较,也可以用纸将每个角按实际大小剪下来比较,尽可能地鼓励学生寻找有效的方法.

(3) 演示探索

请各小组的代表演示各组的讨论方法.

教师小结:注意启发学生可将这些关系分为哪几类(用计算机演示).

相等关系:$\angle 1=\angle 4$,$\angle 5=\angle 8$,$\angle 2=\angle 3$,$\angle 6=\angle 7$,$\angle 1=\angle 5$,$\angle 3=\angle 7$,$\angle 2=\angle 6$,$\angle 4=\angle 8$,$\angle 1=\angle 4=\angle 5=\angle 8$,$\angle 2=\angle 3=\angle 6=\angle 7$.

互补关系:$\angle 1+\angle 2=180°$,$\angle 3+\angle 4=180°$,$\angle 5+\angle 6=180°$,$\angle 7+\angle 8=180°$,$\angle 3+\angle 5=180°$,$\angle 4+\angle 6=180°$.

【设计意图】以开放性问题的形式提出问题,创设了宽松的教学环境,有利于学生积极思考、主动参与,培养了学生的发散思维能力.

3. 探索 2

(1) 提出问题

在这些关系中,哪些与直线 a 和 b 都有关?哪些只与直线 a 有关,哪些只与直线 b 有关?

(2) 学生活动

将学生平分为三个大组,一组找与直线 a 和 b 都有关的式子;一组找只与直线 a 有关的式子;另一组找只与直线 b 有关的式子.

请各组代表公布结论.

教师小结(用计算机展示).

①与直线 a 和 b 都有关的式子有:

相等关系:$\angle 1=\angle 5$,$\angle 3=\angle 7$,$\angle 2=\angle 6$,$\angle 4=\angle 8$,$\angle 3=\angle 6$,$\angle 4=\angle 5$,$\angle 1=\angle 8$,$\angle 2=\angle 7$.

互补关系:$\angle 3+\angle 5=180°$,$\angle 4+\angle 6=180°$,$\angle 1+\angle 7=180°$,$\angle 2+\angle 8=180°$.

②只与直线 a 有关的式子:

相等关系:$\angle 1=\angle 4$,$\angle 2=\angle 3$.

互补关系:$\angle 1+\angle 2=180°$,$\angle 3+\angle 4=180°$.

③ 只与直线 b 有关的式子：

相等关系：$\angle 5 = \angle 8$，$\angle 6 = \angle 7$.

互补关系：$\angle 5 + \angle 6 = 180°$，$\angle 7 + \angle 8 = 180°$.

【设计意图】让学生有创新地开展数学活动，培养学生动手和探索问题的能力．

4. 探索 3

（1）提出问题

从上面的讨论可知，只与直线 a 或 b 有关的式子无须从 $a \parallel b$ 的关系中推出，即它们的成立与否不以 $a \parallel b$ 为前提．若改变 a 与 b 的位置关系，与 a 和 b 有关的式子还成立吗？

（2）学生活动

以小组为单位探索 a 与 b 不平行的情况（用计算机显示图中的几个角），启发学生得出结论：当 a 与 b 不平行时，①中的式子不再成立，进而可知，这些关系式是以 $a \parallel b$ 为前提的，是 $a \parallel b$ 时特有的式子．

【设计意图】教师的点拨使学生找到探索的方法，并将问题的开放性进行适当调控，使问题向着预定目标进行．

5. 探索 4

（1）提出问题

具有相等关系的角具有怎样的位置关系？

具有互补关系的角具有怎样的位置关系？

（2）分组讨论，得出结论

具有相等关系的角有：同位角、内错角和一些没学过的位置关系角．

具有互补关系的角有：同旁内角和一些没学过的位置关系角．

【设计意图】排除非本质特征进行本质特征归纳，从而得出本节课的中心内容．

6. 探索 5

（1）提出问题

如果不考虑那些没学过的角的位置关系，只对同位角、内错角、同旁内角进行归纳总结：如果两条平行线被第三条直线所截，则……

（2）请学生回答，从而得出本节课的结论．

7. 点题（用计算机显示）

（1）平行线的性质定理；

（2）对比平行线的判定定理；

（3）共同讨论它们的异同．

8. 问题解决

问题：小明的妈妈在装修房子时要把画挂在墙上，可是几次都挂歪了．老师想请一个同学帮帮她，并请你在黑板上演示一下．请同学们分组讨论后派一名代表来完成任务．

【设计意图】通过问题解决,使学生体验数学与现实生活的联系,激起学生学习数学的兴趣.

点评:本节课通过开放式的教学模式,打破常规,请学生通过动手、动脑和协作学习等方式来探索问题,得出猜想,既培养了学生的猜想能力,又使学生经历了从特殊到一般和从实际到理论的过程.本节课基于"少教多学"的理念进行教学设计,学生参与整个教学活动,获得了更加直接的体验,对于教学内容的理解更为深刻.学生成为了学习的主人,有了学习的动力与兴趣,这样学生才能在快乐学习中学得更快更好.

第二节 以学生为本位进行数学教学设计

所谓教学设计以学生为本位,是指在教学中确立以学生的发展为根本的观念,以学生的已有知识基础、能力水平为依据设计教学活动,一切教学活动设计围绕学生的发展来展开.

一、立足学生知识经验基础进行教学设计

视频4.4 建构主义知识观:立足学生知识经验进行教学设计的理论基础

以学生为本位的数学教学设计,要求教师在分析问题时,应建立在学生已有的认知基础之上,帮助学生从原有知识和经验中寻找知识的生长点,通过逐步搭建认知"脚手架",增加从旧知识到新知识的层次,尽可能减小思维落差.为此,教学设计时要从学生真实的问题出发,而不是从数学教材或从教师假想的问题出发.

所谓真实的问题,即学生头脑中真正存在的问题,是作为新知识固着点的问题.所以,从问题出发设计数学教学,关键之处在于把握学生固有认识与新现象、新事实的矛盾,在于引导学生自己发现或创设情境帮助学生发现这一矛盾,这样才会引发有效的数学学习活动,才能真正让学生学有所思、学有所成.

著名物理学大师保罗·狄拉克有一次做了一个学术报告,之后有人提问说,他不明白怎么可以从公式2推导到公式5.狄拉克不答,主持人提醒道:"教授,请回答他的问题."狄拉克说:"他并没有问问题,只说了一句话."狄拉克的这一回答揭示了"问题"这一概念的本质.即真正的问题,应是固有认识与新现象、新事实的矛盾.那位提问者并没有讲出自己对"公式2"的理解及其与"公式5"的矛盾所在,狄拉克当然就无法为他做出解释和说明.

一些教师在数学教学设计时,常常对数学对象的本质与学生个体认识的实质性关联揭示不够,没有真正抓住学习任务与学生固有认识的矛盾,往往只是从所要学习的数学知识点出发来设计问题,这样的问题就类似于狄拉克所拒绝回答的那类问题,这样的教学设计由于脱离学生的实际认知水平,从而极易导致被动接受和机械记忆.

为此，在进行数学教学设计时，教师需要做好以下两方面的工作.

(一) 寻找新旧数学知识的联系

数学知识的前后连贯性极强，相互联系形成一张知识网络，任何新知识的形成都与许多已有知识相联系. 教师在钻研教材、设计教法时，不仅要从整体上把握教材知识结构，而且要从纵向考虑新旧知识是如何连接延伸的，从横向考虑新旧知识是如何沟通联系的，从而找准新知识的生长点、新旧知识的连接点，并以此为突破口开展数学教学活动.

为此教师在钻研教材和设计教学时，不仅要研究本节课的教学内容，更要研究这部分内容与前后知识的内在联系；不仅要熟悉自己所教年级的教学内容，还要熟悉相邻年级的教学内容，甚至要熟悉整个学段的教学内容. 这样才能了解到所要教学的内容是在怎样的基础上发展起来的，又怎样为后面所要学习的内容作准备；才能在教学中有意识地沟通新旧知识的纵横联系，从而更好地突出基本概念和基本原理. 在教学中要善于将数学知识串联起来，使孤立的、分散的、繁杂的知识形成一个有机联系的完整体系，在联系中加深学生对所学知识的理解，以达到举一反三、触类旁通的目的和效果.

(二) 探寻学生认知结构的起点

教学首先要研究"教什么"的问题，即教学目标的确定和教学内容的选择. 而要考虑这个问题，首先要研究学生"头脑里已经有了什么"，也就是学生已有的知识基础和经验. 按照数学学习的认知理论，学习活动是一个以学生已有的知识和经验为基础的主动建构过程. 学习者能否主动建构形成良好的认知结构，取决于原有认知结构里是否具有清晰可辨的、可同化新知识的观念以及这些观念的稳定情况.

《义务教育数学课程标准（2011年版）》指出，应遵循学生学习数学的心理规律，强调从学生已有的生活经验出发. 数学教学活动必须建立在学生的认知发展水平和已有的知识经验基础之上. 因为学生在学习新的知识内容之前，已经或多或少地接触过相关的知识内容，也积累了一些相关的生活经验，所以教师在教学设计时应了解学生的知识经验基础，准确把握学生学习的真实起点，既不拔高也不降低学习要求，让学生"跳一跳"能摘到果子，这样才能最大限度地发挥学生的主观能动性.

确定学习者的学习起点，既要考虑知识逻辑，也要考虑心理逻辑；既考虑教学内容所提供的可能起点，又兼顾学生发展的现在状态和潜在状态所暗示的可能起点. 对学习起点的分析，通常应包括两个方面：一是对学习主体预备才能的分析，即了解学生是否具备了进行新的学习所必须掌握的有关知识、技能等；二是对学习主体目标才能的分析，即了解学生是否已经掌握或部分掌握了教学目标中要求学会的有关知识、技能等.

▶ 案例 4-4 等比数列求和公式的推导

对于等比数列求和公式推导的教学，若直截了当地给出教材中的"错位相减法"，无疑脱离了学生的认知基础，有必要通过稚化思维的方式，在教学设计时进行认知重建。

一般地，设等比数列 $\{a_n\}$ 的首项为 a_1，公比为 q，现在要对数列的前 n 项求和。那么，什么是求和呢？以学生现有的认知经验，所谓"求和"，就是把若干具体的"有限项"加在一起，比如有限个具体数字相加，或为数不多的若干代数式相加。但现在面临的是若干抽象的"有限项"相加：$a_1+a_2+\cdots+a_n$，即不仅每个加项是抽象的字母，而且是带有省略号的"很多"有限项相加。这就是学生面临的认知冲突和困惑：其一，求和究竟意味着什么？其二，很多抽象的字母怎么求和？

对于前者，教师可以逐步给学生揭示求和公式的实质，以及建立求和公式的意义。即数列求和公式的建立，其本质是化归转化思想的体现和运用，也就是通过计算公式可以大大减少运算次数，从而把复杂运算转化为简单运算，反映和体现了人们的求简意识。而对于后者，则有两种处理思路。

一种最靠近学生认知基础的可行思路，是通过复习等比数列的定义，引导学生使用等比定理进行求和。即由 $\dfrac{a_2}{a_1}=\dfrac{a_3}{a_2}=\cdots=\dfrac{a_n}{a_{n-1}}=q$，得 $\dfrac{a_2+a_3+\cdots+a_n}{a_1+a_2+\cdots+a_{n-1}}=q$，即 $\dfrac{S_n-a_1}{S_n-a_n}=q$，从而获解（当分母 $a_1+a_2+\cdots+a_{n-1}=0$ 时，显然 $S_n=a_n$）。

另一种思路是从揭示项与项之间的联系入手，即根据数列通项公式，把 $a_1+a_2+\cdots+a_n$ 改写为 $a_1+a_1q+\cdots+a_1q^{n-1}$，即 $a_1(1+q+\cdots+q^{n-1})$，从而转化为对特殊等比数列进行求和，即求 $1+q+\cdots+q^{n-1}$。这时，既可以从特殊到一般，采用观察、联想、类比、猜想的方式进行求解（$1+q=\dfrac{1-q^2}{1-q}$，$1+q+q^2=\dfrac{1-q^3}{1-q}$，由此猜想：$1+q+\cdots+q^{n-1}=\dfrac{1-q^n}{1-q}$，并利用多项式乘法进行验证）；也可以根据学生的思考习惯，除第一项外提取 q，即 $S_n=1+q(1+q+\cdots+q^{n-2})=1+qS_{n-1}=1+q(S_n-a_n)$，从而获解。

相对于教材中的"错位相减法"，我们认为这两种方法更靠近学生的最近发展区，较好地顺应或契合了学生当前的数学认知结构。

二、遵循学生认知发展规律进行教学设计

数学教学设计要着眼于学生的思维方式和特点，符合学生认知发展的规律。教师能否把握好学生的思维方式和思维特点，能否对学生接受知识的心理做出切合实际的判断，是教师设计"思维情境"的关键所在。为此，教师需要设身处地

地从学生实际的思维方式出发来进行教学设计，使教师的思维契合或顺应学生的思维，使两种思维"合拍"；否则，就会导致教师思维的越位，或与学生的思维错位脱节.

为此，教师在进行数学教学设计时，要注意以下两个方面的问题.

（一）遵循认知发展规律

1. 可接受性

获得新的数学知识的过程，主要依赖于数学认知结构中原有的适当观念，通过新旧知识的相互作用，使新知识的意义顺利被同化. 因此，教学内容、方法都要适合学生的认知发展水平，其抽象性与概括性不能过低或过高，要处于同级发展水平. 这样才能使数学内容被学生理解和接受，改造和分化出新的数学认知结构.

2. 直观性

皮亚杰的认知发展阶段论认为，中学生的认知发展水平已由具体运演阶段进入到抽象运演阶段，但即使是这样，在每个新数学概念或结论的学习过程中，仍然要经历从具体到抽象的转化. 因此，数学教学不应拘泥于抽象的形式，应通过向学生提供丰富的直观背景材料，着重向学生揭示抽象概念和结论的来龙去脉和本质.

3. 启发性

维果斯基认为，教学应着眼于儿童的最近发展区，把潜在的发展水平变成现实的发展，并创造新的最近发展区. 他认为教学"创造着"儿童的发展，主张教学应走在儿童现有发展水平的前面. 数学教学的启发性就在于激发、诱导那些正待成熟的心理机能的发展，不断使最近发展区进入到更高一级水平. 为此，数学教学内容不能过于简单，否则就不能激发学生思维和满足学习愿望；也不能过于复杂、抽象，不能超越学生的最近发展区，否则学生就无法理解和接受，甚至产生畏惧心理和厌学情绪.

（二）善用稚化思维的策略

在数学教学设计时，要善于运用稚化思维的策略，遵循退化性原理和表演性原理，惑其所惑，难其所难，错其所错.

1. 惑学生之所惑

教师在进行数学教学时，应从学生的认知基础和思维方式出发，将自己的思维退化到学生的思维态势，惑其所惑，疑其所疑，根据学生可能出现的疑惑，蓄意制造引起困惑的思维环境，通过"设疑—析疑—解疑"的过程，以达到解惑的目的.

2. 难学生之所难

对于数学教学中难点的突破，教师只有善于进行换位思考，通过扮演学生的角色，成为学生的化身，才能体察"民情"，体会到学生的困难所在. 如果教师

视频 4.5 稚化思维的数学教学设计策略

总是唱"独角戏","目中无人"式的"一言堂",即使语言慷慨激昂,化难的技术十分高明,课堂也只会成为教师表演"绝活"的舞台,而学生则成了被动的听众和看客.

3. 错学生之所错

教师作为先知先觉者和数学真理的代言人,其一言一行通常应正确无误. 但教学是可以适当进行表演和模拟的,教学时教师完全可以根据以往的教学经验,装作不知不觉的样子,发生学生常见的各种典型错误,让学生识别错误或故意挑起争端,让学生积极地开展纠错活动. 这样,强化了学生对错误根源的认识,增强了学生的数学认知"免疫力".

▶ 案例 4–5　函数的单调性

视频 4.6　"函数单调性"的教学案例分析

函数单调性的教学,大体上应从三个层次展开. 首先,观察图像,描述变化规律,如上升、下降,从几何直观角度加以认识;其次,结合图、表,用自然语言描述,即 y 随 x 的增大而增大(或减小);最后,用数学符号语言描述变化规律,逐步实现用精确的数学语言刻画函数的变化规律.

教师从学生的思维角度出发,就不难自然而合理地提出研究课题:函数图像千变万化,那么这种变化是否呈现出某种规律?图像从左往右看,是一路走高,还是一路下滑?是先升后降,还是先降后升?对函数性质的研究,我们首先关心的是函数图像的变化趋势.

教学的困惑来自于量化学习的必要,即从图像上不难获得图像"上升"或"下降"的直观特征,但为什么还要进一步来研究它呢?这时,教师可采用解释和说明的方法,帮助学生解疑释惑,即"上升""下降"是一种日常语言,用日常语言描述这样的性质不够准确. 那么,能否用数学语言来描述函数的这种特点呢?如果可以的话,又该如何来描述呢?这时教师可结合图像的特点,即它是"函数"的图像,而函数是刻画因变量随自变量变化关系的数学模型,从而根据函数的意义,自然过渡到第二个层次. 即"上升"意味着 y 随 x 的增大而增大,"下降"意味着 y 随 x 的增大而减小. 但这样的描述仍停留在定性的层面.

教学的难点主要集中在第三个层次,即如何用符号化的数学语言来描述递增(或递减)的特征,这其中有两个难点(以"递增"为例):(1)"x 增大"如何用符号表示;同样,"$f(x)$ 增大"如何用符号表示. (2)"随着"x 增大,函数 $f(x)$ "也"增大,如何用符号表示.

一种可行的分析思路是,"x 增大"反映自变量的动态变化特征,而"动态"变化往往通过一系列的"静态"状态来进行刻画,再考虑到"增大"的特征,于是不难获得"$x_1<x_2<x_3<\cdots$";"$f(x)$ 增大"同理. 接下来要根据函数的意义,即它刻画的是两个变量变化的相依关系的数学模型,来说明自变量增大与因变量增大的相依性与伴随特征. 还要采用数形结合的方法,来说明"任意 $x_1<x_2<x_3<\cdots \Rightarrow y_1<y_2<y_3<\cdots$"与"任意 $x_1<x_2 \Rightarrow y_1<y_2$"的等价性.

教学中可能的易错点，主要在于定义中自变量取值的"任意性". 这时教师可针对以下几个方面，有意模拟以下错误，让学生进行辨别：（1）对于函数 $y=f(x)$，如果存在 x_1，x_2，当 $x_1<x_2$ 时，有 $y_1<y_2$，能否说该函数在区间 $[x_1, x_2]$ 上递增呢？（2）对于函数 $y=f(x)$，对任意的 $x\in(a, b)$，都有 $f(a)<f(x)$，能否说该函数在 (a, b) 上递增呢？（3）对于函数 $y=f(x)$，对在 $(0, +\infty)$ 上的无数个自变量的值 x_1，x_2，x_3，…，当 $x_1<x_2<x_3<\cdots$ 时，有 $y_1<y_2<y_3<\cdots$，能否说该函数在 $(0, +\infty)$ 上递增呢？

总之，在数学教学设计中，教师心中必须具有强烈的"学生意识"，能设身处地地"想学生之所想"，要从学生已有的认知经验和思维水平出发，通过悬置自己的成熟想法和稚化自己的思维，更好地顺应学生的认知习惯和认知方式.

三、以促进学生思维发展为目标进行教学设计

数学教学不仅要使学生获得数学知识，更要使学生的思维能力得到发展. 史宁中教授指出："创新能力依赖于知识的掌握、思维的训练、经验的积累，三方面同等重要. 关于知识的掌握，我国的中小学数学教育是没有问题的；关于经验的积累，大概还差得很多；关于思维的训练，我们做的也不够，只能打 50 分." 特别是在新课程实施之后，有的教师想在一节数学课承载更多的东西，往往却"顾此失彼"，使得数学课堂教学的灵魂——数学思维渐渐流失了. 因而怎样凸显数学思维，让数学课堂成为学生的智慧之旅，就成为教师在教学设计时要考虑的重要问题.

一般认为，在数学学习活动中，使学生产生和发展数学思维的条件，有以下三个方面：首先，必须为学生提供一个良好的思维环境. 思维环境包括学生所处的内部环境和外部环境. 外部环境指学生面临的问题情境和学习环境；内部环境指学生的有关知识经验、思维的情意和愿望，包括对数学知识、技能与数学方法的理解和掌握水平. 其次，必须使学生产生思维要求，即在内、外环境下所引发的探索兴趣、思考欲望和成就动机，这种思维要求反映了学生的自主意识和行动意识. 最后，要使学生产生和发展数学思维，必须具有一定的思维操作水平，包括掌握基本的思维方法和思维策略，以及具有良好的思维品质等.

为了实现以上目标，数学教学设计时要做到以下几点.

（一）创设问题情境，激发思维动机

合适的问题情境是外部问题和内部知识经验适当程度的认知冲突，从而能够引起学生强烈的思考动机和最佳的思维定向，这样的情境是启发学生思维的"引爆器". 为此，一方面，问题情境的创设必须使学生产生情感的共鸣. 思维的启发离不开情感的支撑，只有产生情感的共鸣，学生才愿意走进问题，愿意把问题内化，充分调动自主意识，驱使自己去思考、去探索. 另一方面，问题的难易程度要适当. 学生对问题的领悟有一种似曾相识之感，但又不能立即给出解答时，

才能产生心理上的愤悱状态，进入到最佳的思维境界之中.

(二) 强化过程教学，培养思维能力

数学教学就是数学思维活动的教学，因此在教学中以知识的发生发展为线索，让学生亲自参与思维活动，更有利于提高学生的思维水平. 数学学习活动的过程主要包括以下几类：数学概念的形成过程；公式、定理、性质的探索、发现、推导过程；解题思路的寻找与解题规律的领会过程等. 因此在数学教学设计时，一方面，在教学中一定要揭示数学知识的来龙去脉，使知识的生成、发展与学生的认识规律相结合，从而更好地开发和利用数学的教育价值；另一方面，必须给学生充分思考问题的时间和空间，使学生能够有机会积极主动地参与学习活动，否则，如果教师迫不及待地给出答案或要求学生回答，就不能充分利用问题来激发学生的思维.

(三) 渗透数学思想，提高思维水平

数学思想是对数学知识发生过程的提炼、抽象、概括和升华，是对数学规律的理性认识. 它直接支配数学的实践活动，是解决数学问题的灵魂. 但"数学思想是进行思维的一种形式，它具有和思维过程完全不同的、较为准确的、可以言传的形态". 因此，在数学教学中应该注重数学思想的教学，通过各种方式展示数学思想和方法，提高学生的数学思维能力. 数学思想不可能凭借几节课的教学就能使学生掌握，也不能依靠生硬的说教而让学生被动接受，而应当结合教学内容潜移默化的长期渗透，使学生逐步掌握思维方法或思维方向，久而久之，学生就会形成较强的数学思维能力.

▶ **案例 4-6** "基本不等式" 的教学设计

1. 创设问题情境，激发思维动机

图片展示：实验室托盘天平 (图 4-4).

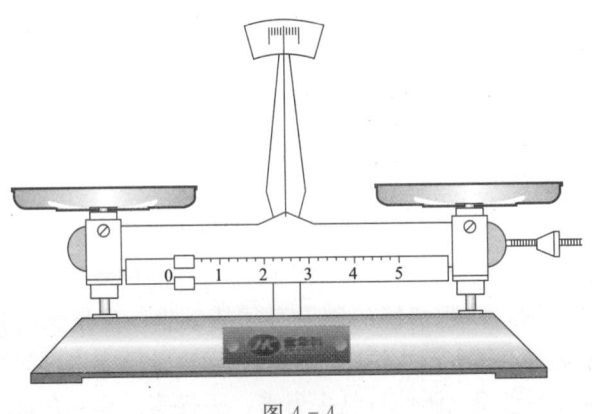

图 4-4

通过不等臂天平的引入，导出后续教学内容——基本不等式.

问题1 实验室里有一台用了很久的天平，老师发现这台天平有点小问题，它的左臂与右臂的长度是不相等的. 为了测出物体重量，老师采取以下方法：先将物体放在天平的左盘上，称得质量为 a，再将物体放在天平的右盘上，称得物体的质量为 b. 由此老师认为此物体的质量为 $\dfrac{a+b}{2}$. 这种做法可靠吗？要怎么判断这种方法的可靠性？同学们能算出物体的实际质量吗？

引导学生联想物理学中的杠杆原理，让学生根据杠杆原理求出物体的实际质量为 $\sqrt{ab}$.

【设计意图】 通过物理实验室里天平的引入，体现了学科与学科之间的融合与渗透，激发了学生的学习兴趣.

2. 引导自主探究，培养思维能力

（1）动手操作，亲身体验

问题2 如何比较 $\dfrac{a+b}{2}$ 与 $\sqrt{ab}$ 的大小呢？

下面我们通过一个折纸实验，一起进行动手探究.

请同学们拿出两张大小不同的正方形纸片，并把它们折成两个等腰直角三角形，假设两个正方形的面积分别为 a 和 $b(a>b)$，计算两个三角形的面积.

如何通过对这两个三角形进行折叠和拼接，构造一个分别以 $\sqrt{a}$、$\sqrt{b}$ 为长和宽的矩形？它的面积是多少？你能发现什么结论？（图4-5）

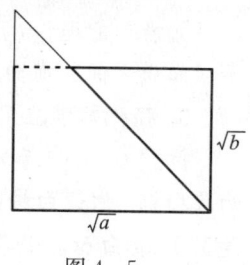

图4-5

【设计意图】 从建构主义的思想出发，建立在学生已有的理论知识和生活经验的基础之上. 通过折纸实验，吸引学生学习的注意力，发挥学生学习的主观能动性. 同时，这一既不陌生又很新鲜的问题，也可以调动学生的探究兴趣.

问题3 分组实验，每两人一组，动手进行操作. 观察一下，你有什么发现呢？或者说，有没有什么地方引起了你的注意？

【设计意图】 真实的课堂实验情境，过程生动而有趣，在增添课堂活力的同时，激发了学生的求知欲望.

（2）直观感知，观察发现

通过几何画板，进一步展示实验过程.

问题4 同学们观察一下 $\dfrac{a+b}{2}$ 与 $\sqrt{ab}$ 是如何变化的？你是否有新的发现？

【设计意图】 通过采用多种教学手段，吸引学生的注意力，调动学生的主观能动性；同时，经历直观感知、观察发现等思维过程，有助于学生对客观事物中蕴含的数学模式进行思考和作出判断.

(3) 验证猜想,得出结论

问题 5 如何严格证明 $\sqrt{ab} \leqslant \dfrac{a+b}{2}(a>0,b>0)$ 呢?

通过动手实验和几何画板的演示,得到了 $\sqrt{ab} \leqslant \dfrac{a+b}{2}(a>0,b>0)$,当且仅当 $a=b$ 时等号成立. 但是直观感知不能代替推理论证,这个结论的正确性还需要通过严格证明. 可以采用分析法寻找证明思路.

(4) 分析基本不等式

我们将 $\sqrt{ab}$ 称为正数 a,b 的几何平均数,将 $\dfrac{a+b}{2}$ 称为它们的算术平均数. 引导学生用文字语言将基本不等式叙述为:两个正数的几何平均数不大于这两个正数的算术平均数.

$\sqrt{ab}$ 之所以称为几何平均数,说明它有自己的几何意义,我们可以通过构造圆来进行探究,同学们有兴趣的话,课后可以自行研究.

前面我们学习了数列的相关知识,如果从数列的角度来认识基本不等式,$\sqrt{ab}$ 就是正数 a,b 的等比中项,$\dfrac{a+b}{2}$ 就是它们的等差中项,因此这一结论也可以叙述为:两个正数的等比中项不大于这两个正数的等差中项.

【设计意图】引导学生学会进行数学的符号语言和文字语言之间的转换;根据多元表征的理论,采用数形结合的方法,让学生多角度理解基本不等式;通过不同知识之间的横向联系,使学生对所掌握的知识能进行融会贯通.

3. 强化数学应用,激发思维潜能

问题 6 小王和小李既是同学,又是邻居,他们相约到一家小铺里先后买了两次白糖. 假设白糖的价格是变化的,而他们的购买方式又不一样. 小王每次总是买 1 kg 白糖,小李每次总是买 1 元钱白糖. 试问:买白糖的这两种方式,哪一种比较合算? 并说明理由.

分析:要知道哪种买糖方式合算,我们就要看谁花最少的钱,买到了最多的白糖,即要算出两个人两次买糖的平均价格哪一个较低. 由于两次买糖的价格均是未知的,因此在解题中必须设未知量,并列出相应的代数式.

【设计意图】这道贴近生活的问题,可以极大地增强学生学习的兴趣,调动学生探究钻研的兴趣,让学生体会到:数学来源于生活,服务于生活,与我们的日常生活息息相关.

习题作业

1. 什么是"以学定教"? 它对数学教学设计有什么启示?
2. 试根据"先学后教"的理念和做法,对某一数学概念或结论进行教学设计.
3. 解析"以学生为本位"的教学含义,并谈谈它对数学教学设计的启示.

第五章　　数学教学微观策略的设计

学习目标

- 掌握"讲解—接受""引导—探究""指导—发现"三种不同的教学模式,并能基于三种不同的教学模式进行数学教学设计.
- 了解现代多媒体技术的基本教学功能,并能将其有效地应用到数学教学设计当中.
- 深刻领会"多元表征""APOS 理论""变式教学"等基本思想,并能将其有效地应用到数学教学设计当中.

第一节　基于教学模式选择的数学教学设计

视频 5.1　数学教学模式的类型

教学模式是在一定教学理论指导下,在大量的教学实践基础上,所设计的稳定、简明的教学结构理论框架及具体可操作的实践活动方式. 教学模式的种类繁多,根据教学过程中师生的关系与地位的不同,可以把教学模式分为"讲解—接受"模式、"引导—探究"模式和"指导—发现"模式.

一、基于"讲解—接受"模式的数学教学设计

在"讲解—接受"模式中,教师处于主体地位,学生的自主性相对较弱. 该模式以传授系统知识、培养基本技能为目标. 其着眼点在于充分挖掘人的记忆力、推理能力与间接经验在掌握知识方面的作用,使学生比较快速有效地掌握更多的信息量. 该模式强调教师的能动作用,认为知识是教师到学生的一种单向传递的过程,非常注重教师的权威性,不重视学生主体性的发挥.

(一)"讲解—接受"模式的理论基础

该模式根据行为心理学的原理设计,尤其受斯金纳操作性条件反射的训练心理学的影响,强调控制学习者的行为达到预定的目标. 认为只要通过"联系—反馈—强化"这样反复的循环过程,就可以塑造有效的行为目标. 该教学模式源于赫尔巴特的四段教学法,后来由苏联的凯洛夫等人进行改造传入我国,在我国广为流行. 该模式的直接理论基础是奥苏贝尔的有意义接受学习理论.

奥苏贝尔认为,接受学习不同于发现学习,它是在教师指导下,学习者接受事物意义的学习. 接受学习应该成为课堂学习的主要形式. 学习者接受知识的心理过程表现为:首先,在认知结构中找到能同化新知识的有关观念;其次,找到新知识与起固着点作用的观念的相同点;最后,找到新旧知识的不同点,使新概念与原有概念之间有清晰的区别,并在积极的思维活动中融会贯通,使知识不断系统化.

在奥苏贝尔看来,要使接受学习成为一种有意义学习,取决于三个先决条件:第一,学习材料本身必须具备逻辑意义;第二,学习者必须具有有意义学习的心向;第三,学习者的认知结构中必须有同化新知识的适当观念. 奥苏贝尔认为,只有同时满足了上述三个条件,才有可能进行有意义的学习,使新学习材料的逻辑意义转化为学习者的潜在意义,最终使学习者达到对新知识的理解,使新知识获得心理意义.

(二)"讲解—接受"模式的实施条件

在该教学模式下,教师要根据学生的认知水平对教学内容进行加工处理,力求使得所传授的知识与学生原有的认知结构相联系. 充分发挥教师在教学中的主导作用,教师在传授知识时需要较强的语言表达能力,同时要对学生在掌握知识

时常遇到的问题有所经验与觉察. 对学生而言, 则要求课前预习、课后复习, 上课集中注意力认真听讲, 跟着教师的教学节奏, 积极回应教师提出的问题, 认真完成教师布置的课堂作业和课外作业.

（三）"讲解—接受"模式的操作程序

该模式的基本操作程序是：复习旧知—激发动机—讲授新课—巩固练习—检查评价—间隔性复习.

复习旧知是为了强化记忆、加深理解、加强知识之间的相互联系和对知识进行系统整理. 激发动机是根据新课的内容, 设置一定情境和引入活动, 激发学生的学习兴趣. 讲授新课是教学的核心, 在这个过程中主要以教师的讲授和指导为主, 学生一般要遵守纪律, 跟着教师的教学节奏, 按部就班地完成教师布置的任务. 巩固练习是学生通过解决问题, 对新学习的知识进行巩固的过程. 检查评价是教师通过学生的课堂和家庭作业来检查学生对新知识的掌握情况. 间隔性复习是为了强化记忆和加深理解.

（四）"讲解—接受"模式的教学案例

▶ **案例 5-1** "一元二次方程"的教学

1. 复习

学生活动：列方程.

问题（1）古算趣题："执竿进屋"

笨人执竿要进屋, 无奈门框拦住竹, 横多四尺竖多二, 没法急得放声哭. 有个邻居聪明者, 教他斜竿对两角, 笨伯依言试一试, 不多不少刚抵足. 借问竿长多少数, 谁人算出我佩服.

假设门的高为 x 尺, 那么, 这个门的宽为_____尺, 长为_____尺, 根据题意, 整理化简, 得_____.

问题（2）有一面积为 54 m^2 的长方形, 将它的一边剪短 5 m, 另一边剪短 2 m, 恰好变成一个正方形, 那么这个正方形的边长是多少？

假设剪后的正方形的边长为 x, 那么原来长方形的长是_____, 宽是_____, 根据题意, 得_____. 整理, 得_____.

教师点评并分析如何建立一元二次方程的数学模型.

2. 探索新知

学生活动：请口答下面问题.

（1）上面两个方程整理后含有几个未知数？

（2）按照整式中多项式的规定, 它们的最高次数是几次？

（3）有等号吗？还是与多项式一样, 只有式子？

教师点评：（1）都只含一个未知数 x；（2）它们的最高次数都是 2 次；

(3) 都有等号.（归纳得出一元二次方程的定义.）

例1 将方程 $3x(x-1)=5(x+2)$ 化成一元二次方程的一般形式，并写出其中的二次项系数、一次项系数及常数项.

例2 （学生活动：请2~3位同学上台演练）将方程 $(x+1)^2+(x-2)(x+2)=1$ 化成一元二次方程的一般形式，并写出其中的二次项、二次项系数；一次项、一次项系数；常数项.

3. 巩固练习

教材第32页练习1、2.

补充练习：判断下列方程是否为一元二次方程？

(1) $3x+2=5y-3$；(2) $x^2=4$；(3) $3x^2-\dfrac{5}{x}=0$；

(4) $x^2-4=(x+2)^2$；(5) $ax^2+bx+c=0$.

4. 应用拓展

例3 求证：关于 x 的方程 $(m^2-8m+17)x^2+2mx+1=0$，不论 m 取何值，该方程都是一元二次方程.

分析：要证明不论 m 取何值，该方程都是一元二次方程，只要证明 $m^2-8m+17\neq 0$ 即可.

练习：(1) 方程 $(2a-4)x^2-2bx+a=0$ 在什么条件下为一元二次方程？在什么条件下为一元一次方程？

(2) 当 m 为何值时，方程 $(m-1)x^{|4m|-2}+27mx+3=0$ 是关于 x 的一元二次方程？

5. 归纳小结

(1) 一元二次方程的概念；

(2) 一元二次方程的一般形式 $ax^2+bx+c=0(a\neq 0)$ 和二次项、二次项系数，一次项、一次项系数，常数项的概念及它们的运用.

（五）"讲解—接受"模式的优点与局限性

在该教学模式下，教师可通过完整的计划和精心的组织，向学生传递大量的知识信息，学生可以在较短时间内接受较多知识，具有高效率传递知识信息的特点，有利于数学知识的系统化学习．但该教学模式也具有一定的局限性，主要表现为：

(1) 学习内容不开放、不丰富，重知识结论而轻知识生成，学生能力培养往往被忽视；

(2) 过分强调教师的主导作用，学生主体性受到制约，学生的个性、创造力的发展受到影响；

(3) 这种教学模式比较适用于陈述性知识的获得，过程性知识的学习则难以通过这种教学模式来进行.

二、基于"引导—探究"模式的数学教学设计

"引导—探究"教学模式是指教师引导学生从学科领域和现实生活中选择研究主题,创设一种类似科学研究(学习)的情境,运用类似科学研究的方法,通过多维互动的教学关系,使学生主动探究问题,获得知识、技能、情感和态度的发展的教学模式.在探究教学活动中,教师是引导者,学生是探索者,学习方式是发现式学习,目的是学生建构性地获取知识;它具有主体性、开放性、合作性、建构性、综合性、实践性等特点.

(一)"引导—探究"模式的理论基础

科学的发展,尤其是科学史和哲学史的研究,奠定了探究学习的科学基础;心理学的发展,包括认知心理学、有意义学习理论、建构主义心理学,奠定了探究学习的心理学基础;现代教育学以学生为主体的发展趋势,奠定了探究学习的教育学基础;大班教学和高密度教学的现实注定了讲授式教学更为实用,因此启发式的讲授与教师引导下的探究学习的结合,奠定了引导式探究学习的现实基础.

(二)"引导—探究"模式的实施条件

1. 对教学内容的要求

学习的内容必须具备可探究性.第一,学习内容必须能够让学生产生疑问,能够引发学生思考.在数学教学中,有些内容是不适合探究学习的,通常开放性问题较适宜开展探究性学习.同时,问题的质量强烈地影响学生探究学习的成效、时间、兴趣等.第二,学习内容必须具备探究的必要性.许多知识本身可能对学生构成问题,但是有的问题对于学生而言,不具备研究能力或条件,或者没有探究的必要.第三,学习内容必须考虑探究的效益.由于学生学习时间是有限的,而学习内容很多,因此教师要考虑探究的效益,把握好探究性学习的"度",实现学习过程的最优化.

2. 对教师的要求

要推进"引导—探究"教学模式,教师的角色就必须转变.美国人本主义教育家罗杰斯在对传统教育进行深刻批判的基础上,对教师提出了新的更加开放的要求:教师必须是促进学生自主学习的"促进者",而非传统的只注重"教"的"传授者"."引导—探究"教学模式的典型特征是,教师不直接告诉学生与教学目标有关的知识与认知策略,而是创造一个特定的学习环境,让学生经过探索后去亲自发现和领悟它们.它要求教师以促进者的角色,把重点放在创造条件、引起和激励学生的探究和发现上.促进者的角色有以下行为特点:

(1) 积极地旁观,不干涉学生的探究活动;

(2) 给以心理支持,创造良好的学习气氛;

(3) 多用鼓励性的表扬；

(4) 培养学生的自律与合作精神，保障探究活动的开展. 适应"引导—探究"教学模式的需要，教师的角色从传授者转变为促进者，但这绝不意味着对学生放任自流，在探究过程中，教师永远是帮助学生成功的伙伴.

3. 对学生的要求

从学习动机看，"引导—探究"教学模式需要以学生的求知欲、好奇心、兴趣等内在学习动机为前提. 从学习过程看，"引导—探究"教学模式需要学生具备高水平的认知技能，包括批判性思维、创造性思维等. 它要求学生能积极地参与教学活动，根据教师预设的层层问题进行思考、探究，在课堂上大胆假设，敢于质疑，能在教师的引导下归纳出规律和结论. 尽管"引导—探究"教学模式可以采用个别化的学习方式，但一般情况下，受个体的能力、精力和学习资源的限制，探究性学习需要小组合作学习，通过小组合作学习还可以培养学生的合作精神.

(三)"引导—探究"模式的操作程序

"引导—探究"教学模式主要包括以下几个教学环节.

1. 创设情境

这是实施"引导—探究"教学模式的第一步. 根据情境教学理论，让学生置身于一定的情境中，可以激发学生的学习兴趣，使学生尽快进入问题状态，从而使学习事半功倍.

2. 提出问题

探究的本质是对问题探究，因此提出有意义的数学问题是实施"引导—探究"教学模式的重要一环，在提问过程中要注意问题的针对性、启发性、可操作性、科学性等特点，并注意问题要少而精.

3. 探索交流

这是实施"引导—探究"教学模式的核心环节. 通过自主探索，可以培养学生的学习兴趣、主动性、创新能力及实践能力等；通过合作交流，可以培养学生的合作学习能力及团队精神等.

4. 点拨指导

这是实施"引导—探究"教学模式的关键步骤. 通过对学生的点拨指导，不仅可避免学生探究的盲目性，更重要的是可以节省教学时间，使教学得以顺利进行.

5. 应用提高

只有经过应用才能进一步加深学生对知识的理解，能力也只有在应用中才能不断得到提高.

6. 总结评价

这是反思、评价阶段. 学生在这个环节中，主要是通过教师的总结来反思自己的探究过程，通过反思提高认识、加深体验. 同时，教师要对学生进行合理的评价，评价时可考虑学生科学方法的获得、知识结构的形成、学习体验的获得、以思维为核心的各种能力的形成等方面.

当然在实际教学中，并不严格遵循以上固定的教学环节.

（四）"引导—探究"模式的教学案例

▶ **案例 5-2　"直线与平面的垂直"的教学案例**

1. 创设情境，引入课题

师：请欣赏图片，当把笔直的旗杆抽象成直线，天安门广场抽象成平面，我们可以直观地感受一下直线与平面具有怎样的位置关系呢？

生：显然是垂直的！

师：我们先来回顾一下，空间中直线和平面有哪几种位置关系？

生：两种，分别是平行、相交.

生：应该还有直线在平面内的情况.

师：直线与平面的这三种位置关系，可以归纳如下：

$$\text{线与面的位置关系}\begin{cases}\text{线在面内}\\\text{线在面外}\begin{cases}\text{线面平行}\\\text{线面相交}\end{cases}\end{cases}$$

师：今天这节课我们就一起来学习这种直线与平面相交的特殊情况——直线与平面垂直的定义.

2. 探究活动一：实验、观察、比较

师：我们来做一个实验，请大家拿出一支笔，竖立在桌面上，你会发现笔与桌面呈怎样的位置关系？

学生会很快回答：是垂直的关系.

师：请同学们举出自己认为同样具有这种线面关系的实例.

生：杆垂直于地面、悬挂的电灯线垂直于天花板、长方体盒子的棱垂直于底面.

师：那么，应如何定义直线与平面垂直呢？

（说明：类比两条直线垂直的定义，观察同学们给出的实例，学生很可能会说："直线和平面交成直角，那么直线与平面垂直."）

3. 探究活动二：分组讨论，尝试探究中生疑

师：现在同学们小组讨论，直线和平面的交角的意义是什么？

（说明：教师可以在提问时，配合演示教具. 例如，将三角板的一条直角边紧贴黑板，使另一边与黑板成"直线和平面交成直角"的形状.）

生：刚才的"定义"可以改为"直线和平面内的一条直线垂直".

师：直线与平面内的一条直线垂直，能保证直线与平面垂直吗？

（说明：教师可以在上述演示的基础上，通过转动使三角板的另一边与黑板

不垂直,使学生直观地看到:只与平面内一条直线垂直时,不能保证直线与平面垂直.)

4. 探究活动三:进一步实验中观察释疑

师:请同学们以桌面为平面,将一支铅笔(当成一条直线)直立在桌面上,这时铅笔与桌面上的任意一条直线有什么位置关系?

学生的兴趣被调动起来,通过自己尝试并观察周围同学的实验操作,学生得出结论:无论桌面上的什么位置的直线,都会与竖立的直线成"相交垂直"或"异面垂直"的位置关系.

(说明:因为数学定义是一个充要条件,所以让学生观察具有垂直关系的现象,有助于学生概括定义.)

师:由上述分析得到启发,你能试着自己概括出直线与平面垂直的定义吗?

(说明:通过上述问题的思考、讨论,可以使学生认识到直线与平面垂直,那么必然与平面内任意一条直线垂直.在此基础上给出定义,学生就比较容易理解.)

(五)"引导—探究"模式的优点与局限性

"引导—探究"教学模式中,注重由教师"教"向学生"学"转变,能将教学过程由封闭性转化成开放性;将学生的学习方式由接受型转化为探究型;将教学中的个别化行为转化为讨论、交流、分享的合作化过程;将追求结论的标准、统一转化为在获取正确认识的同时,注重对问题进行多角度探究,从而得到理解上的深化和提高.

但是,"引导—探究"模式也存在一定的局限性:

(1) 相对于传统"讲解—接受"教学模式,"引导—探究"教学模式往往需要更多的时间;

(2) "引导—探究"教学模式难以兼顾不同发展层次的学生,可能会削弱某些学生的学习积极性;

(3) "引导—探究"教学模式由于其开放性,给教师的教学组织带来很大的困难,如果课堂组织不好,会影响教学效果,甚至达不到预设的教学目标.

三、基于"指导—发现"模式的数学教学设计

"指导—发现"教学模式是指在学生学习数学概念和原理时,教师不是将学习内容直接提供给学生,而是向学生提供一种问题情境,只给学生一些事例和问题,让学生积极思考,独立探究,自行发现并掌握相应的原理和结论.它的指导思想是以学生为主体,独立实现认识过程.即在教师的启发和指导下,使学生自觉地、主动地探索数学知识,寻找解决问题的方法及步骤,从中找出规律并建构数学知识的意义.

(一)"指导—发现"模式的理论基础

发现教学法的思想渊源可上溯到古希腊哲学家苏格拉底的"产婆术"教学法和近代西方教育家卢梭、第斯多惠、斯宾塞等人的教学思想,然而当代各国教师广泛采用此法乃是美国教育家布鲁纳积极倡导的结果.

布鲁纳在《教育过程》的报告中倡导"发现学习",认为发现学习主要有以下四个特征:

第一,强调学习过程. 在教学过程中,学生是一个积极的探索者,教师的作用是要形成一种学生能够独立探究的情境,而不是提供现成的知识.

第二,强调直觉思维. 教学中与其指示学生如何做,不如让学生自己试着做,边做边想. 教师在学生的探究活动中,要帮助学生形成丰富的想象,不要过早给出结论.

第三,强调内在动机. 与其让学生把同学之间的竞争作为主要动机,还不如让学生向自己的能力挑战,使学生有一种求得才能的内驱力. 教师的作用在于适时给予学生矫正性反馈,即要适时地让学生知道学习的结果.

第四,强调信息提取. 人类记忆的首要问题,不是储存信息,而是提取信息. 提取信息的关键在于如何组织信息,知道信息储存在哪里和怎样才能提取信息.

(二)"指导—发现"模式的实施条件

1. 对教学内容的要求

"指导—发现"模式并不适用于所有课题,它所适用的范围是与学生已有知识经验或认知结构有关,并且学生通过自主学习、讨论、发现、归纳就能总结出新知识的内容.

例如,在学习新的概念、定理或揭示知识之间的联系时,使用这种模式效果就会不错. 如有理数的运算、方程、函数、不等式等新旧知识联系密切,且新知识又不太难时,可用类比、归纳或演绎的方法去发现新知识.

对于某些具有相似性、容易混淆的知识,教师可以通过适当点拨指导,让学生去类比、发现,然后自己归纳出异同,从而实现对概念或定理本质的认识. 如平面向量与空间向量,指数函数与对数函数等.

对于可用实物、模型或图像等直观方式呈现的内容,教师可通过示范性实验引导学生观察,让学生自己动手操作体验,在实践中通过观察和发现获取知识. 如三视图、三角函数图像的平移变换、概率等.

2. 对教师的要求

由于发现式教学充分体现了以学生为主体的独立发现、自主探索,而教师的角色仅仅是宏观指导,因此教师在备课时要注意以下几点:

(1) 内容选取要得当,要根据学生的年龄特点和知识水平程度,选取适合学生独立研究和发现的知识内容.

(2) 情境创设要恰当,为学生创设适合学生发现的问题情境,过难会伤害学生的积极性,过易则不易激发学生的求知欲望.

(3) 教师要具有发散性思维,充分预测课堂中学生发现可能出现的各种结果,做到备课在先、心中有数、从容指导.

(4) 注意备好对学生的各种导语,教师的导语要具有启发性、概括性、鼓励性、简捷性.

3. 对学生的要求

"指导—发现"教学模式要求学生具有扎实的"双基",而且能积极、主动地参与到数学活动中来. 发现式课堂教学能否取得实效,归根到底是以学生是否参与、怎样参与、参与多少来决定的. 所谓学生主动参与,就是教师要给学生自主探究的权利,不要设定太多框框,而要把学生推到主动位置,放手让学生自己学习. 这就要求学生要做到:

(1) 体现能动性. 能动性是认识主体的基本特性,"指导—发现"模式中,学生是认识主体,要充分体现学生的主体地位,要求学生把数学学习建立在能动性的基础上.

(2) 发挥独立性. 独立性是发现的前提,是相对于依赖性而言的. 在发现学习中,学生只有通过独立思考,才能发现问题、解决问题. 因此,学生在数学学习过程中,要充分发挥自己的独立性,尽可能独立地解决学习中的问题.

(二)"指导—发现"模式的操作程序

第一步,创设问题情境. 精心创设问题情境,将学生的注意力和兴趣引导到数学知识的探究活动中来.

第二步,引导探究发现. 在学生通过独立思考、自主探究的基础上,引导学生发现数学概念、定理、公式等,发现论证数学定理、推导数学公式、解决数学问题的思想方法.

第三步,尝试数学运用. 教师要精心组织系列化的问题组,指导学生尝试数学运用,培养学生的应用意识,检测和反馈学生学习活动的效果.

第四步,总结回顾反思. 在学生经过探究活动、体验过程、感受意义、形成表象以后,教师要及时地帮助学生整理、补充和完善,使之规范化,纳入学生的认知系统. 总结、回顾和反思,可以先由学生来完成,教师再进行补充和提炼.

(四)"指导—发现"模式的教学案例

▶ 案例5-3 "等比数列前n项和公式"教学过程

1. 创设问题情境

H7N9病毒曾给人们带来了巨大的恐慌. 现假设第一天有一位H7N9病人,他在第二天感染两人就不再感染别人了,而另两人又在第三天各感染两人,以后他们也不再感染别人了,如此下去,33天共有多少人感染了 H7N9 病毒(不考虑死亡人数)?

2. 组织学生活动

学生活动包括观察、操作、归纳、猜想、验证、推理、建立模型、提出方法等个体活动,也包括讨论、合作、交流、互动等小组活动,或者是在教师引导下的师生互动,目的是让学生亲身体验数学知识的发生、发展过程.

求解上述问题时,引导学生把这个问题与教材上学习"等比数列通项公式"时的细胞分裂问题进行比较,找出不同之处:细胞分裂成两个后本身就消失了,而在这个问题中,H7N9 病人传染给另两人后本身并没有消失,所以最后算多少人时要把这一部分人加上去. 于是,第 1 天是 1 人,第 2 天是 2 人,第 3 天是 2^2 人……第 33 天是 2^{32} 人,所以 33 天总共应有 $(1+2+2^2+\cdots+2^{32})$ 人.

在学生独立思考、自主探究的基础上,引导学生发现数学概念、数学定理、数学公式等数学知识,发现论证数学定理、推导数学公式、解决数学问题的思想方法,争取给学生更多的参与机会,使他们像数学家那样经历数学的过程,感受成功的体验.

在求 $1+2+2^2+\cdots+2^{32}$ 时,我们是这样做的.

师:同学们,要知道我们猜测的数据正确与否,或者说谁的误差更小些,我们就必须给出这个式子的正确解答.

先来仔细看一下这个式子,很显然 $1, 2, 2^2, \cdots, 2^{32}$ 是一个等比数列,共有 33 项,那么现在要做的就是求一个等比数列前 33 项的和.

一般地,设有等比数列 $a_1, a_2, a_3, \cdots, a_n, \cdots$,其前 n 项和是 $S_n = a_1 + a_2 + a_3 + \cdots + a_n$. 请同学们自己看课本上的证明,看完后请大家思考这样两个问题:

(1) 你认为公式中应该注意哪些问题?

(2) 除了课本上的证明方法,你还有其他证明方法吗?

(给学生足够多的时间,鼓励学生对问题自由思考、积极解决.)

生1:我觉得公式应该对 $q=1$ 与 $q \neq 1$ 进行分类讨论.

生2:我觉得等比数列的项数应该值得重视.

师:很好,的确以往同学们容易出错的地方也是这两个方面,所以以后我们在运用公式时,要注意对 q 进行分类讨论以及注意数列的项数. 课本上的证明方法叫错位相减法. 那么,除了课本上的证法外,还有其他证法吗?

生3:(板演)由等比数列的定义得 $a_2 = a_1 q, a_3 = a_2 q, \cdots, a_n = a_{n-1} q$,将上面 $n-1$ 个等式的等号两边分别相加,得

$$S_n - a_1 = S_{n-1} q,$$
$$S_n = a_1 + q S_{n-1} = a_1 + q(S_n - a_n),$$
$$(1-q) S_n = a_1 - a_n q.$$

当 $q \neq 1$ 时,$S_n = \dfrac{a_1 - a_n q}{1-q}$;当 $q=1$ 时,$S_n = n a_1$.

生4：（板演）由等比数列的定义得：$\frac{a_2}{a_1}=\frac{a_3}{a_2}=\cdots=\frac{a_n}{a_{n-1}}=q$，运用等比定理得

$$\frac{a_2+a_3+\cdots+a_n}{a_1+a_2+\cdots+a_{n-1}}=q,$$

于是 $\frac{S_n-a_1}{S_n-a_n}=q$，得出 $S_n=\frac{a_1-a_nq}{1-q}$ $(q\neq 1)$ 或 $S_n=na_1(q=1)$.

生5：（板演）$S_n=a_1+a_1q+a_1q^2+\cdots+a_1q^{n-1}$，则
$$S_n=a_1+q(a_1+a_1q+\cdots+a_1q^{n-2})=a_1+qS_{n-1},$$

所以
$$S_n=a_1+q(S_n-a_n),$$

即 $S_n=\frac{a_1-a_nq}{1-q}$ $(q\neq 1)$ 或 $S_n=na_1(q=1)$.

（五）"指导—发现"模式的优点与局限性

"指导—发现"教学模式的优势在于：

（1）发现式教学有利于培养学生的内在学习动机．它使学习不再是负担，而成为一种乐趣．

（2）有助于形成迁移能力．运用发现式教学模式组织教学，在形成学生迁移能力方面的效益比其他方法要高出 20%～30%.

（3）有利于培养创造性思维．发现学习过程中有许多创造性思维的因素，如独立思考、直觉思维、提出假设、比较和类比等，这些都是形成创造性思维的重要条件．

（4）使学生学会探究的方法．通过发现学习，反复训练，可以使学生形成一套探索解决问题的思维模式．

"指导—发现"教学模式也有一些不足．比如学生的发现过程费时太多，如果每节课都用这种教学模式，往往很难在有限的教学时间里完成大量的教学任务；发现法对学生的适应性难以考虑，因为学生的学习基础、智力水平存在差异，采用同一发现方案，往往效果不佳等．

实际上，任何一种教学模式都会有其所长所短，教学中应根据不同教学模式的特点，结合实际教学内容、学生实际水平，将多种教学模式结合应用，各自扬长避短，这样才会在教学中取得更好的效果．

第二节 基于多媒体技术应用的数学教学设计

多媒体技术就是指能够同时抓取、处理、编辑、存储和展示两个以上不同类型信息媒体的技术．这些信息媒体包括文字、图形、图像、动画、声音、影像

等. 也就是说，影、音、图、文、动画等结合在一起，能实现一定功能的有机整体，就称为多媒体. 多媒体技术依据其功能的不同，在数学教学设计中的应用，主要体现在以下三个方面：情境创设、动态演示、数学实验.

一、基于情境创设功能的数学教学设计

情境创设是指在备课或上课过程中，依据教育学和心理学的基本原理，根据学生年龄阶段的认知特点的不同，创设适宜的学习环境，选取恰当的问题素材，设置合理的情境结构，逐步展开知识发生、发展的过程. 同时，力图通过现实或模拟现实的材料来建立师生间、认识客体与认识主体之间的情感氛围，以使教学在积极的情感和优化的环境中开展，让学生的情感活动参与认知活动，在情境思维中获得知识、培养能力.

视频5.2 多媒体技术应用案例：情境创设的功能

教学中有时受时间、空间、财力、物力的限制，一些较难接触或学生不容易真实接触的学习内容，可以借助多媒体技术手段模拟现实情境，来满足教学的需要. 模拟情境不仅与真实情境有很大的相似性，而且可以融入丰富的情感. 在数学教学中，精心设计妙趣横生的情境，能烘托出教学气氛，引起学生的注意，诱发学生学习兴趣，使学生心理处于兴奋状态，从而取得更好的教学效果.

具体而言，利用多媒体进行情境创设，主要有以下两方面的作用.

（一）获得身临其境的感受

多媒体集文字、图形、音频、音像等多种媒体于一体，可以解决传统媒体难以解决的问题，对所要表现的信息产生极佳的逼真效果，把静态、枯燥的材料融入到三维空间中，会产生极其活跃的动态画面，让学生在课堂上获得"身临其境"的感受，使表现的内容更充实丰富，更形象生动，更具有吸引力，大大激发了学生参与学习的兴趣和热情.

比如在数学教学设计中，利用PowerPoint强大的制作功能，包括文字编辑功能强、段落格式丰富、文件格式多样、绘图手段齐全、色彩表现力强、动画效果多、超强的链接功能等，可以创设丰富多彩的情境，省去大量的作图时间；多媒体计算机系统通过展示优美的图像、动人的声音、有趣的动画，既可以将现实生活原汁原味地再现，又可以对客观现实生活进行加工和提炼，既可使生活情境不失真实性和艺术性，又能极大地提高数学教学的有效性.

（二）获得直观形象的感知

运用多媒体课件教学，图文声像并茂，能有效地化抽象为具体，变枯燥为有趣，变静态为动态，给学习者提供多种感官的综合刺激，使学生乐学、易学. 尤其是多媒体的动画效果，能够模拟许多复杂的动态过程，再现知识形成过程和学生探究过程，既能激发学生的学习兴趣，又有利于学生对数学内容的理解和掌握，弥补了传统教学方式在直观性和动态感等方面的不足，使一些抽象、难懂的

内容变得易于理解和掌握，成功地在数学知识的抽象性与学生思维的形象性之间架起桥梁，取得传统教学方法无法取得的效果。

比如，函数的概念较为抽象，直接对学生进行概念的讲解，学生很难接受。教师可以利用现代多媒体技术，采用情境创设的方法列举丰富多样的实例，引导学生自己概括出函数概念的本质特征。

▶ 案例 5-4 函数概念教学的情境创设

例1 炮弹发射后经过 26 s 落到地面击中目标。炮弹的射高为 845 m，且炮弹距地面的高度 h（单位：m）随时间 t（单位：s）变化的规律是 $h=130t-5t^2$（图 5-1）。

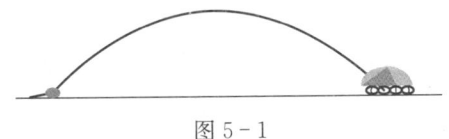

图 5-1

提出以下问题：

(1) 炮弹飞行 1 s、8 s、15 s、25 s 时距地面多高？

(2) 炮弹何时距离地面最高？

(3) 你能指出变量 t 和 h 的取值范围吗？分别用集合 A 和 B 进行表示。

(4) 对于集合 A 中的任意一个时刻 t，按照对应关系 $h=130t-5t^2$，在集合 B 中是否都有唯一确定的高度 h 和它对应？

例2 近几十年来，大气层中的臭氧迅速减少，因而出现了臭氧层空洞问题。图 5-2 中的曲线显示了南极上空臭氧层空洞的面积在 1979—2001 年的变化情况。

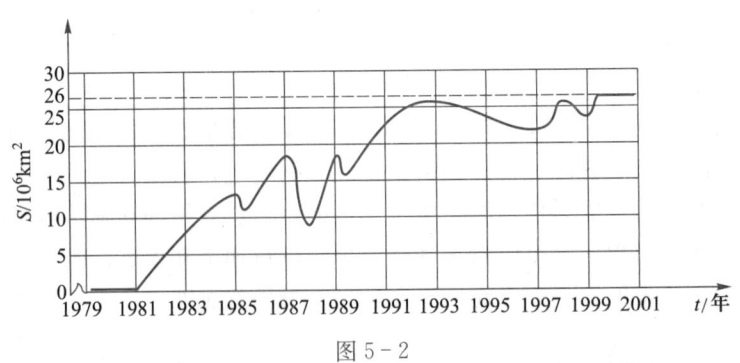

图 5-2

(1) 1983、1985、1997 年的臭氧空洞面积分别大约是多少？哪一年的臭氧空洞面积最大？最大达到多少？

(2) 哪些年的臭氧空洞面积大约是 1500 万平方米？

(3) 分别写出时间 t 和臭氧空洞面积 S 的变化范围，并分别用集合 A、B 进行表示。

(4) 对于集合 A 中的每一个 t 值，按照图 5-2 中所示，是否在集合 B 中都

有唯一的 S 值与它对应?

例3 请学生回顾近十年来自己家庭生活的变化.

(1) 在你的记忆中,你家现在的物质生活和以前有什么不同? 主要反映在哪些方面? 其中哪些方面的消费变化大? 哪些方面的消费变化小?

(2) 你认为该用什么数据来衡量家庭生活质量的高低?

(3) 阅读图表 5-1 后,仿照例1、例2,描述表中恩格尔系数和时间(年份)的关系(课件演示).

表 5-1 "八五"计划以来我国城镇居民恩格尔系数变化情况

时间(年份)	1991	1992	1993	1994	1995	1996	1997	1998	1999	2000	2001
恩格尔系数/%	53.8	52.9	50.1	49.9	49.9	48.6	46.4	44.5	41.9	39.2	37.9

二、基于动态演示功能的数学教学设计

在传统的数学课堂教学中,教师的教学活动,主要依靠一张嘴、一本教科书、一块黑板、一支粉笔,再加上几张插图来完成,展示的大多是静止的场景,很多动态的内容只能靠学生的想象. 多媒体技术的运用为化静为动提供了可能.

(一) 基于动静转换的动态演示功能

"几何画板"是一个适用于几何教学的软件平台,它为教师和学生提供了一个观察和探索几何图形内在关系的环境. 它以点、线、圆为基本元素,通过对这些基本元素的变换、构造、测算、计算、动画、跟踪轨迹等,构造出其他较为复杂的图形.

"几何画板"最大的特色是动态性,即可以用鼠标拖动图形上的任一元素(点、线、圆),而事先给定的所有几何关系(即图形的基本性质)都保持不变. 学生可以任意拖动图形、观察图形、猜测并验证,在观察、探索、发现的过程中增加对各种图形的感性认识,形成丰厚的几何经验背景,从而有助于学生理解和证明.

比如我们可以先在画板上任取三个点,然后用线段把它们连起来. 这时可以拉动其中的一个点,图形的形状就会发生变化,但仍然保持是三角形. 再进一步,还可以分别构造出三角形的三条中线. 这时再拉动其中任一点时,三角形的形状同样会发生变化,但三条中线的性质永远保持不变. 这样学生就可以在图形的变化中观察到不变的规律: 任意三角形的三条中线交于一点.

(二) 基于数形结合的动态演示功能

数形结合是重要的数学思想,如何让学生在这方面形成真切的体会呢? "几

视频 5.3 多媒体技术应用案例: 动态演示的功能

何画板"就能做到这一点."几何画板"具有测量与计算功能,为变化过程中的数形结合,提供了技术支持."几何画板"在呈现图形图像的同时,通过快速精确计算、数据收集和处理,可促进学生发现问题、提出猜想、归纳结论.

例如,利用"几何画板"和"Z+Z教育平台",可以让抽象的函数问题变得直观形象,通过数形结合的方法,动态地演示作图过程,让学生直观地观察函数值随自变量变化而变化的情境,有利于学生理解函数的概念、图像与性质.

案例 5-5 $y=A\sin(\omega x+\varphi)$ 的图像

在"三角函数图像的变化"教学中,以参数 ω 对函数 $y=A\sin(\omega x+\varphi)$ 图像变换的影响为例,以前的教学通常是这样处理的:利用五点作图法作出函数 $y=\sin x$ 与 $y=\sin 2x$ 的图像,让学生观察这两个图像有什么关系,然后再用五点作图法作出函数 $y=\sin\dfrac{x}{2}$ 的图像,让学生观察这个图像与函数 $y=\sin x$ 的图像有什么关系?然后老师总结出参数 ω 是如何影响函数图像的.这样的静态展现,只能让学生被动地学习知识,不能很好地引起学生的学习兴趣,学生最后往往只是通过死记硬背来记忆函数 $y=\sin \omega x$ 的性质,不能形成印象深刻的感性认识.

图像变化的关键要体现的是"变"的过程,这就可以利用多媒体技术来研究参数 A, ω, φ 对函数 $y=A\sin(\omega x+\varphi)$ 图像变化的影响,我们可以采取以下做法:

在"几何画板"中利用"新建参数"设定 A, ω, φ 这三个参数,再做出函数 $y=A\sin(\omega x+\varphi)$ 的图像,然后通过改变参数的值来实现图像的变化.以 ω 的变化为例,如图 5-3、图 5-4、图 5-5 所示.

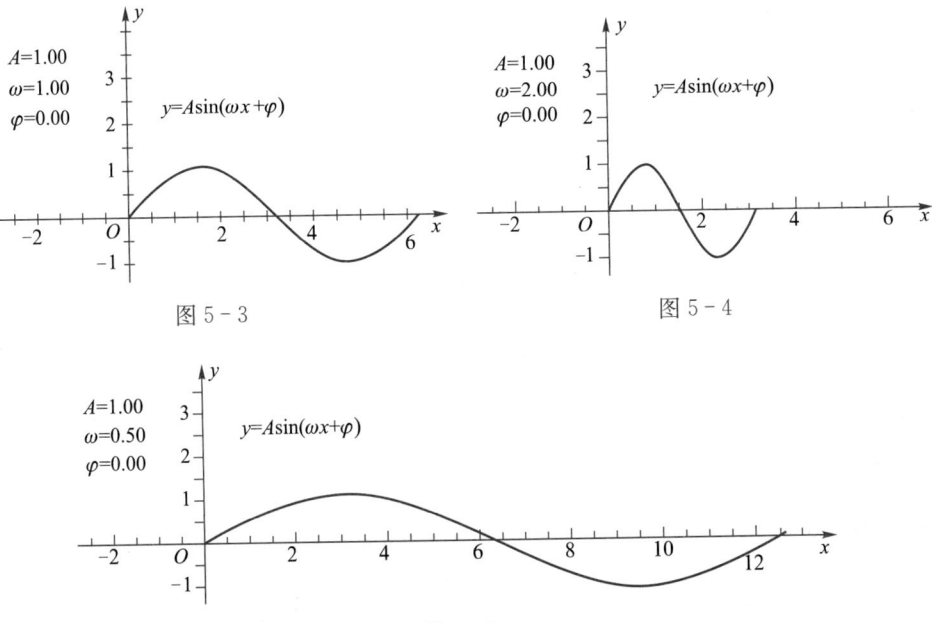

图 5-3

图 5-4

图 5-5

利用"几何画板"这个工具,令参数 ω 变化,可以看到函数 $y = A\sin(\omega x + \varphi)$ 图像的动态变化,直观地体现图像上每一个点的变化过程,而不单是原先关键的五个点的变化,更能体现出图像"缩短"与"拉长"的过程. 除了取 ω 的值为 2 和 $\frac{1}{2}$ 外,还可多取一些其他值,让学生充分体会参数 ω 的特点. 另外,也可以让学生上机操作,自己输入 A,ω,φ 的值. 在这些图像的动态变化的过程中,一方面可以省去教师烦琐的五点作图时间,另一方面有利于激发学生的学习兴趣,将学生深深地吸引到学习内容中来. 另外,还能有利于学生自行总结出各项参数对函数图像变化的影响,逐渐形成自己的知识体系,使学生感到学习数学的过程水到渠成.

(三) 基于多元表征的动态演示功能

"几何画板"提供了一个图形图像语言与数学符号语言进行交互的思维载体,借助它能够让学生实现多种数学语言的转化,帮助学生建立多元知识表征,为学生深入理解知识创造了条件.

"几何画板"中的"多元联系表示"可以组合不同表示法中蕴含的信息,帮助学生在把握数学对象不同方面特征的基础上,建立数学对象之间的联系,并认识其本质特征. 它的基本思想就是使用多种方法表示同一数学概念,引导学生有意义地把这些信息组合起来,在不同方面建立起对概念的认识,从而全面、深刻地理解数学概念.

例如,直线的倾斜角、直线的斜率都是用来刻画直线的倾斜程度的,因此应该努力揭示它们之间的内在联系. 借助"几何画板"所提供的"多元联系表示"的环境,能以动态组合的方式灵活地向学生提供图形、表格、数字、文字等不同表示方法,把隐藏的数学关系显性化,提供探索数学规律、发现数学本质的情境,有助于加深对这些概念的理解,而传统的教学工具就很难做到这一点.

又如在"指数函数"这一节的教学中,可以运用几何画板设计出根据底数的变化观察函数图像的变化,进而由学生通过观察总结出指数函数的性质. 这样学生对指数函数性质的理解更加深刻,避免了传统教学中由老师根据个别指数函数图像的性质,总结出所有指数函数性质的"一次性强行归纳".

▶ 案例 5-6 "指数函数及其性质" 教学设计

1. 动手操作,自主探究

教师让学生回忆学习二次函数时,都研究了函数的哪些方面,引导学生从定义域、值域、奇偶性、单调性这几个方面进行思考. 首先画函数 $y = 2^x$ 和 $y = \left(\frac{1}{2}\right)^x$ 的图像,教师给学生 3 分钟画出函数图像. (教师打开"几何画板",迅速画出上述两个函数的图像,让学生进行观察思考,并提出问题.)

教师:大家仔细观察一下这两个指数函数,一个底数为2,另一个底数是$\frac{1}{2}$. 当底数$a=2$时,这个函数图像是向上弯曲的,当底数$a=\frac{1}{2}$时,图像是向下弯曲的. 是不是$a>1$时函数都是向上弯曲的?当$a<1$时,函数图像都是向下弯曲的呢?我们再画两个函数图像来观察一下.(接着,教师利用"几何画板"又作出$y=8^x$和$y=0.3^x$的函数图像,引导学生观察和分析,如图5-6所示.)

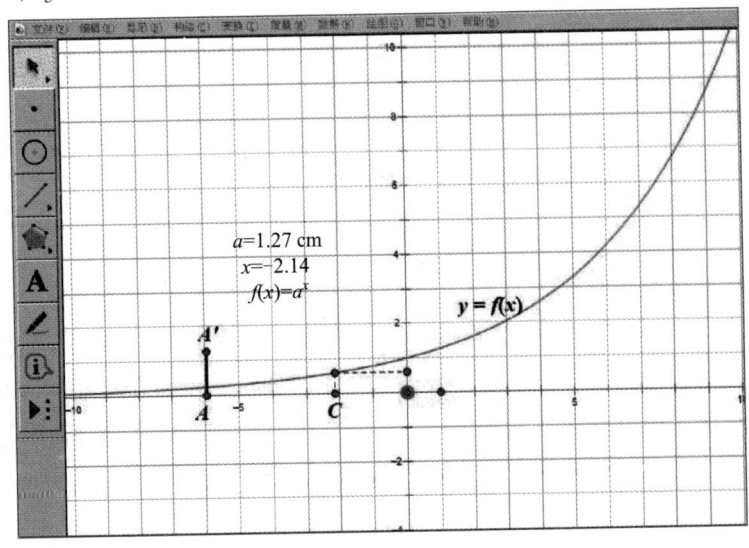

图5-6

2. 深入思考,建构新知

教师先说明几个问题:要考查的是a变化时指数函数图像是如何变化的,a是一个变量,这里用线段AA'的长度来表示a的大小,当拖动A点的时候,让学生观察a的值,函数图像相应的改变;指数函数中自变量x也是变量,用C点的横坐标来表示x的大小,当拖动C点的时候,x的值也跟着相应的改变;接下来教师点击$f(x)$按钮显示$f(x)=a^x$的函数图像.

(1) 函数图像分布在哪几个象限?与x轴的关系如何?

(2) 由此可知函数的定义域、值域分别是什么?

(3) 随着x的增大,函数值如何变化?由此说明什么性质?

(4) 函数图像在y轴两侧的分布情况如何?由此说明函数值有什么特点?

(5) 随着底数a的逐渐增大,函数图像有什么样的变化规律?

教师利用"几何画板"进行演示. 首先讨论在$a>1$的情况下拖动A点,逐一点出五个思考问题,学生边观察图像边思考教师提出的五个问题,并完成下表的内容(表5-2);再拖动A点使底数a的值在0和1之间,同样引导学生观察并思考以上5个问题,并填写该表格. 教师根据学生完成表格的情况,对指数函数的性质进行总结.

表 5-2

	$a>1$	$1>a>0$
图像	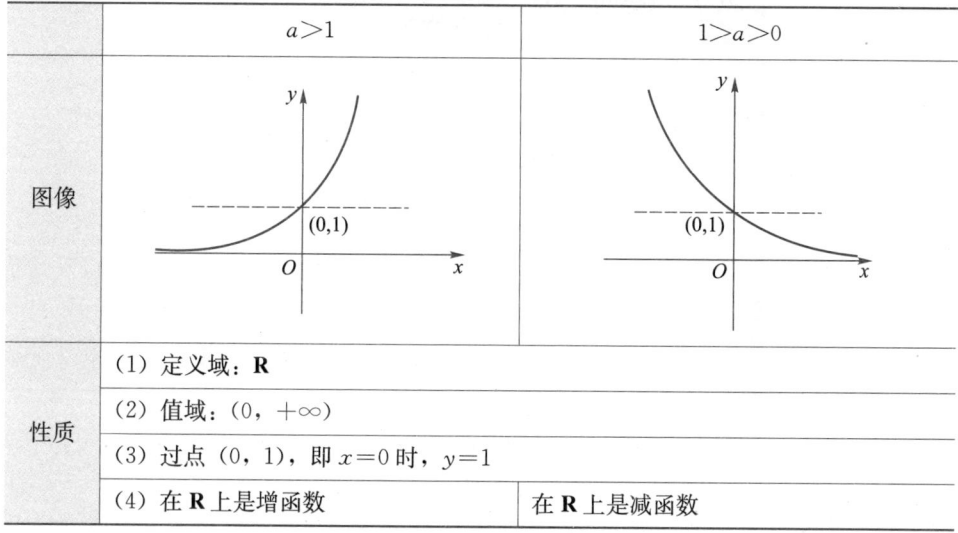	
性质	(1) 定义域：**R**	
	(2) 值域：$(0, +\infty)$	
	(3) 过点 $(0, 1)$，即 $x=0$ 时，$y=1$	
	(4) 在 **R** 上是增函数	在 **R** 上是减函数

三、基于数学实验功能的数学教学设计

数学实验是指根据教学目标，充分利用实验手段尤其是运用现代多媒体技术，创设一定的教学情境，通过思考和操作活动，研究数学现象的本质和发现数学规律，让学生亲身体验数学知识的建构过程，这是一种思维实验和操作实验相结合的实验．实验能直接刺激大脑进行积极思维，可以帮助人们获得感性认识，并使人们的感性认识上升为理性认识．

在数学实验中，计算机的引入和数学软件包的应用，为数学的思想与方法注入了更多、更广泛的内容．比如，用"几何画板"在对各种图形或数量进行变换的操作中，可以动态地保持数量与数量、图形与图形、数量与图形之间的关系，并能展示其中某些恒定不变的规律．又如，由于某些实验受到实验次数限制或实验工作量大等原因，往往需要借助现代媒体技术来完成．这时，多媒体技术作为一个功能强大、使用简单的数学实验工具，学生可以在这个"实验环境"中"研究数学"，而不再是单纯地以结论的形式学习数学．

视频 5.4 多媒体技术应用案例：数学实验的功能

▶ **案例 5-7 "随机事件的概率"的教学设计**

在随机事件概率的教学中，通过动手做抛掷硬币实验的次数是有限的，这时就可以借助数学软件设计模拟抛掷硬币的实验．可以利用 Excel 中的 VBA 程序来设计抛掷硬币的实验．在 Excel 工作表中，选择"工具/宏/Visual Basic 编辑器"，再在 VB 编辑器窗口中选择"工具/宏"，在出现对话框的第一行输入宏名称，这里可以输入"抛掷硬币"，然后点击"创建"，出现主体语句，如图 5-7 所示．

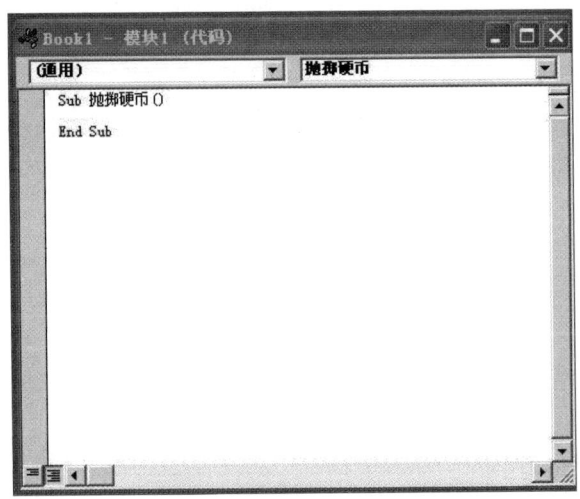

图 5-7

接下来只要在 Sub 和 End Sub 之间输入程序即可. 此次实验可以按照以下内容输入（图 5-8）：

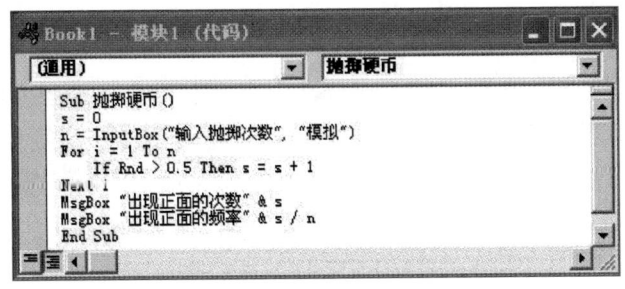

图 5-8

然后按 F5 即可运行，在跳出的对话框中输入实验的次数，如 24000，我们会相继看到（图 5-9）：

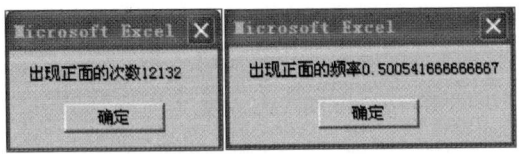

图 5-9

利用这个简单的程序，就能在课堂上轻而易举地实现试验次数很多的数学实验.

多媒体技术在数学教学中的运用，给学生以"数学发现"的机会. 这种教学体现了用实验手段和归纳方法进行数学教学的思想：从若干实例出发→在计算机上做大量的实验→发现规律→提出猜想→理性证明，体现了教学过程中教师、学生、内容、媒体四要素功能的整合. 这样的例子还可以举出很多，比如在"正态分布"的教学中，可以利用多媒体技术来做高尔顿钉板实验等.

第三节　基于学习理论指导的数学教学设计

数学学习理论中有许多重要的观点，这些观点如何具体应用到教学实践中，有待人们深入地思考和研究. 下面介绍三种学习理论在数学教学设计中的应用.

一、基于多元表征理论的数学教学设计

（一）多元表征理论简介

表征，又称心理表征或者知识表征，它是认知心理学的核心概念之一，指信息或知识在心理活动中的表现和记载方式. 根据信息加工的观点，当有机体对外界信息进行加工（输入、编码、转换、存储和提取等）时，这些信息是以表征的形式在头脑中出现的. 表征是外部事物在心理活动中的内部再现，因此，它一方面反映、代表客观事物，另一方面又是心理活动进一步加工的对象. 同一事物，其表征的方式不同，对它的加工也不相同.

视频 5.5　多元表征的数学教学策略

多元表征（multiple representation）指同一个事物的不同表征形式. 一般地，在认知心理学、教育心理研究领域中，研究者眼中的多元表征泛指多元外在表征. 多元外在表征是指同一事物的不同外在表征形式. 相对于单一表征理论，多元表征理论更加强调心理表征的多元性，即强调心理表征包含多个不同的方面或成分，这些成分对于知识的正确理解具有重要的作用. 另外，与片面强调其中的某一成分相比，多元表征更强调表征不同方面的相互渗透与必要互补.

数学多元表征是指数学学习对象的多种表征形式，具体包括两层含义：其一，同一数学学习对象必须具有言语化和视觉化两种本质不同的表征；其二，数学学习对象的表征形式至少具有两种或两种以上. 通过应用数学多元表征理论，促进不同表征的转换与转译，可有效促进学生对数学知识的理解. 例如，为了能直观地感知到什么是平行四边形，可以画出它的图形；为了明确其本质属性，则要用到语言表征"两组对边分别平行的四边形称为平行四边形"或"一组对边平行且相等的四边形称为平行四边形"等. 这些不同的表征形式反映了概念的不同侧面，同时使同一概念的不同信息互相补充，从而达到对数学概念的全面理解.

（二）数学多元表征的形式

1. 符号表征

数学语言包括符号语言、文字语言和图形语言. 符号表征是指以符号语言为载体的表征形式. 符号表征学习的心理机制，是指学习单个符号或一组符号的意义，也就是说学习它们代表什么，是符号与其代表的事物或观念在学习者认知结构中建立相应的等值关系. 数学具有形式化和抽象性的特点，数学符号表征是数学表征的基本方式.

2. 文字表征

文字表征是指以文字语言为载体的表征形式. 在用文字表征时, 应善于搜索、捕捉文字信息, 抓住关键字词句, 通过"咬文嚼字"式的分析, 理解数学知识的本质. 比如对于方程概念"含有未知数的等式叫方程"的理解, 可以通过二次分类的方式, 即"含有未知数"和"不含有未知数", "等式"与"不等式", 从四个方面进行辨析.

3. 图形表征

图形表征是指以图形语言为载体的表征形式. 数形结合是数学的基本思想方法, 通过数与形的表征丰富学生的感知和表象, 对于加强数学理解具有重要的意义. 普通高中数学课程标准指出: 加强几何直观, 重视图形在数学学习中的作用, 鼓励学生借助直观进行思考. 因此在几何和其他内容的教学中, 都应借助图形表征揭示数学对象的性质和关系. 特别是对于低年级的学生, 由于学生的认知能力有限, 许多数学问题都可依赖于图形表征得以有效解决.

4. 情境表征

数学问题解决情境指的是在数学问题解决活动中, 能够引发个体发现数学问题、产生解决问题的动机, 并促使个体执行问题解决等一系列活动的条件, 以及与之所构成的整体. 情境表征指的是对情境的结构和要素进行提取和把握的过程, 是一种对情境的整体意义的表征方法. 通过情境表征可以丰富学生的感知, 激发学生学习数学的兴趣, 使得原本枯燥、抽象的数学学习变得生动形象具体.

5. 操作表征

学生通过操作获得感性认识, 再通过思考、辩论、反思等, 逐步推动感性认识上升为理性认识, 最终实现对问题的理解. 通过操作表征可积累基本活动经验. 例如, 在"椭圆"概念的教学中, 课前让每个学生准备两个图钉、一条细线和一块硬纸板. 课堂上要求学生动手操作, 固定绳子一端, 绷紧绳子, 则另一端点的轨迹是什么? 如果固定绳子的两端, 那么到绳子的两端距离之和等于绳长的点的轨迹又是什么呢? 学生在动手操作中形成直观印象, 进而获得直接体验, 在操作过程中动态表征了椭圆的概念.

(三) 基于多元表征的教学设计案例分析

▶ 案例 5-8 完全平方公式

"完全平方公式"是初中数学中运用推理方法进行代数式恒等变形的开端, 在初中阶段的教学中具有重要的地位. 在"完全平方公式"的教学中, 教师可以运用以下多种表征方式, 使学生获得对完全平方公式的深刻理解.

(1) 符号表征: 利用多项式乘多项式法则, 计算 $(a+b)^2 = ?$

(2) 操作表征: 分别取几组数值, 计算 $(a+b)^2$ 和 $a^2+2ab+b^2$ 的值, 通过比较发现它们之间的关系.

（3）情境表征：一位老人喜欢孩子们去看他，他总会给看他的孩子们糖，他给糖的规则是：每个孩子得到的糖块数和当时看他的人数一样多．第一天 a 个男孩去看他，男孩走后，又有 b 个女孩去看他．第二天，a 个男孩和 b 个女孩一起去看他．问：这一群孩子哪一天得到的糖多，多多少块？

（4）图形表征：利用图形（图 5-10）启发学生发现大正方形的面积与四个小正方形或矩形的面积关系，由此引导他们得到所要的关系式．

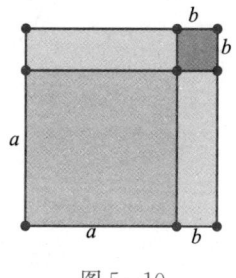

图 5-10

（5）文字表征：总结公式的特征——首平方，尾平方，首尾两倍中间放．

【设计意图】在学习完全平方公式时，学生极易记成 $(a+b)^2=a^2+b^2$．面对此情况，教师可选择上述五种表征方式，从根本上消除学生的认知困难．符号表征中利用多项式乘多项式展开，体现了新知与旧知的联系．操作表征中向学生提供了充分从事数学活动的机会，帮助学生在自主探索中掌握公式．情境表征以趣味故事入手，将现实背景的问题数量化，有助于激发学生的学习兴趣．图形表征是以形助数，运用数形结合的思想方法，加强学生的数学理解能力．通过总结公式特征的方式进行语言表征，有助于学生对公式的深刻记忆，减轻学生的认知负荷．

案例 5-9 椭圆及其标准方程

在"椭圆及其标准方程"的教学过程中，教师会先后采用多种表征方式，帮助学生理解和掌握椭圆的概念．

情境表征：演示"神舟十号"飞船绕地球旋转运行的画面，介绍相关背景知识，描绘出运行轨迹图，并向学生展示生活中椭圆的图片．

操作表征：让学生先思考如何画出椭圆，接着介绍教材上的方法画椭圆．学生用一块纸板、两个图钉、一根无弹性的细绳，尝试画椭圆．采用同桌合作的方式完成．最后教师用课件演示椭圆形成的动态过程．

语言表征：平面内与两定点 F_1、F_2 的距离之和等于常数 $2a$（大于 $|F_1F_2|$）的点的轨迹叫椭圆．

图形表征：如图 5-11，以 F_1、F_2 所在直线为 x 轴，线段 F_1F_2 的垂直平分线为 y 轴建立直角坐标系．通过图 5-12 明确字母 b 的几何意义．

符号表征：得出椭圆的定义 $p=\{M/|MF_1|+|MF_2|=2a, 2a>2c\}$，再通过列

式、化简得到椭圆的标准方程 $\dfrac{x^2}{a^2}+\dfrac{y^2}{b^2}=1(a>b>0)$.

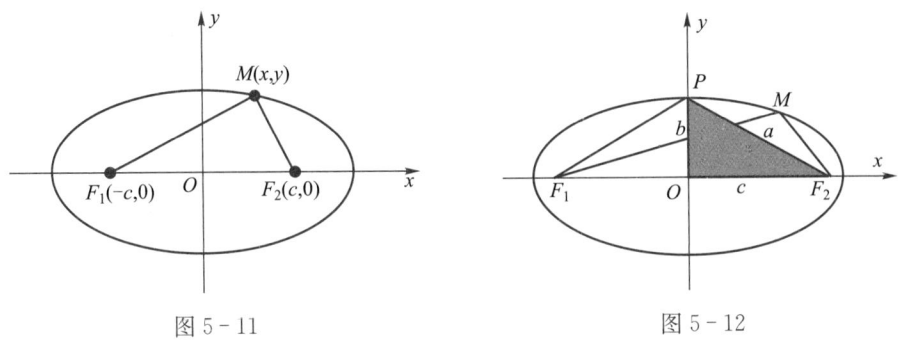

图 5-11　　　　　　　　　图 5-12

【设计意图】创设实际情境，激发学生的爱国情绪和学习兴趣；在操作表征中通过画椭圆图形的活动过程，学生自己发现椭圆的定义. 在此基础上，通过语言表征得出椭圆的定义；通过图形表征，获得椭圆的几何直观意义；运用符号表征的方式，便于表示与交流.

二、基于 APOS 理论的数学教学设计

（一）APOS 理论概述

APOS 分别是英文 action（活动）、process（过程）、object（对象）和 scheme（图式）的首字母. APOS 理论认为，在数学概念学习中，如果引导个体通过思维的活动、过程和对象等阶段后，个体一般就能在建构、反思的基础上把它们组成图式，从而顺利建构起数学概念的意义.

（二）APOS 理论解析

以下结合"椭圆及其标准方程"的教学，阐述 APOS 理论中四个阶段的具体含义.

1. 活动阶段

数学教学是数学活动的教学，操作运演行为是数学认知的基础性行为. 大部分数学概念的形成都经历了一个反省抽象的活动，而要形成反省，被反省的基础就是操作活动. 这里所说的"操作"必须作广义的理解，它未必一定是具体的运算，也可以是任何的数学运作，更不必一定有明确的算法①. 比如学习椭圆概念时，学生通过举出日常生活中所看到的、接触到的椭圆实例，充分感受生活中的椭圆，对椭圆概念有一定的感性认识. 通过这种活动（或操作），使学生初步理解椭圆概念的意义.

2. 过程阶段

不断重复这种操作，学生从中得到不断反思，于是就会在大脑中进行一种内

---

① 乔连全. APOS：一种建构主义的数学学习理论 [J]. 全球教育展望，2001，(3)：17-18.

部的心理建构，即形成一种过程模式.这种过程模式使得操作呈现出自动化的表现形式，而不再借助外部的不断刺激.概念在过程阶段表现为一系列的步骤，有操作性，相对直观，容易效仿学会，能体现学生那个年龄阶段的思维特点.比如学生在亲手尝试画椭圆的过程中，体会椭圆上的点到两定点的距离与某一定值的关系，从而探究椭圆是满足什么条件的点的轨迹.一旦学生在此过程中认识到椭圆上的点到两定点的距离之和等于一定值，他就已经完成了这种过程模式的建构.

3. 对象阶段

概念发展到对象阶段，已不再是历时的程序和算法步骤了，而是呈现一种共时的形态、一种结构、一个抽象的整体.当学生意识到可以把过程看作一个整体，并意识到可以对这个整体进行转换和操作的时候，其实已经把这个过程作为一个一般的数学对象，形成一个"实体"了.这时，不但可以具体地指明它所具有的各种性质，也可具体实施特定的数学演算.从过程发展到对象，需要反省抽象和思考，是认知和建构等高级的智力活动.例如，学生在经历过程阶段的动手操作后，大胆探究，又通过几何画板的动画演示，观察椭圆的形成过程，进行分析思考，认识到椭圆形成的本质，加深对椭圆概念条件的理解，从而归纳出椭圆的概念.概念由过程到对象是一种渐进的建构过程，是既困难又漫长的，需要反复，循序渐进，才能使学生实现认识上的螺旋上升，直至真正理解.

4. 图式阶段

个体对操作、过程、对象以及他自己头脑中原有的相关方面的问题图式进行相应的整合，会产生出新的问题图式，这种图式的作用和特点就是可以决定某些问题或某类问题是否属于这个图式，从而做出不同的反应.如上述椭圆概念以一种综合的心理图式存在脑海中，在数学知识体系中占有特定的地位.这一心理图式含有具体的实例、抽象的过程、完整的定义，与其他概念（如直线、圆、双曲线、抛物线等）的区别和联系.显然，个体的思维和认识状况在这种持续建构中已经上升到更高的层次，即对有关概念进行了更高层次的加工和心理表征[①].

（三）基于 APOS 理论的教学设计案例分析

平面直角坐标系是沟通数与形的平台，同时从数学知识的逻辑结构上来说，它是数轴从一维到二维的延伸.它是一个比较抽象的规定性的概念，对于规定性定义要讲清两点：一是规定的必要性，即为什么要规定；二是规定的合理性，即这样规定的道理.结合学生特点，运用 APOS 理论的指导，进行了如下教学设计尝试：

案例 5-10 平面直角坐标系

1. 活动阶段——在活动中思考问题

大部分数学概念的形成都要经历一个反省和抽象的过程，而反省的基础就是

---

① 莫韬.基于 APOS 理论的圆锥曲线概念教学实证研究[D].桂林：广西师范大学，2007：15.

活动，我们通过学生熟悉而感兴趣的对象提供外部刺激，让学生进行感知转换和反省。

活动1 我当破译小高手（如图 5-13）

5	有	志	自	万	事
4	书	天	者	勤	贵
3	标	宝	奋	可	来
2	敏	里	成	才	大
1	的	竟	打	库	想
	A	B	C	D	E

图 5-13

①请破译下列密码：A5　B5　C4　E5　B1　C2
（有智者事竟成）
②请编制密码：天才来自勤奋
（B4　D2　E3　C5　D4　C3）

活动2 我做影院服务生
①你会在电影院内找到电影票上所指的位置对号入座吗？
②在电影票上，"4排3号"与"3排4号"是同一个座位吗，为什么？

活动3 我帮老师解决问题
开家长会时，你能向家长介绍你的座位在教室中的位置吗（以门为参照）？

【设计意图】通过三个情境问题，让学生从自己的生活实际和经验中"感悟"坐标思想的存在。从"密码"游戏中初步感悟一个点的位置在一定的规则下需要两个要素来表示；通过"影院座位"问题，感悟点的位置在一定的规则下对应两个有序实数；通过"学生的座位"问题，进一步感悟点的位置描述需要有一个参照物或者"基准点"。

2. 过程阶段——体验概念的抽象过程

通过前面的活动，学生从中不断反思，在大脑内部形成一种稳定的心理建构。学生认识到表示平面上的点，需要在一个规则下描述方向和大小两个要素。教师还需要用一定的刺激激发学生的思维内化和压缩，让他们在头脑中进行描述和反思，可以设计以下问题：

（1）若老师站在教室第三排的走廊中间（如图 5-14 的五星位置），先请四位同学（图 5-14 中直线上的四个圆点）用自己的语言表示自己相对老师的位置。对称的两个同学的位置该怎样说清楚？

（2）再请两位同学（图 5-14 中角上的两个圆点）用自己的语言表示自己相对老师的位置。对称的两个同学的位置该怎样说清楚？

（3）回顾之前学过的有关数轴的内容——数轴的三要素以及数轴上的每一个点都对应着一个实数值，那么如何表示平面上的一个点呢？

【设计意图】通过三个问题的设计，让学生从一条直线上的点的描述，到进

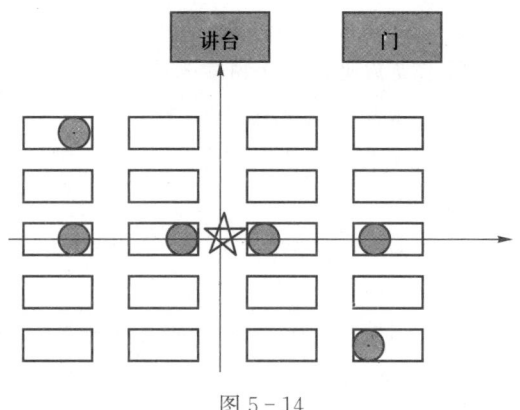

图 5-14

一步思考到底如何用数学的方式表达平面中的一个点. 问题（1）让学生体验在同一直线上的点的描述需要考虑方向和大小两方面，启发学生在脑海里联想到数轴. 同时逐步把"座位问题"以门为基准点，改为以老师为基准点，这时所有同学的位置都是对称的，有助于学生思考其中的区别和联系. 问题（2）让学生通过对数轴的回忆搭"脚手架"，结合先前活动的经验（有关横排、竖列的经验）抽象出平面上确定位置的方法.

3. 对象阶段——生成概念的形式化定义

通过前面的体验得知，表示平面上的一个点，需要在一定的规则下（规定基准点），用两个有序的实数对进行表示，因此提出把平面直角坐标系作为一个新对象来认识，对其进行形式化、工具性的表达，这是对象阶段应该达到的目标. 运用直角坐标系的性质来解决这一问题，可以达到逐步认识新概念的目的. 因此，这一阶段老师可以继续引导学生探讨平面直角坐标系的特点、存在意义（平面内的每一个点与两个数相对应，即一个点对应一个数对）.

例1 （口答）

（1）点 A 的横坐标为3，纵坐标为2，那么 A 点的位置可以表示为（   ）.

（2）点 B 的纵坐标为—4，横坐标为1，那么 B 点的位置可以表示为（   ）.

练习1 下列四个图形中（图 5-15），建立平面直角坐标系正确的是（   ）.

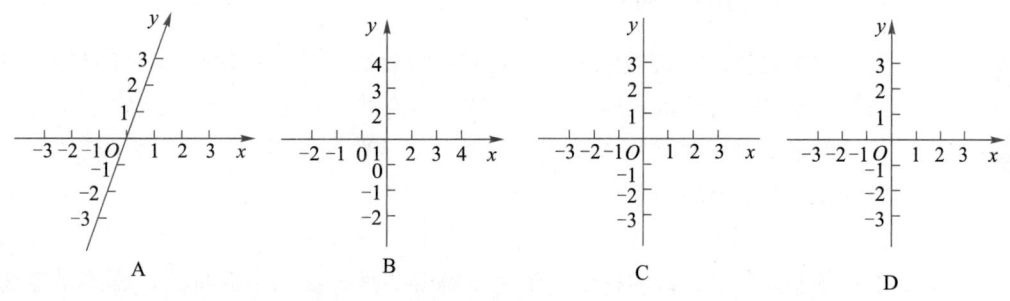

图 5-15

例2 （1）下列坐标分别对应图中的哪个点（图略）？

(0, 3), (0, —3), (—2, 0), (4, 0)

（2）在同一直角坐标系内，根据坐标画出下列各点：

(3，−3)，(−2，−3)，(−3，3)，(3，3)

练习 2 写出如图所示直角坐标平面内各点的坐标（图略）.

练习 3 在平面直角坐标系中找出点 (0，3)，(0，−2)，(−2，0)，(4，0)，观察点的特征，并描述坐标轴上点的特征.

思考

(1) 已知点 $A(0，2)$，$B(-2，0)$，$C(2，2)$，连接三点可得 $\triangle ABC$，求此三角形的面积.

(2) 已知点 $A(0，2)$，$B(-2，0)$，在 x 轴上找出点 C，连接后使得 $\triangle ABC$ 为等腰三角形，写出点 C 的坐标.

【**设计意图**】例 1 和练习 1 用于巩固平面直角坐标系的概念；例 2 和练习 2 通过点和有序实数对互换，体会数形间的对应关系；练习 3 让学生体会平面直角坐标系和数轴之间的关系，对学生拓宽思考问题的方式大有好处.

4. 图式阶段——建立综合心理图式

通过以上三个阶段的教学，学生在头脑中应该建立如下的心理图式：现实生活中直角坐标系思想的应用（如进电影院找座位等），平面直角坐标系的作用（刻画平面上点的位置），平面直角坐标系规定的合理性（生活中的位置描述：参照物、两个纬度的方向以及距离分别对应于原点、两条数轴的正方向以及单位长度），在平面直角坐标系中确定点的过程及其与数轴的区别和联系等.

在课后小结阶段，运用关键性的几个问题，帮助学生进一步反思，形成概念图：为什么要引入平面直角坐标系？它是如何规定的？这样规定的合理性何在？它和以前所学的数轴有什么关系？规定了以后对我们解决问题的思路有何影响？在现实生活中的应用如何？最后指出，平面直角坐标系的引入，沟通了几何和代数，在数学史上有着非常重要的意义.

三、基于变式教学理论的数学教学设计

（一）变式教学理论简介

视频 5.6 数学变式教学的策略

变式教学是我国传统教学的精华，它不仅有着广泛的理论基础，而且也经过了实践的检验. 国内较系统地研究变式教学理论的学者是顾泠沅和鲍建生教授.

传统的变式教学主要用于概念的掌握，如《教育大辞典》对"教学变式"词条的解释是："在教学中使学生确切掌握概念的重要方式之一，即在教学中用不同形式的直观材料或事例说明事物的本质属性，或变换同类事物的非本质特征以突出事物的本质特征. 目的在于使学生了解哪些是事物的本质特征，哪些是事物的非本质特征，从而对一事物形成科学概念."

顾泠沅依据数学学习对象的两重性，将变式划分为概念性变式与过程性变式. 概念性变式分为两类：一类是属于概念的外延集合的变式，称为概念变式；另一类是不属于概念的外延集合，但与概念对象有某些共同的非本质属性

的变式,称为非概念变式,其中包括用于揭示概念对立面的反例变式.概念性变式的目的是使学生获得对概念的多角度理解.过程性变式是通过变式展示知识的发生、发展过程,通过有层次的推进,使学生分步解决问题,理解知识的来龙去脉,形成知识网络,从而抓住问题的本质.

(二) 变式教学的几种形式

在实际数学教学中,对于变式教学的运用,并不严格遵循以上内涵的界定.以下根据变式教学的内容不同,将变式教学区分为以下几种形式.

1. 概念性变式

(1) 概念变式

数学概念是一种外延性概念,也就是说,每个概念都有一个明晰的边界,掌握概念意味着能够通过内涵去确定一个具体对象是否在这个边界内.因此,教学的一种有效途径就是将概念的外延作为变异空间,将其所包含的对象作为变式,通过类化不同变式的共同属性而突出概念的本质属性.

例如,通过如图 5-16 所示的图形变式,发掘同位角的本质特征,即同位角是"同侧同方向的角".

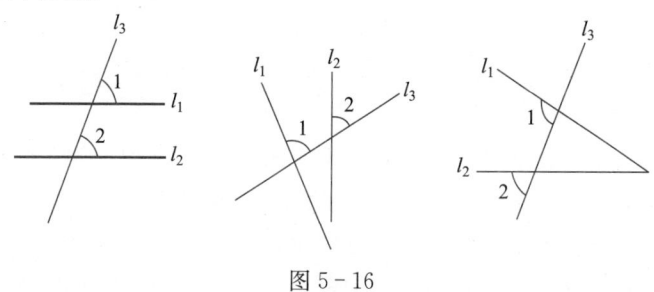

图 5-16

(2) 非概念变式

概念的内涵与外延是对立而统一的,内涵明确则外延清晰,反之亦然.因此,概念教学除了在内涵上下功夫之外,还应该使学生对概念所包含的对象集合有一个清晰的边界.其中一条有效的途径就是利用所谓的"非概念变式",通过非概念与概念的比较,可以深刻地理解概念的本质属性.

例如,在进行无理数概念教学时,可通过以下几个实例对概念进行辨析:无理数就是无限小数;无限小数就是无理数;带根号的数就是无理数;无理数就是开方不尽的数;一个无理数不是正数就是负数;一个无理数的平方一定是有理数.

2. 命题变式

命题是由概念或一些更简单的命题复合而成.数学命题的变式主要是定理、法则和公式等的变式.数学命题学习相对学生来说较为困难,因此需通过命题变式来加深对命题的理解,促进学生对命题的灵活掌握和运用.如对于完全平方公式$(a+b)^2=a^2+2ab+b^2$,可进行下列变式:$a^2+b^2=(a+b)^2-2ab$,$(a+b)^2=(a-b)^2+4ab$ 等.

由于命题具有四种形式,若将某一命题作为原命题,通过讨论其逆命题、否命题、逆否命题三种形式,可较好地理解原命题中条件的充分性和必要性. 再者可通过增加或减少命题的条件,讨论命题结论的相应变化,从而理解命题中条件变化对结论的影响.

▶ 案例 5-11

对于"零点定理"的认识,在掌握基本结论的基础上,还可进行更多的变式学习:

问题 1　若 $f(a)f(b)>0$,函数 $y=f(x)$ 在区间 (a,b) 上一定没有零点吗?

问题 2　若 $f(a)f(b)<0$,函数 $y=f(x)$ 在区间 (a,b) 上只有一个零点吗?

问题 3　能否增加条件,使得函数在区间 (a,b) 内有且只有一个零点?

问题 4　若在区间 $[a,b]$ 上图像连续的函数 $y=f(x)$ 在 (a,b) 上有一个零点,是否一定有 $f(a)f(b)<0$?

问题 5　若在区间 $[a,b]$ 上图像连续的函数 $y=f(x)$ 满足 $f(a)f(b)<0$,则函数 $y=f(x)$ 在 (a,b) 上零点个数一定是有限的吗?

3. 解题变式

变式训练是提高数学课堂效率的一项有效措施,有利于避免学生死记硬背、题海战术等现象,提高学生举一反三的能力,实现知识的正迁移. 解题变式大致分为一题多解、一题多变及一法多用. 波利亚曾说:"一个专心、认真备课的教师能够拿出一个有意义的但又不复杂的题目,去帮助学生挖掘问题的各个方面,使学生通过这道题,就好像通过一道门户,把学生引入一个完整的理论领域." 精心设计有层次、有坡度的变式练习题,让学生通过不断训练使思维的灵活性得到不断发展,并通过渐进式的拓展训练使学生进入广阔思维的佳境.

▶ 案例 5-12

对于以下问题 1 的教学,我们可通过"变式"得到问题 2、3、4.

问题 1　过抛物线 $y^2=2px(p>0)$ 的焦点的一条直线和此抛物线相交,两交点的纵坐标分别为 y_1、y_2,求证:$y_1 y_2 = -p^2$.

问题 2　一条直线与抛物线 $y^2=2px(p>0)$ 相交,两交点的纵坐标分别为 y_1、y_2,若 $y_1 y_2 = -p^2$,那么该直线过抛物线的焦点吗?

问题 3　过定点 $(c,0)$ 的直线与抛物线 $y^2=2px(p>0)$ 相交于两点,两交点的纵坐标分别为 y_1、y_2,那么 $y_1 y_2$ 是定值吗?

问题 4　一条直线与抛物线 $y^2=2px(p>0)$ 相交于两点,两交点的纵坐标分别为 y_1、y_2,若 $y_1 y_2 = m$(m 为定值),那么该直线过定点吗?

（三）基于变式理论的教学设计案例分析

1. 概念变式案例分析

函数是中学最重要的概念之一，对于刚进入高一的学生而言，要从初中的"变量说"过渡到"对应说"是一个难点．在强调用集合语言刻画对应过程时，需要理解函数对应关系的特征，理解符号 $y=f(x)$ 的意义．以下从引入变式、图形变式来阐述函数概念的形成过程．

> **案例 5-13 概念变式——函数的概念**

1. 情境引入变式，抽象概念本质

人教版数学必修 1 "函数的概念"一节中，通过炮弹发射中炮弹距地面的高度与时间的关系、臭氧空洞面积与时间的关系以及恩格尔系数与时间的关系等三个实例引入函数的概念．虽然引入的情境不同，但通过分析可以发现三个实例的共同点：有两个非空数集；两个数集之间都有一种确定的对应关系；对于数集 A 中的任意一个 x，按照某种对应关系，在数集 B 中都有唯一确定的值 y 与之对应．而不同点在于：案例①是用解析式刻画两个变量之间的对应关系，案例②是用图像刻画两个变量之间的对应关系，案例③是用表格刻画两个变量之间的对应关系．

2. 概念形成过程变式，深化概念的本质

例1 下列说法正确的是_____．

(1) $f(x)=|x|$ 与 $g(t)=\sqrt{t^2}$ 表示同一函数．

(2) $y=x$ 与 $y=\dfrac{x^2}{x}$ 表示同一个函数．

(3) $y=\sqrt{x-2}+\sqrt{1-x}$ 是函数．

例2 图 5-17 中不能作为函数 $y=f(x)$ 图像的是（   ）

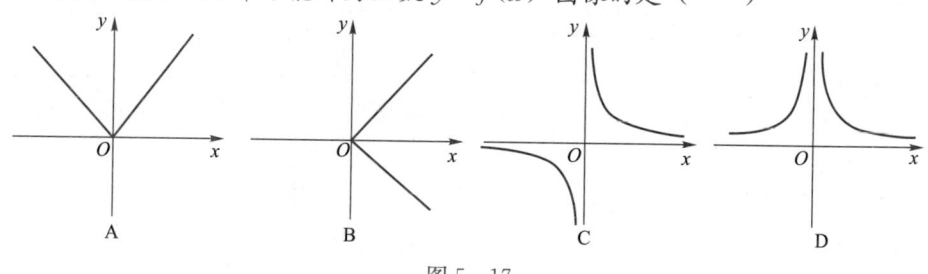

图 5-17

对于例 1 中的 (1)，会有部分学生认为是不同函数，因为字母不同，表示的函数也不同，而没有认识到两个函数是否相同，只与定义域和对应法则有关，而与字母无关．对于 (2)，学生出现错误的原因，是忽略了函数中自变量的取值范围．对于 (3)，错误的主要原因是在判断是否为函数时，只从函数的表面形式来判定，而忽略了隐含条件 $\begin{cases} x-2 \geqslant 0 \\ 1-x \geqslant 0 \end{cases}$.

例2通过图形变式，运用函数概念的图形表征，有利于学生形成表象，进一步认识函数概念中"三要素"的整体性，认识函数中对应关系的特征.

2. 解题变式案例分析

采用"一题多变""一题多解"等方式，进行多角度的解题思路分析，探讨解题规律和解题方法，对提高学生的解决问题的能力，势必事半功倍.

案例5-14 解题变式

1. 通过变换条件，实施变式教学

已知 $|a|=6$，$|b|=4$，且 a 与 b 的夹角为 $60°$，求 $(a+2b) \cdot (a-3b)$.

变式1 已知向量 a 和 b 的夹角为 $60°$，$|a|=6$，$|b|=4$，则 $(2b-a) \cdot a$ 等于

A. 15　　　B. -12　　　C. 12　　　D. 6

答案：B

变式2 已知 $|a|=6$，$|b|=4$，$(a+b) \cdot (a+2b)=32$，那么向量 a 与 b 的夹角为

A. $60°$　　　B. $90°$　　　C. $120°$　　　D. $150°$

答案：C

变式3 在 $\triangle ABC$ 中，已知 $|\overrightarrow{AB}|=6$，$|\overrightarrow{AC}|=6$，$S_{\triangle ABC}=6\sqrt{3}$，则 $\overrightarrow{AB} \cdot \overrightarrow{AC}$ 等于（　　）

A. -12　　　B. ± 12　　　C. 12　　　D. ± 6

答案：B

变式4 设向量 $2te_1+7e_2$ 与向量 e_1+te_2 的夹角为钝角，求实数 t 的取值范围.

【评析】本设计以教材例题为素材，通过变更其中的条件进行深入讨论，深化学生对平面向量数量积概念的理解，进而潜移默化地培养学生的审题意识和思维的严密性.

2. 通过变换解法，实施变式教学

已知 x，$y \geqslant 0$ 且 $x+y=1$，求 x^2+y^2 的取值范围.

解法1 （利用基本不等式）由于 x，$y \geqslant 0$ 且 $x+y=1$，则

$$xy \leqslant \left(\frac{x+y}{2}\right)^2 = \frac{1}{4}，即 0 \leqslant xy \leqslant \frac{1}{4}.$$

$$x^2+y^2=(x+y)^2-2xy=1-2xy，$$

故当 $xy=0$ 时，x^2+y^2 取最大值1；当 $xy=\frac{1}{4}$ 时，x^2+y^2 取最小值 $\frac{1}{2}$.

解法 2 （三角换元法）由题意可设 $x=\cos^2\theta$，$y=\sin^2\theta\left(\theta\in\left[0,\dfrac{\pi}{2}\right]\right)$，

$$x^2+y^2=\cos^4\theta+\sin^4\theta=(\cos^2\theta+\sin^2\theta)^2-2\cos^2\theta\sin^2\theta$$
$$=1-\dfrac{1}{2}\sin^2 2\theta=\dfrac{3}{4}+\dfrac{1}{4}\cos 4\theta.$$

当 $\cos 4\theta=-1$ 时，x^2+y^2 取最小值 $\dfrac{1}{2}$；当 $\cos 4\theta=1$ 时，x^2+y^2 取最大值 1.

解法 3 （函数思想）由 $x+y=1$ 得 $y=1-x$，则

$$x^2+y^2=x^2+(1-x)^2=2\left(x-\dfrac{1}{2}\right)^2+\dfrac{1}{2}.$$

由于 $0\leqslant x\leqslant 1$，根据二次函数的图像与性质知：

当 $x=\dfrac{1}{2}$ 时，x^2+y^2 取最小值 $\dfrac{1}{2}$；当 $x=0$ 或 1 时，x^2+y^2 取最大值 1.

【评析】 本题通过三种解法来解决问题，培养学生思维的灵活性. 此外，本题还可用对称换元思想、数形结合思想（构造圆）或者利用解析几何思想来进行解决，体现了一题多解的妙用. 三角换元、函数思想及对称换元在本质上是相通的，都是通过函数观点来求最值. 而构造圆及利用解析几何方法的关键，在于数形结合思想的运用. 因此，在进行一题多解的情况下，还需寻找不同解法之间的共性，以实现"多解归一".

习题作业

1. 结合具体数学内容，选择某一种教学模式进行教学设计.
2. 多媒体技术在数学教学中具有哪些教学功能？
3. 试根据多元表征理论的基本思想，选择某一数学知识点进行教学设计.
4. 试根据 APOS 理论的基本思想，选择某一数学知识点进行教学设计.
5. 试举例说明数学变式教学的基本含义.

第六章　　数学教学过程的问题链设计[①]

学习目标

- 了解问题链的内涵、形式和设计原则.
- 掌握问题链的设计策略，能熟练构建问题链进行教学过程设计.

[①] 本章内容由庄学恩和李祎合作编写.

数学教学设计的关键环节是教学过程设计. 由于教学设计主要是一种课前行为,因而科学的教学过程设计不宜写成师生对话的形式,而是应通过构建层层递进、环环相扣的问题链,把本节课教学的主要内容、思路和步骤粗线条地框定,并对提出问题的意图和依据进行分析,对可能出现的各种情况进行研判.

第一节　问题链的基本形式与设计策略

一、问题链概述

（一）问题链的内涵

视频 6.1　问题链的内涵及基本形式

所谓问题链,是指在教学过程中,教师围绕一定的教学目标,结合教学内容和学生的认知规律,将教材内容转换成一连串层次鲜明、环环紧扣的问题,以引导学生积极思维,主动探索知识,进而提升能力.

问题链中的问题,是一组有中心、有序列、相对独立而又相互关联的问题. 从形式上看,它是一问接一问,一环套一环;从内容上看,它是问问相连,环环紧扣;从目标上看,它是步步深入,由此及彼. 它的每一问都可使学生的思维产生一次飞跃,它像一条锁链,把疑问和目标紧紧地连在一起.

（二）问题链中问题的特征

1. 问题的情境性

一个有效的问题,首先应该是学生感兴趣的问题. 什么样的问题,学生最感兴趣? 贴近生活的、与学生已有知识储备有关联的问题,才是学生感兴趣的问题,即尽可能地使问题具有情境性. 为此,教师要充分挖掘教材内容与生活、生产的紧密联系,据此来进行数学问题的设计.

2. 问题的科学性

首先,教师要分析教材,了解本节知识点与其他知识点的联系,找出教材中的思维点,特别是能展现知识发生、发展过程的素材,使得所设计的问题紧扣教学的重点、难点、易混点、易错点,能反映数学知识的发生发展过程. 其次,要分析学生的知识准备,从学生现有的知识储备和能力考虑教学的起点,从学生的旧知识中找出同化新知识学习的"生长点". 在知识的"生长点"上提问,有助于学生通过思考问题,构建新的知识结构,实现知识的同化.

3. 问题的层次性

数学问题必须根据教学的需要,按照教学程序、知识结构,循序渐进地进行设计. 所设计的数学问题,必须由表及里、由浅入深、环环相扣,体现出知识结构的严密性、科学性、条理性,从而给学生以清晰的层次感.

4. 问题的思维性

问题按其自身属性、设问指向、答案深度和广度,可大致分为三类:事实性问题(是什么)、分析性问题(为什么)和应用性问题(怎么做)."是什么"的问题不具有思考性,不能算是非常有效的问题;"为什么"的问题和"怎么做"的问题,能引发学生的思考,需要有意识地进行设计.同时,问题的设计应具有开放性,通过设置开放型的问题,引导学生多角度、多途径寻找解决问题的方法,以培养思维的发散性、广阔性和灵活性.

(三) 构建问题链的意义

1. 激发学生的学习兴趣

教学活动是一种特殊的认知活动.教师基于学生原有的认知结构,从学生身边的生活实际出发,精心设计出符合学生的认知规律,能诱发学生认知冲突的有效问题链,以问题链引领课堂教学,不仅有利于激发学生的学习兴趣,而且能营造出一种轻松活泼的课堂氛围,使学生能尽快进入课堂教学的主题,实现有效教学.

2. 引导学生开展自主学习

在传统的课堂教学中,学生是被动地参与教学,而基于问题链的数学教学中,教师根据教学目标,把教学内容编成一个个、一组组彼此关联的问题,使学生在问题链的引导下,在问题解决中主动获取知识,主动参与教学活动的全程.这样,学生的学习就实现了由被动向主动的转变.

3. 帮助学生突破重点、难点

数学核心概念、重要结论和思想方法,是设置"问题链"的连心线,是教学的重点、难点.紧扣核心知识设计问题链,就等于抓住了教学内容的精髓.随着问题链中的问题一个一个地被解决,学习的重点、难点也一步一步地被"攻克".

4. 培养学生的思维能力

张乃达说:"所谓数学思维,就是以数学问题为载体,通过发现问题、解决问题的形式,达到对现实世界的空间形式和数量关系的一般性认识."由此可见,发展学生的思维能力最有效的方法是提出问题、解决问题.在数学课堂教学中,巧妙设计的"问题链"正是通过不断提出问题和解决问题,来引发学生的数学思维活动,发展学生的数学思维能力.

二、问题链的基本形式

(一) 概念教学中的问题链

在数学概念教学中,常见的"问题链"形式,有基于情境的问题链、基于类比的问题链等形式.

1. 基于情境的问题链

托尔斯泰说过:"成功的教学所需要的不是强制,而是激发学生的兴趣和欲

视频 6.2 概念教学中的问题链设计:任意角的三角函数

望."在概念教学中,用具体情境创设有效的问题链,可以让学生在兴趣和强烈的求知欲望中学习. 例如,函数、指数函数、对数函数、幂函数、等差数列、等比数列等概念,都可以通过设计问题情境链进行教学.

▶ 案例 6-1 "指数函数"概念的教学设计

问题 1 某种细胞分裂时,由 1 个细胞分裂成 2 个, 2 个分裂成 4 个……一个这样的细胞分裂 x 次后,得到的细胞个数 y 与分裂次数 x 有怎样的关系呢?

问题 2 《庄子·天下篇》中有这样一句话:"一尺之棰,日取其半,万世不竭."一尺之棰,截取 x 次后,木棰剩余量 y 与截取次数 x 有怎样的关系呢?

问题 3 以上两个关系式是函数吗?

问题 4 上述两个关系式有什么共同特征,能否用数学符号概括出其一般形式?

问题 5 它是我们学过的函数吗?如果不是,你能否根据该函数的特征,给它起个恰当的名字?

通过引导学生观察这两个函数,可以发现:它们的底数是常数,指数是自变量. 如果可以用字母 a 代替其中的底数,那么上述两式就可以表示成 $y=a^x$ 的形式,由此得到指数函数的概念.

2. 基于类比的问题链

类比是寻找具有内在联系的若干问题的有效方法. 在类比的过程中,学生完全可以通过自己的思维活动,主动建构对所类比的对象物的理解. 在整个高中数学教学中,指数与对数、指数函数与对数函数、等差数列与等比数列、平面角与二面角、椭圆、双曲线与抛物线、排列与组合等概念,都可以将其看作有特殊关系的并列概念. 在教学过程中,可以借助它们之间的这种特殊关系,利用已知问题来实现对相应问题的理解和建构.

▶ 案例 6-2 "二面角"概念的教学设计

问题 1 两个相交平面把空间分隔成四个部分,有没有必要每个部分都研究?

(类比异面直线相交,只要研究一个部分,我们也只要研究两个相交平面图形的一部分就可以了.)

问题 2 这个图形与我们平面几何中哪个图形比较类似?(角.) 我们是否可以给它起一个名称?(二面角.)

问题 3 我们应该如何描述二面角呢?回忆一下平面内的角,我们是怎么定义的?

问题 4 二面角是否有大小?这个角在哪里?用什么方法来度量?(类比两条异面直线所成角和直线与平面所成角,启发学生把空间问题平面化,转化为线

视频 6.3 "二面角"概念的教学设计

与线所成的平面角.)

(二) 规律教学中的问题链

视频 6.4 规律教学中的问题链设计：函数零点的存在性定理

在规律教学中，常见的问题链形式，有基于探究的问题链、基于辨析的问题链等形式．比如在数学规律教学中，最重要的一点是引导学生探究规律．构建基于探究的问题链，是培养学生科学探究能力的有效途径．因此，在数学规律教学中，教师通过设计探究型问题链，能激励学生积极思索，达到促进学生建构知识、锻炼学生思维、发展学生智力的目的．

▶ **案例 6-3** "直线与平面垂直的判定定理" 的教学设计

折纸试验：请同学们拿出准备好的一块（任意）三角形的纸片，我们一起来做一个试验．过 △ABC 的顶点 A 翻折纸片，得到折痕 AD，如图 6-1 所示．将翻折后的纸片竖起放置在桌面上（BD、DC 与桌面接触），如图 6-2 所示．

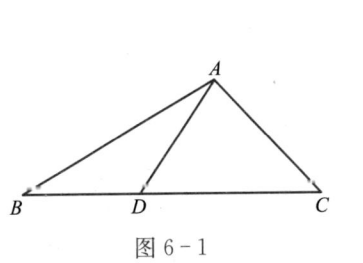

图 6-1

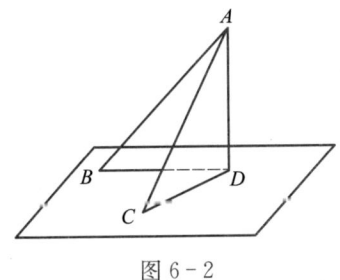

图 6-2

问题 1 折痕 AD 与桌面垂直吗？

问题 2 如何翻折才能使折痕 AD 与桌面所在的平面垂直？

问题 3 在你翻折纸片的过程中，纸片的形状发生了变化，这是变的一面，那么不变的一面是什么呢？（可从线与线的关系考虑）如果我们把折痕 AD 抽象为直线 l，把 BD、DC 抽象为直线 m、n，把桌面抽象为平面 α，那么，保证直线 l 与平面 α 垂直的条件是什么？

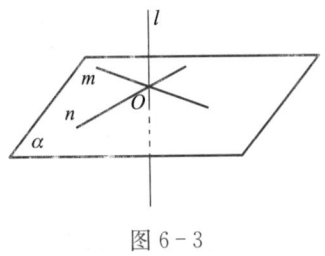

图 6-3

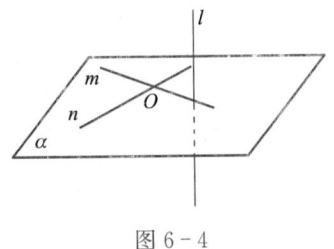

图 6-4

问题 4 如果将图 6-3 中的两条相交直线 m、n 的位置改变一下，仍保证 $l \perp m$，$l \perp n$，如图 6-4，你认为直线 l 还垂直于平面 α 吗？

问题 5 根据折纸试验，请你给出直线与平面垂直的判定方法．

【评析】线面垂直的判定定理不易发现，在教学中通过设计折纸试验，设计探究型问题链，给学生充分活动的时间和空间，帮助学生从实践中获取知识，引导学生参与教学活动，展开思维，体验探索的乐趣，增强了学生学习数学的兴趣。

(三) 解题教学中的问题链

面对数学问题，当我们通过对它进行深化、推广、类比，从而发现矛盾和缺陷（问题所在），探索到新的发展规律（需要论证的问题），或找到了问题与问题之间的新的联系时，这就是形成"问题链"的开始。[①] 在数学解题教学中，常见的问题链形式，有基于推广拓展的问题链、基于逆向思维的问题链等形式。

1. 基于推广拓展的问题链

推广是事物发展所遵循的规律之一，它的原则是由特殊向一般推进，从特殊性质中发现事物所蕴含的普遍规律，从而获得更为广泛的高层次认识。对一个问题的推广有多种途径可循，一般是把条件进行相似性变换，即在数学元素的数量上和维数上进行推广，可以得到一些层次不同或形式相似的命题。几何方面常表现为线段数或边数（角数）的增加，或从平面到空间的推广；代数方面常表现为变量个数的增加。

案例 6-4　抛物线的习题课教学设计

问题 1　一条直线与抛物线 $y^2=2px(p>0)$ 相交于 A、B 两点，设直线 OA、OB 的倾斜角分别为 α、β，如果 $\alpha+\beta=\dfrac{\pi}{2}$，那么该直线过定点吗？

问题 2　一条直线与抛物线 $y^2=2px(p>0)$ 相交于 A、B 两点，设直线 OA、OB 的倾斜角分别为 α、β，如果 $\alpha+\beta=\pi$，那么该直线过定点吗？

问题 3　一条直线与抛物线 $y^2=2px(p>0)$ 相交于 A、B 两点，设直线 OA、OB 的倾斜角分别为 α、β，如果 $\alpha+\beta=\theta$（θ 为定值），那么该直线过定点吗？

【评析】 这种由特殊到一般的推广，不仅可以训练思维的深度和广度，培养学生的思维习惯，而且常常可以获得新的数学方法，解决新的问题。

2. 基于逆向思维的问题链

心理学研究表明：每一个思维过程都有一个与之相反的思维过程，在这个互逆过程中，存在着正、逆思维的联结。所谓逆向思维，是指和正向思维方向相反而又相互联系的思维过程，即我们通常所说的"倒着想"或"反过来想一想"。在数学教学过程中，往往对正向思维关注较多，长期的正向思维定势会影响逆向思维的建立。因此，基于逆向思维构建问题链，对于巩固深化所学知识，开拓学生的思路，培养创造性思维能力，是非常有必要的。

[①] 黄光荣．问题链方法与数学思维 [J]．数学教育学报，2003，12 (2)：35-37．

案例 6-5 抛物线的习题课教学设计

问题 1 过抛物线 $y^2=2px(p>0)$ 的焦点的一条直线与此抛物线相交,两交点的纵坐标分别为 y_1、y_2,求证:$y_1y_2=-p^2$.

问题 2 一条直线与抛物线 $y^2=2px(p>0)$ 相交,两交点的纵坐标分别为 y_1、y_2,若 $y_1y_2=-p^2$,那么该直线过抛物线的焦点吗?

问题 3 过定点 $(c,0)$ 的直线与抛物线 $y^2=2px(p>0)$ 相交于两点,两交点的纵坐标分别为 y_1、y_2,那么 y_1y_2 是定值吗?

问题 4 一条直线与抛物线 $y^2=2px(p>0)$ 相交于两点,两交点的纵坐标分别为 y_1、y_2,若 $y_1y_2=m(m$ 为定值$)$,那么该直线过定点吗?

【评析】这个问题链的后三个问题中,考虑了问题 1 的逆命题,是问题 1 和它的逆命题的推广. 通过从多个角度设问,理解直线与抛物线的问题中的"动"与"静"的辩证关系,可以熟悉处理定值问题的常见方法.

三、问题链的设计原则

(一) 目的性原则

问题链的设计必须具有明确的目的性,即问题链的设计要充分体现预定的教学目标. 这就要求教师在进行教学过程设计时,应明确问题链中每一个问题的设计意图是什么,这一系列的问题与教学目标是否具有相关性. 若不认真考虑问题链与教学目标的相关性,则设计的问题链可能无法为学生对特定知识的理解提供帮助,不利于重点的突出和难点的突破.

案例 6-6 二项式定理的教学设计

问题 1 请展开乘积式 $(a_1+b_1)(a_2+b_2)(a_3+b_3)$,并指出展开后共有多少项?

问题 2 从上述展开式中各项的下标来看,这些项有哪些共同的特点?这些特点说明了什么?

问题 3 在问题 1 中,为什么展开式有 8 项?

从问题 3 到问题 4 过渡的教学情境:在等式 $(a_1+b_1)(a_2+b_2)(a_3+b_3)$ 的展开式中,若令 $a_1=a_2=a_3=a$,$b_1=b_2=b_3=b$,则

$$(a+b)^3=a^3+3a^2b+3ab^2+b^3.$$

如果我们将 $a_i(i=1,2,3)$ 理解为第 i 个括号里的 a,将 b_j $(j=1,2,3)$ 理解为第 j 个括号里的 b(就是将每个括号内的 a,b 作标记),利用箭头图体现特殊化过程中 $(a+b)^3$ 展开式的各项来源:

$$a_1a_2a_3 \rightarrow a^3; \quad b_1a_2a_3+a_1b_2a_3+a_1a_2b_3 \rightarrow 3a^2b;$$

$b_1b_2b_3 \to b^3$; $a_1b_2b_3+b_1a_2b_3+b_1b_2a_3 \to 3ab^2$.

问题 4 上述 a^3，a^2b，ab^2，b^3 的系数分别为 1，3，3，1，它们是怎么来的？请给出合理的解释.

问题 5 $(a+b)^n$ 展开后是哪些项的和？为什么？

【评析】这个案例中问题链的设计是：先从学生较为熟悉的简单情境开始，逐步建构起二项式定理的一个特例，然后让学生利用从特殊到一般的方式，得出二项式定理的表达式. 在二项式定理的教学中，理解二项展开式中的二项式系数是学生学习的难点，同时也是教师教学的重点. 从这组问题链中，我们可以看出，它的每个问题都带有明显的目的性：问题 1 的目标是运用多项式乘法法则给出展开式，给出讨论的起点；问题 2 的目标是理解问题 1 的展开式中各项的来源（每个括号各选一个字母相乘）；问题 3 的目标是根据问题 2 的结论，运用分步计数原理理解问题 1 的结论；问题 4 的目标是根据提供的情境，结合问题 2 和问题 3 分析 $(a+b)^3$ 展开式中各项的系数来源；问题 5 的目标是通过从特殊到一般的归纳，得出二项式定理.

（二）适度性原则

问题链的设计必须具有适度性. 其包含两个方面的含义：一是问题数量要适中；二是问题难度要适当.

一方面，要求教师在教学单位时间内，提出的问题不宜太多，应选择最能体现教学目标的问题，选择学生最为关注的问题，选择最能体现重点和难点的问题. 如果选择的问题过多，不但不能使学生很好地掌握知识点，反而会使学生在众多问题面前感到"迷茫". 因此，教师在教学过程中，要避免"满堂问"的现象.

另一方面，问题既要对学生具有一定的挑战性，又要考虑学生已有的知识、经验. 如果问题的难度远远超出学生已有的知识经验，会使他们感到挫折感，失去探索解决问题的积极性和主动性；如果问题过于简单，就会使学生感到索然无味而失去学习兴趣. 根据维果斯基的"最近发展区"理论，那些与学生已有的知识和经验联系密切，具有一定思维容量和思维强度，需要经过学生努力思考才能解决的问题才是适度的问题.

▶ 案例 6-7 "直线的倾斜角"的教学设计

问题 1 直线有没有向上的方向？

问题 2 直线与 x 轴平行或重合时，倾斜角是多少？

问题 3 直线与 x 轴垂直时，倾斜角是多少？

问题 4 直线的倾斜角的范围是多少？

问题 5 任意一条直线都有倾斜角吗？

问题 6 不同直线的倾斜角一定不相同吗？

【评析】这6个问题包含了倾斜角的方方面面，问得太细，学生根本不用思考就能回答，没有思维的含量. 其中，问题1、2、3把学生所有思维可能遇阻的地方都考虑到了，剥夺了学生独立思考的机会. 问题5、6挖得太深，如果学生太过计较这些，就不容易把握"倾斜角是用来度量倾斜程度"这一核心的内容. 因此，只需提出问题4，让学生自己考虑，而问题1、2、3可以让学生相互补充，而问题5、6可以不要. 所以，问题链的设计不能太细，不要"为学生想得太多"，这样才能引导学生更好地思考.

(三) 梯度性原则

人的认识是一个从易到难、由浅入深、由表及里、从特殊到一般的过程. 因此，问题链的设计要具有一定的梯度，各问题环环相扣，层层递进，使学生产生"有阶可上，步步登高"的愉悦感. 借助于阶梯形的问题链，学生从简单到复杂、从未知到已知、从具体到抽象，从而实现对知识意义的建构.

▶ **案例6-8** "排列组合" 复习课习题教学设计

问题1 5个不同的小球放入4个不同的小盒（不空），有几种放法？
问题2 5个不同的小球放入4个不同的小盒（可空），有几种放法？
问题3 5个相同的小球放入4个相同的小盒（不空），有几种放法？
问题4 5个相同的小球放入4个相同的小盒（可空），有几种放法？
问题5 $x+y+z=5$ 这个不定方程有几组自然数解？
问题6 $x+y+z=5$ 这个不定方程有几组正整数解？

【评析】这个问题链从不同的角度，对排列组合问题进行了探讨，由浅入深，由表及里，由具体到抽象. 前4个问题的差异体现在三个方面：球的异同、盒的异同、盒的空与不空. 前2个问题学生学习了排列组合知识后比较容易解决，而问题3和问题4都是挡板模型问题，难度较大，需要经历模型的建构过程. 问题5、问题6又分别是以问题4、问题3作为实际背景的，所以说上面的顺序安排是比较合理的.

(四) 启发性原则

问题链的设计要体现启发性. 设计恰到好处的问题可以诱发学生深思，使学生很快进入思维状态中. 美国心理学家布鲁纳认为："教学过程是一个提出问题和解决问题的过程，思维永远从问题开始." 因此，好的问题可以启发学生思考，使学生产生自主学习的动机和欲望，慢慢养成会思考、勤思考的好习惯. 教师在进行教学过程设计时，应精心设计有启发性的问题链，让问题这一心脏在数学课堂上健康地跳动.

案例 6-9 二次根式 $\sqrt{a^2}=|a|$ 的教学片段

上课开始,教师在复习二次根式概念和公式 $(\sqrt{a})^2=a(a\geqslant 0)$ 的基础上,提出问题:如果把式子 $(\sqrt{a})^2$ 的平方记号从根号外移到根号内,变成 $\sqrt{a^2}$,那么 $\sqrt{a^2}$ 等于什么?学生脱口而出: $\sqrt{a^2}=a$. 教师提出问题:如果把 $\sqrt{a^2}$ 改变为 $\sqrt{(-a)^2}$,那么它又等于什么?有的学生说 $\sqrt{(-a)^2}=-a$. (这时部分学生开始表示怀疑)由于 $\sqrt{a^2}=\sqrt{(-a)^2}$,这样 $a=-a$,难道任何数都等于它的相反数?教师由此引进新课内容,并通过具体的练习题目,概括出结论 $\sqrt{a^2}=|a|$. 课尾,教师又把学生带回到导入时遇到的问题,提出" $\sqrt{(-a)^2}$ 的结果到底应该是什么","$(\sqrt{a})^2=a(a\geqslant 0)$ 与 $\sqrt{a^2}=|a|=\begin{cases}a & (a\geqslant 0)\\-a & (a<0)\end{cases}$ 这两个公式之间有何联系"等问题. 关于本教学的完整案例详见案例 12-6.

【评析】 教师通过设置这一系列具有启发性的问题,可以巧妙地给学生以引导、鼓励、启迪,让学生通过自己的积极思维,创造性地进行学习,最终使学生的疑惑得以彻底地解除.

四、问题链的设计策略

根据问题链的设计原则,问题链的设计有以下几条策略.

(一)利用新旧知识的联系设计问题链

建构主义学习理论认为,有意义的学习是学习者通过已有的知识和经验同化新知识的过程,知识的建构是通过新旧知识之间的反复相互作用来完成的. 教师若能在教学过程中将新旧知识间的联系点设计成问题链,引导学生建立起新旧知识间的联系,使旧知识有延伸的活力、新知识有生长的根基,从而引发猜想并验证,就可以使学生较容易地掌握新知识.

(二)利用生活实例设计问题链

数学教学的内容,很多是与现实密切联系的数学,能够在实际中得到应用的数学. 如果过于强调数学的抽象形式,忽视了生动的具体模型,过于集中于内在的逻辑联系,割断了与外部现实的密切关系,必然会失掉产生兴趣与刺激动机的最重要的源泉. 因此在数学教学设计时,如果能够联系生活实际设计问题链,从生活中挖掘、提炼素材,寻求实际背景和激趣元素,那么便可以激发学习兴趣和强化应用意识.

(三)利用数学实验操作设计问题链

传统的数学课堂教学,多以"老师讲、学生听"来展开,在这样的教学模式中，很多学生不习惯主动思考，往往处于被动接受的地位．利用数学实验操作设计问题链进行教学，是一种对传统教学手段的变革．数学实验操作包括画图、裁剪、计算、媒体演示等，让学生在自己动手操作中，进行观察、猜想、分析、证明有关数学问题，可以充分调动学生的积极性，变被动学习为主动学习．

（四）利用题目变式设计问题链

解题变式教学是指教师在引导学生解答数学问题时，应抓住问题的本质特征，遵循学生认知发展规律，根据实际需要，通过变更问题的条件或结论，转换问题的形式或内容，变更问题情境或思维角度，通过一题多变、一题多解、一法多用等，来训练学生思维和培养学生的应变能力．教师以某一知识点为中心，从不同方向、不同角度设置一串问题链，一方面能培养学生灵活多变的思维能力，另一方面又有助于学生对数学知识的深入理解．

第二节　数学教学过程中问题链的设计

一、课前导入时问题链的设计

视频 6.5　数学教学中"问题链"的设计

常言道，"良好的开头是成功的一半"．用问题链的形式导入新课，一环又一环的问题可以吸引学生的注意力，引导学生快速进入学习情境；可以激发学生的兴趣，引发学生的学习动机；可以为学生铺设知识桥梁，帮助其温习旧知、建构新知．

（一）以旧引新问题链

"温故而知新"，人们认识事物总是遵循由未知到已知、由低级到高级的客观规律．在新知识的学习中，教师抓住新旧知识之间的区别和联系，把旧知识作为新知识的"引燃点"，设计以旧引新问题链，既可以巩固旧知识，又能使学生对新知识的理解，由浅入深、由易到难，在循序渐进中实现对新知识意义的建构．

▶ 案例 6-10　"同角三角函数的关系"的教学设计

问题 1　是否存在角 α，使得 $\sin\alpha=\dfrac{1}{2}$，$\cos\alpha=\dfrac{\sqrt{3}}{2}$？

问题 2　是否存在角 α，使得 $\sin\alpha=\dfrac{4}{5}$，$\cos\alpha=\dfrac{1}{5}$？

问题 3　$\sin\alpha$ 与 $\cos\alpha$ 有什么关系？$\tan\alpha$ 与 $\sin\alpha$、$\cos\alpha$ 又有什么关系？

（然后再引导学生复习并回顾任意角的三角函数定义，由此来探究它们之间存在的各种关系．）

【评析】问题 1 是从学生最熟悉的特殊角 30°入手，让学生在联想旧知后，得到 α=30°；问题 2 设置了疑惑点，有部分学生可能会发现不存在，因为 1、4、5 不能构成三角形的三条边；问题 3 是问题 1 和问题 2 的一般情形，点出本节课的主题，学生带着疑惑"到底是怎样的关系"进入愤、悱状态，再回顾旧知——任意角三角函数的定义，观察发现：$\sin^2\alpha+\cos^2\alpha=1$，$\tan\alpha=\dfrac{\sin\alpha}{\cos\alpha}$.

（二）生活实例问题链

数学来源于生活，又服务于生活．社会生活是丰富多彩的．作为一个鲜活的个体，学生们的生活更是丰富多彩．在新知识的学习中，教师从学生已有的生活实例和现实素材出发，设计生活实例问题链，创设问题情境，使新课的引入自然生动，易于接受，有利于激发学生的求知欲望．

▷ 案例 6-11 "三角函数的周期性"的教学设计

问题 1 "离离原上草，一岁一枯荣，野火烧不尽，春风吹又生"隐含了什么数学知识？

问题 2 课件演示转动的摩天轮：任意一点 P 的位置转动一周后回到原来的位置．

问题 3 我们为什么只需排出一个星期的课程表，而不是按日期排出每天的课程表？

教师引导学生分析以上问题后，再让学生找出生活中许多周而复始的例子，时钟、季节、月、日、天体运动等，体验生活中的周期现象，进而引出本节课的课题——三角函数的周期性．

【评析】通过创设三个问题情境，利用生活实例导入，通过具体现象让学生观察、类比、思考、讨论，让学生感知周期现象的普遍存在．这样的引入，自然生动，易于接受．

二、讲授新课时问题链的设计

新课程理念强调，要充分发挥学生的学习积极性，让学生有更多的自主参与机会．所以在新授课的教学中，教师采用问题链的形式进行教学设计时，要将教学内容分解成一系列的问题，这些问题环环相扣，层层递进，使学生在设问和释疑的过程中，萌生自主学习的动机和欲望，逐渐养成思考问题的习惯．新授课的内容一般是数学概念或数学规律．

（一）概念教学中问题链的设计

数学概念是数学知识的细胞，也是思维的单元，是学生在学习数学中赖以思维的基础. 概念学习是数学学习的核心. 教学实践表明, 学生在解决问题时出错或者没有思路, 往往是在概念的理解上产生了困难. 因此, 在数学概念教学中, 问题链设计应建立在怎样使学生充分理解概念这一基础上.

▶ 案例 6-12 "古典概型" 的教学设计

为了帮助学生理解古典概型, 教师可以设计以下问题链.

问题 1 足球赛开始前, 利用抛硬币的方法挑选场地和选择进攻方向, 你认为合理吗?

问题 2 在抛硬币的试验中, 有哪些基本事件?

问题 3 抛一枚骰子, 观察出现的点数, 在这个试验中, 有哪些基本事件?

问题 4 以上两个实验都是古典概型, 你认为古典概型有哪些特点?

问题 5 判断以下两个试验是否为古典概型: (1) 种下一粒种子, 观察它是否发芽; (2) 任选一个自然数, 观察它是否为偶数.

问题 6 一先一后掷两枚硬币, 观察正反面情况, 有哪些基本事件?

问题 7 请同学们举出几个古典概型的例子.

【评析】从学生熟悉的问题开始, 逐步引导学生概括古典概型的两个特点, 并通过具体例子和请学生举例, 帮助学生理解古典概型这一概念.

(二) 规律教学中问题链的设计

在数学中, 把法则、公式、性质、公理、定理都称为数学规律. 新课程强调要引导学生自主探究与合作学习. 数学规律是开展探究教学的极好材料, 不仅可以让学生真正体验到探索的乐趣, 而且可以使学生更好地领悟到科学的思维和精神. 因此, 在数学规律教学中, 问题链设计的重点, 应放在如何引导学生发现数学规律上.

▶ 案例 6-13 "直线与平面垂直的判定" 的教学设计

问题 1 直线与平面垂直, 是指直线垂直于平面内的任意一条直线. 这样的直线有无数多条, 这个过程是无限的, 因此不能用它来判断直线与平面垂直. 能否把这一过程简化? 回忆线面平行的判断, 只需要判断直线与平面内一条直线平行就行了. 线面垂直能否仿效呢? 直线与平面内一条直线垂直, 能否判断线面垂直? 把一个直角三角板, 一条直角边记为 a, 一条直角边记为 b, 把 b 贴紧桌面, 三角板绕着 b 转动, 观察 a 与桌面的位置关系?

师生活动: 学生动手操作, 独立思考, 小组讨论, 全班交流, 否定这一想法.

问题 2 直线与平面内一条直线垂直, 不能判断线面垂直. 垂直于平面内两条直线能行吗? 平面内两条直线有哪些位置关系? 垂直于平面内两条平行直线能判定线面垂直吗？

师生活动：学生独立思考，动手操作，小组讨论，全班交流，否定这一想法．

问题 3 直线垂直于平面内两条相交直线能判定线面垂直吗？再拿出一个直角三角板，一条直角边与前一三角板的直角边 a 重合，另一条直角边记为 c，让 b、c 贴紧桌面，观察 a 与桌面的位置关系．在 b、c 贴紧桌面的条件下，a 还能绕 b 转动吗？改变两个三角板的二面角，继续观察 a 与桌面的位置关系，你能得出什么结论？

师生活动：学生动手操作，独立思考，小组讨论，全班交流，肯定了这一想法．

【评析】 教师通过设计这样的问题链，把学习活动建立在学生已有的知识和经验的基础上，让学生经历类比、直观感知、观察发现、归纳概括的过程来探究规律，充分发挥了学生的主体作用．

三、例题教学时问题链的设计

例题是对所学知识的巩固和加深，又能提高学生的分析解决问题能力．数学课堂中的例题处理得好不好，直接关系到一节课的成败．采用问题链的方式对例题进行处理，更能发挥例题的功能，从而使教学达到事半功倍的效果．

▷ **案例 6-14** "两角差的余弦公式"的教学设计

问题 1 （1）$\cos(120°-45°)=$ _____．
（2）利用两角差的余弦公式，求 $\cos 15°$ 的值．

问题 2 （1）$\cos 15°\cos 105°+\sin 15°\sin 105°=$ _____．
（2）$\cos(\theta+21°)\cos(\theta-24°)+\sin(\theta+21°)\sin(\theta-24°)=$ _____．

问题 3 已知 $\sin\alpha=\dfrac{4}{5}$，$\alpha\in\left(\dfrac{\pi}{2},\pi\right)$，$\cos\beta=-\dfrac{5}{13}$，$\beta$ 是第三象限角，求 $\cos(\alpha-\beta)$ 的值．

问题 4 已知 $\cos(\alpha+\beta)\cos\beta+\sin(\alpha+\beta)\sin\beta=\dfrac{1}{3}$，且 $\alpha\in\left(\dfrac{3\pi}{2},2\pi\right)$，求 $\cos\left(\alpha-\dfrac{\pi}{4}\right)$ 的值．

【评析】 在该问题链中，问题 1 是两角差的余弦公式的直接运用；问题 2 是两角差的余弦公式的逆运用；问题 3 是进一步加深对公式的直接运用；问题 4 是考查学生对公式的正反两方面的运用，难度更大．问题链中的四个问题难度逐渐提高，符合学生的数学认知规律，有利于学生全面地掌握两角差的余弦公式．

四、课堂小结时问题链的设计

课末总结是课堂教学的一个重要环节,在教学中起着不可忽视的作用.适当的课末总结可以帮助学生理清知识结构,掌握内在联系,促进学生对知识体系的把握.课末总结的方式有很多,用问题链的形式可以对教学内容起到梳理、概括、画龙点睛和提炼升华的作用,给学生留下清晰而深刻的印象,又能帮助学生形成系统的知识网络,也为下一节课的学习奠定了基础.

▷ 案例6-15 探索三角形相似的条件

问题1 本节课在知识方面你有哪些收获?
问题2 这节课你积累了哪些数学活动经验?
问题3 在说理过程中,应注意些什么?

【评析】这三个问题给学生提出了明确的反思任务,包括数学知识方面、数学活动经验和数学思想方法方面.在教学中如果经常设置这样的问题链,长此以往,一方面可以促进学生的数学知识系统化,另一方面可以帮助学生逐渐养成反思的习惯.

第三节 数学教学中问题链设计的案例分析

▷ 案例6-16 "勾股定理"的教学设计

为了达到教学目标,突出教学重点,突破教学难点,本节课的教学设计,始终以问题为核心设计"问题链".下面按照"课堂导入—授受新课—例题教学—课堂小结"的顺序,呈现对"勾股定理"的教学过程设计.

(一)课堂导入

毕达哥拉斯是古希腊著名的数学家.相传在2500年以前,他在朋友家做客时,发现朋友家用地砖铺成的地面反映了直角三角形三边的某种数量关系.

问题1 同学们,请你也来观察图6-5中的地面,看看能发现些什么?
问题2 你能找出图6-6中正方形A、B、C面积之间的关系吗?
问题3 图中正方形A、B、C所围成的等腰直角三角形三边之间有什么特殊关系?

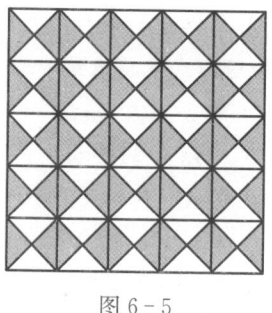 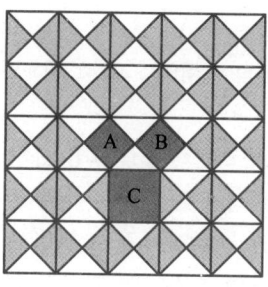

图 6-5　　　　　　图 6-6

说明：

（1）学生通过直接数等腰直角三角形的个数，或者用割补的方法将正方形 A、B 中小等腰直角三角形补成一个大正方形得到：正方形 A、B 的面积之和等于大正方形 C 的面积．

（2）由正方形的面积等于边长的平方，教师引导学生归纳出：等腰直角三角形两条直角边的平方和等于斜边的平方．

导入新课：等腰直角三角形是特殊的直角三角形，一般的直角三角形是否也具有"两直角边的平方和等于斜边的平方"呢？

【评析】在教学活动开始时，针对教学目标和教学内容，提出一个或几个问题让学生思考，能够集中学生的注意力，激发学生的学习兴趣，产生学习动机，使学生的求知欲由潜伏状态进入活跃状态．以上的引入设计，紧紧围绕教学目标，紧密联系教学内容，从故事传说讲起，设置了三个层层递进、环环相扣的问题，引导学生发现等腰直角三角形的性质，进而提出一般的直角三角形是否也具有这样的性质，从而引入本节课的内容．这样的问题链能调动学生学习的积极性，使学生在轻松愉快的氛围中学习，教学也能达到事半功倍的效果．

（二）授受新课

1. 勾股定理的发现

如图 6-7，每个小方格的面积均为 1，以格点为顶点，有一个直角边分别是 3、4 的直角三角形，以这个直角三角形的三边为边长向外作正方形．

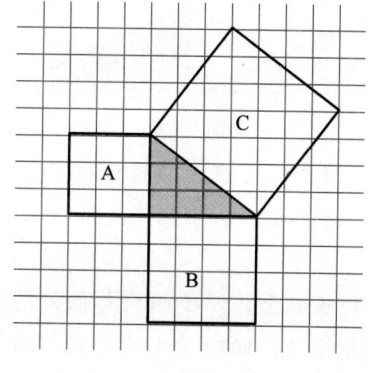

图 6-7

问题 1　想一想，怎样利用小方格计算正方形 A、B、C 的面积？

问题 2 正方形 A、B、C 的面积之间具有怎样的关系?

问题 3 直角三角形三边之间的关系用命题形式怎样表述?

说明:

(1) 学生独立观察并计算各图中正方形 A、B、C 的面积.

(2) 教师参与小组活动,指导、倾听学生交流.针对不同认识水平的学生,引导其用不同的方法得出大正方形的面积.

(3) 学生分组交流,展示求面积的不同方法.如在正方形 C 周围补出四个全等的直角三角形而得到一个大正方形,通过图形面积的和差得到正方形 C 的面积;或者将正方形 C 分割成四个全等的直角三角形和一个小正方形,求得正方形 C 的面积.

归纳得到:

正方形 A、B 的面积之和等于正方形 C 的面积.在"探究等腰直角三角形三边关系"的基础上,学生类比迁移,得到直角三角形两直角边的平方和等于斜边的平方.如果直角三角形的两直角边长分别为 a、b,斜边长为 c,那么 $a^2+b^2=c^2$.

据《周髀算经》记载:公元前 1100 年,人们已经知道"勾广三,股修四,径隅五".把直角三角形中较短的直角边称为勾,较长的直角边称为股,斜边称为弦,故将此定理命名为勾股定理.

【评析】 该问题链包含三个问题.问题 1 的目的是为下一步发现定理做准备,也为后面定理证明方法的发现埋了伏笔.问题 2 的目的是引导学生发现正方形 A、B 的面积之和等于正方形 C 的面积.问题 3 的目的是让学生在问题 2 的基础上,抽象概括出勾股定理.这三个问题的最终目的就是要引导学生发现勾股定理.这三个问题难度适当,层层递进,具有一定的启发性.此外,教师在此过程中,向学生介绍勾股定理名称的由来,注重数学文化的渗透.

2. 勾股定理证明的发现

问题 1 请用直角边为 a、b,斜边为 c 的四个直角三角形(图 6-8),拼成含有至少一个正方形(边长为 a、b 或 c)的正方形.

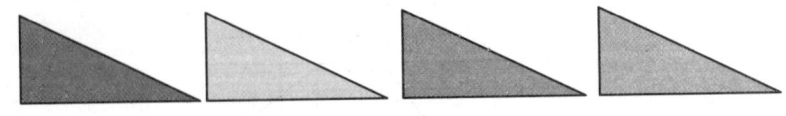

图 6-8

问题 2 在得到的拼接图中,大正方形的面积可以怎样来表示呢?

问题 3 计算大正方形的面积,从中你能发现什么吗?

说明:

(1) 学生在独立思考的基础上,以小组为单位,动手拼接.

(2) 教师深入小组参与活动,倾听学生的交流,指导学生完成拼图活动.

(3) 学生通过尝试,可以很快得到这样两种拼图,如图 6-9 和图 6-10.

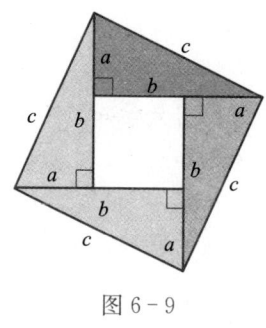
图 6-9

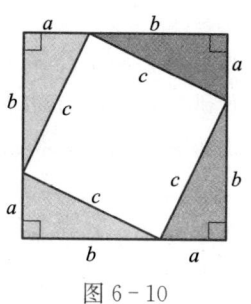
图 6-10

（4）教师引导学生观察所拼图形，可以发现大正方形的面积等于四个全等的直角三角形的面积加上一个小正方形的面积．

归纳得到：两种勾股定理的证明方法．

证法一　我国古代数学家赵爽的证法（如图 6-9）

$$c^2 = 4 \times \frac{1}{2}ab + (b-a)^2$$
$$= 2ab + b^2 - 2ab + a^2$$
$$= a^2 + b^2,$$
$$a^2 + b^2 = c^2.$$

证法二　毕达哥拉斯的证法（如图 6-10）

$$(a+b)^2 = c^2 + 4 \times \frac{1}{2}ab,$$
$$a^2 + 2ab + b^2 = c^2 + 2ab,$$
$$a^2 + b^2 = c^2.$$

【评析】该问题链的设计，通过让学生动手操作，引导学生发现勾股定理的证明方法．整个教学设计是一个以问题为核心的循序渐进的过程．教师利用数学实验操作——拼图来设计"问题链"，将学生置于主体地位，充分发挥了学生的主动性．此外，教师通过学生得到的两种证法，向学生介绍了这两种证法的发明者，对学生进行了数学史和数学文化的教育．

（三）例题教学

问题 1　在 Rt△ABC 中，∠A=90°，a=3，b=4，求 c．

问题 2　在 Rt△ABC 中，∠B=90°，a=3，b=4，求 c．

问题 3　在 Rt△ABC 中，∠C=90°，a=3，b=4，求 c．

问题 4　在一个直角三角形中，已知两边边长分别是 3 和 4，求第三边的长度．

问题 5　如图 6-11，受台风"梅花"影响，一棵树在离地面 5 m 处断裂，树的顶部落在离树根底部 12 m 处，这棵树折断前有多高？

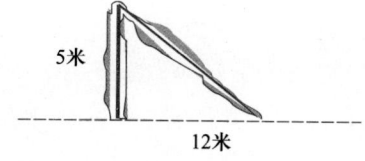
图 6-11

说明：

(1) 学生独立思考、动手计算.

(2) 教师进行讲解，并进行适当总结：若想用数学知识解决实际问题，首先要将实际问题转化为数学模型，将未知转化为已知.

【评析】 通过不同角度、不同层次、不同情形、不同背景的变式，进行一题多变，设计一串数学问题，从而揭示不同知识点的联系，使学生加深对知识的理解与内化，克服某些思维定势，提高学生解决问题的应变能力. 在该"问题链"中，教师将问题 1 进行变式，设计了问题 2、问题 3、问题 4、问题 5，从而形成一条问题链. 这五个问题相互联系，对促进学生理解和掌握勾股定理起着重要作用，也为灵活运用勾股定理打下了坚实基础.

(四) 课堂小结

问题 1 勾股定理揭示了哪一类三角形的什么元素之间的关系？

问题 2 在探索和验证勾股定理的过程中，我们运用了哪些方法？

问题 3 运用勾股定理应注意哪些问题？

问题 4 你还有什么疑惑或不懂的地方？

说明：

(1) 学生自由发言；

(2) 教师进行补充与总结.

【评析】 该"问题链"涉及数学知识、活动经验和思想方法等方面的内容. 对于每节数学课的结尾，教师均可以引导学生从知识、方法、体会等方面进行小结.

习题作业

1. 你认为在数学教学过程设计中，应如何科学地构建问题链？

2. 试通过构建问题链，对高中函数概念进行教学过程设计.

第七章　　数学教学过程的动态化设计

学习目标

- 结合数学学科内容，了解动态化教学设计的基本内涵.
- 掌握课前设计、课中设计、课后设计的基本策略，并能将其运用到数学教学设计当中.

第一节　动态化教学设计概述

视频 7.1　数学教学过程的动态化设计

从生成性教学观来看，数学教学过程设计不只是教学过程的一个阶段，而是贯穿于数学教学前、教学中与教学后等各环节的一个实时、开放、动态的教学设计．伴随着教学工作的展开，教学方案的设计和实施经常是统一在同一个过程之中次第展开，在师生互动过程中进行增减，进而逐步得到完善的．因此，从动态设计的观点出发，数学教学过程设计包含了课前设计、课中设计和课后设计三个环节．

传统的数学教学设计是一种倾向于预设的"静态设计"，它是以书本知识为本位，从教师的主观判断或教学经验出发的教学设计．这种数学教学设计一般在教学过程进行之前完成，往往是先设计后实施，也可能是借鉴他人的设计而自己经过修改来实施．在实施数学教学设计之时，教学过程是严格按照教学设计来进行的，在最大限度上对数学教学的"不确定性"加以严格控制，绝不容许"节外生枝"．此时的数学课堂教学就变成了教师单向的"传递"活动，是一种呆板的、模式化的教学，给数学教学带来了很大的盲目性和机械性．

可是，数学教学过程是一个需要不断对所发生的情况进行自我评估，并随时加以必要调整的动态生成过程．教师只有在教学情境中及时对数学教学进行感知、判断和操作，按照在教学情境中产生的问题和过程特点动态地设计数学教学方案，并将成果适时应用到数学教学实践中，使教学方案在实践中不断生成并引导着教学走向深入，才能使数学课堂真正焕发活力．

所以，在数学课堂教学之前，教师要从课程标准和教材规定的知识要求和能力要求出发，精心设计最优化的教学方案帮助学生建构新知；在数学课堂教学之时，教师要以课前拟订的方案为基础，随时根据课堂实情进行修订并及时将之付诸实施；在数学课堂教学之后，教师还应及时对课堂进行反思，进一步优化数学教学设计．

第二节　课前数学教学设计

一、课前设计的意义

课前设计即为教学预设，是教师为达到教学目标，对教什么、怎么教以及要达到什么样的教学效果而在上课之前对教学设计的预先设定和计划，它是教师开展课堂教学的基础，也是教师的理念、智慧和经验的集中体现．

在数学教学中，预设是必要的，因为教学是一个有目的、有计划的活动，教师需要在课前根据教学目标、学生兴趣和学习需要以及已有的经验等方面，对自己的教学任务有一个清晰、理性的思考与安排．数学教学过程的动态设计是从预设开始的，预设是对教材的尊重，是动态设计不可或缺的重要环节. 只有有了课前预设，教师才能在课堂上因势利导，课堂效率才能不断提高. 忽略了预设，必然会影响目标的实现和教学计划的落实，导致课堂变得盲目、不稳定甚至不可控；但拘泥于预设，数学课堂将会变得静态、封闭、模式化，会因为阻碍了生成而变得低效. 教师只有准确把握教材、全面了解学情、有效开发课程资源、弹性设计教学过程、预设多种可能，这样的预设才富有成效，这样的课堂才能焕发出生命活力.

二、课前设计的策略

（一）准确把握教材，活用教材进行预设

教材是"标准"理念的具体体现，是学习内容的载体，也是学生学习的基本材料. 由于教材是面向全体师生的，无法完全适应每个教师的教学风格和每个学生的学习风格，因此，教师在分析教材进行教学预设时，应在深入理解教材的基础上，根据学生的实际和本人的教学风格，对教材进行适当的重组或改编.

▷ 案例 7 - 1

在引出等比数列的概念时，一种方法是选用课本上的例子引入，如生物细胞分裂模型等，通过让学生观察数据，寻找规律（要提醒学生注意相邻两个数的特征）来得出等比数列的定义；第二种引入的方法是从已经学过的数列概念入手，先在黑板上出示四个数列：$1, 2, 4, 8, 16\cdots$；$1, -1, 1, -1, 1\cdots$；$-4, 2, -1, \frac{1}{2}\cdots$；$1, 1, 1, 1\cdots$. 然后教师引导学生通过观察发现它们之间的规律，寻找共同点，进而概括得到等比数列的概念；第三种做法是引导学生根据前面学过的等差数列，类比等差数列的定义给等比数列下定义，教师在此基础上不断补充和完善，帮助学生掌握相关知识.

这三种导入等比数列概念的方法，各有特点，要根据实际情况进行选择. 如果此时学生恰好学习了生物细胞分裂的知识，选择第一种导入方法，不仅贴近学生的生活，同时也让学生感受到数学的生活化；第二种导入不仅可以帮助学生掌握等比数列的概念，还可以培养学生的归纳与概括能力；第三种导入则是在不给任何暗示的情况下，放手让学生自己去探索和研究，虽然比前两种导入更具挑战性，但能够有效地培养学生的类比思维能力，以及提出问题和分析问题的能力.

（二）全面了解学生，紧扣学情进行预设

教学是师生交往互动的过程，在这个过程中，学生现有的认知水平、接受能力、学习习惯、个性特点和兴趣爱好等因素往往会对教学活动的开展和教学进程的推进产生一定的影响. 奥苏贝尔认为，影响学习的最重要的因素是学生已经知

道了什么，应当根据学生原有的知识状况去进行教学．因此，在课堂教学设计中，教师要由以"教师的教为本位"的数学教学观，转向以"学生的学为本位"的数学教学观，确立"为学习而设计""以学习为中心"的学程设计观，一切都应从学生出发，对学情进行充分的预设．

教师在教学预设时，不妨从以下几个方面入手：

（1）学生是否掌握了与新知识相关联的旧知识，掌握了多少，多少人掌握了？

（2）学生在新知识学习中可能存在哪些困惑？可能会出现怎样的"意外"？

（3）哪些内容学生有能力通过自学获取，哪些内容通过生生互动获取，哪些内容需老师指导和点拨？

（4）学生喜欢怎样的课？所设计的情境和活动能否引起学生的兴趣？

（5）对于老师所设计的问题，学生可能有哪些想法？学生会怎样思考这些问题？

（6）学生间存在哪些差异？

除了预设可能出现的问题之外，教师还要预设应对的方法，比如：预设课堂中有可能出现的意外的引导方法，预设学生的质疑问难的处理方法，预设学生理解不当的引导策略，预设学生探究时的学习水平差异的引导方式，等等．

（三）弹性预设教学方案

视频 7.2 动态生成观下的弹性教学设计

教学预设是必要的，因为教学是一个有目的、有计划的活动．但同时这种预设不应是刚性的、机械的和过分统一的，而应是有弹性、有留白的预设．因为教学设计只是一个教学构想，而不是施工蓝图．正如德国教育家克拉夫基所言："衡量一个教学计划是否具有教学论质量的标准，不是看实际进行的教学是否能尽可能地与计划一致，而是看这个计划是否能使教师在教学中采取教学论上可以论证的、灵活的行动，使学生创造性地进行学习，为发展他们的自觉能力做出贡献——即使是有限的贡献．"[①] 所以，教师在数学教学设计中，应充分考虑到数学课堂上可能出现的各种情况，并留下教师和学生"书写"和"绘画"的空白，从而使整个预设留有更大的包容度和自由度．

视频 7.3 弹性教学设计案例：等比数列求和公式

例如，在数学解题教学中，要求教师在教学预设中要做到：既要预设各种具体解法，又要预设思路的探索过程；既要预设通性通法，又要预设巧解特法；既要预设正确解法，又要预设错误解法；既要预设教师的解法，又要预设学生的解法；既要预设解题中的分析，又要预设解题后的反思；既要预设解题过程和方法，又要预设教学过程和方法．显然，这是一种不同于以"忠实执行"标准答案为趋向的教学预设，是一种不同于制造标准化、统一性的解题方法为主的教学预设．这样的教学预设，内在地"包含"着教学生成，潜在地"隐藏"着教学创造．

---

① 瞿葆奎．教育学文集・教学（上册）[M]．北京：人民教育出版社，1988：778．

对于上述"事无巨细"的精心预计,必须形成弹性化、粗放型的教学方案.这是因为再精细的预设,都很难包容课堂上可能出现的一切.只有形成弹性化的数学教学方案,才能真正为学生留足空间、留下时间.所以,在数学教学程序设计方面,教师应着眼于宏观设计,而不要拘泥于一招一式;应着力于在教学进程中向教学目标的辐射,而不束缚于所谓"环环相扣"的链式结构.这就要求数学教学设计要以"板块"形式出现,将教学流程中的各个环节和可能出现的各种情况设计成活动的板块.由于"板块"是可以移动的,板块式的教学方案在数学教学进程中是可以删减或换位的,这就为数学教学的动态推进和有效生成创设了条件.单一化的数学教学方案是固定不变的流程,这样的流程在课堂中显得呆板、僵硬,是不能适应灵活多变的数学教学情境的.

第三节 课中数学教学设计

一、课中设计的意义

传统的数学教学设计,一般在数学教学过程进行之前完成,往往是先设计后实施,也可能是他人设计而自己来实施,教学过程严格按照教学设计来进行,教学设计和教学过程是两种截然分开的活动.这样的教学设计能适应教师单向的"传递"活动,但不能适应交互动态的生成性数学教学过程.

数学课堂中大量"不确定性"因素的存在,破坏了那种一劳永逸地掌握课堂规律的想象.人们只有用不断变动的思维来进行分析,适应这种不确定性,才能真正把握数学课堂.所以,数学教学设计要由传统的静态设计转向动态设计,"尊重"教学过程的丰富复杂性,"保护"教学过程的动态生成性.

"零为什么不能做分母""既然一元二次方程有求根公式,那么一元三次方程是否也存在求根公式""有等差数列与等比数列,是否也存在等和数列与等积数列"等,各种"良莠不齐"的问题都可能在数学课堂中涌现,各色各样的教学资源都可能在数学教学中催生.

教师要在教学情境中及时对教学进行感知、判断和操作,按照在教学情境中产生的问题和过程特点动态地设计教学方案,并将成果适时应用到教学实践中,使教学方案在实践中不断地生成并引导着教学走向深入.当然,强调数学教学方案的动态设计,并非要全盘否定静态方案的教学设计,而是要以此为基础,根据课堂教学的具体情况,动态地、实时地调整静态的数学教学方案,使得预设的教学方案随着教学过程的推进不断得到改变和重建.

"生成式教学像一个外出旅行时的指南针,预成式教学则像一列按照精确的时刻表行驶的火车."[1] 所以,教学设计总是伴随着教学的实施,设计和实施经

---

[1] 冯晓霞. 生成课程与预成课程[J]. 早期教育, 2001 (8): 2-4.

常是统一在同一过程中的,方案的设计是师生在互动过程中逐步完成的. 这样,教学设计的概念得到了拓展,即从以显性设计为主转向显性、隐性设计并重;教学方案的内涵得到了延伸,即从预设型的静态方案变成了生成型的动态方案. 数学教学设计与数学教学实施也不再是分离的而是统一的,数学教学实施的过程也是数学教学设计不断发展和完善的过程,数学教学设计变成了一种贯穿于数学教学实施始终的实时、开放、动态的教学设计.

二、课中设计的策略

1. 由质疑问难进行动态设计

视频 7.4 动态生成教学案例:直线的方向向量与平面的法向量

"学源于思,思源于疑",西方哲学家狄德罗也曾说过:"怀疑是走向哲学的第一步."数学学习也是如此,当学生能够提出自己的疑问,就说明对所学内容有了独立的思考,这是学习的深入,更是一种进步. 教师要引导学生不唯书、不唯师,不绝对服从权威,鼓励学生大胆质疑问难,在这个过程中学生又可能会动态生成出许多新资源,包括新问题、新认识、新方案等. 这就要求教师具有较好的教学机智,通过教师的倾听和捕捉、点拨和组织,在彼此的思维碰撞中闪现出智慧的火花,使数学课堂向着高质量的目标"互动深化"地发展.

▷ 案例 7-2

在教学"双曲线定义应用"时,设计了这样一个问题:已知双曲线 $\dfrac{x^2}{9}-\dfrac{y^2}{16}=1$ 上有一点 P 到左准线的距离是 4.5,那么点 P 到右焦点的距离是____ . 大部分学生是这样求解的:设双曲线的左、右焦点分别是 F_1、F_2,由双曲线的第二定义可知,$\dfrac{|PF_1|}{4.5}=\dfrac{5}{3}$,即 $|PF_1|=7.5$. 由双曲线的第一定义可知,$||PF_1|-|PF_2||=6$,故 $|PF_2|=13.5$ 或 1.5. 这种解法很快遭到不少学生的质疑,对 $|PF_2|=1.5<a=3$ 产生困惑. 经过学生的交流、探究、争执、讨论,发现若点 P 在双曲线的右支上,则 $|PF_2|\geqslant a+c=8>7.5$,与题设矛盾,所以点 P 只能在双曲线的左支上. 故 $|PF_2|=13.5$.

所以教师在数学课堂中,应善待学生的提问,多鼓励学生大胆地问"为什么",并且能够顺应学生的思维走向,灵活地调整教学设计,对学生提出的疑问、质疑及时地反馈,从而让更多的学生参与课堂教学活动,最大限度地激发和释放学生的学习潜能,进而引领动态课堂的有效生成.

2. 由差错谬误进行动态设计

学生在认知中肯定会出现偏差和失误,错误总是会伴随学习过程的始终. 学生是在不断发生错误、纠正错误的过程中,获得知识、提高能力、增进情感体验的. 从这些错误的、不合理的问题中,往往会暴露出学生的认知缺陷,这是教学最有效的切入点. 正如富兰克林所言:"垃圾是放错了地方的宝贝.""错误"往往孕育着比"正确"更丰富的积极因素, 教师要能敏锐地捕捉这些错误, 并能及时进行恰当的处理.

▶ 案例 7-3 三角形何时有两解

课标教材人教 A 版数学必修 5 第 4 页例 2: 在 △ABC 中, 已知 $a=20$ cm, $b=28$ cm, $A=40°$, 解三角形 (角度精确到 $1°$, 边长精确到 1 cm).

学生 1: 根据正弦定理, $\sin B = \dfrac{b\sin A}{a} = \dfrac{28\sin 40°}{20} \approx 0.8999$, 所以 $B \approx 64°$.

这是多数同学的解答. 一会儿后, 课堂上冒出"还有一解, $B \approx 116°$"的声音.

教师: 不错, 有的同学发现了此三角形有两解. 谁能说说"用正弦定理解三角形何时会有两解"?

学生 2: 如果已知三角形的任意两边与其中一边的对角时会有两解, 因为"边边角"不能确定一个三角形.

教师: 很好, 能将"全等三角形"的知识学以致用, 但这样的概括准确吗?

然后, 教师改变例题的条件: $a=28$ cm, $b=20$ cm, 这时同学们发现三角形只有一解了.

学生 2: 如果已知三角形的任意两边与其中一边的对角, 如已知 a、b、A, 且 A 是锐角, $a<b$, 根据三角形"大边对大角"的性质, 有 $B>A$, 所以 B 有两解, 这个三角形也有两解.

教师: 学生 2 概括得越来越准确, 理解得越来越深刻, 他精益求精的精神值得我们学习.

课堂上响起热烈的掌声, 学生 2 灿烂的笑容里洋溢着成功的喜悦, 所有的同学以为得到了满意的答案.

教师: 在 △ABC 中, 已知 $a=2$, $b=4$, $A=45°$, 三角形的解的情况如何?

同学们不假思索, 齐声回答:"有两解."看来学生对"三角形何时有两解"的理解难度超出教师的预想. "是直接给出准确答案, 还是让学生自己探究走出迷雾?"教师在心里掂量着. 弗赖登塔尔指出:"学一个活动最好的方法是实践."思索片刻, 教师决定让学生亲身经历从错误走向正确认识的过程, 于是设计了如下练习:

不解三角形, 下列判断中正确的是:
A. $a=7$, $b=14$, $A=30°$, 有两解
B. $a=30$, $b=25$, $A=150°$, 有一解
C. $a=6$, $b=9$, $A=45°$, 有两解
D. $b=9$, $c=10$, $B=60°$, 无解

在此问题的分析、判断以及师生的交流中, 同学们明白了学生 2 的概括中只

用"大边对大角"判断两解是不完善的,因为△ABC中A是锐角,且$a<b$,三角形的解有三种情形:

(1) 若$a>b\sin A$,$\sin B=\dfrac{b\sin A}{a}\Rightarrow \sin B<1$,B可取锐角或钝角,三角形有两解;

(2) 若$a=b\sin A$,$\sin B=\dfrac{b\sin A}{a}\Rightarrow \sin B=1$,B取直角,三角形只有一解;

(3) 若$a<b\sin A$,$\sin B=\dfrac{b\sin A}{a}\Rightarrow \sin B>1$,三角形无解.

终于突破了"用正弦定理解三角形何时有两解"这一学习难点.

事实上,学生在学习中出现认识上的偏差或判断的失误并不可怕,关键是教师处理的方式方法.如果教师仅仅把对错作为评价的标准和教学的目的,必然导致学生学习的死板和趣味索然.只有抓住问题的症结所在,让学生在纠错、改错中感悟道理、领悟方法,经历从错误走向正确认识的过程,从而获得正确的认识,学生才能释放出生命的活力,闪耀出智慧的光芒,飞扬起自主的个性.

3. 由别出心裁进行动态设计

叶澜教授曾说道:"一个真正把人的发展放在关注中心的教学设计,会为师生教学过程创造性的发挥提供时空余地."虽然教师在课前对教学做了精心的预设,但是课堂教学活动是一个不可完全预测的活动,在这个过程中会产生一些"不可预见"的状况.学生的理解能力各异,思维方式不尽相同,在师生交流、课堂互动中,常常会迸发出一些别具一格的想法、新颖独特的认识.教师应当抓住这些想法和认识进行动态设计,随着教学活动的开展对教学设计不断地调整和修订,确保教学活动处于一个动态的、开放的、顺应学生思维过程的环境中.

▶ 案例 7-4

在"几何概型"的教学中,某老师举了这样一道例题:平面上画了一组彼此相距$2a$的平行线,把一枚半径r($r<a$)的硬币任意掷在这个平面上,求硬币不与任何一条平行线相碰的概率(如图7-1).

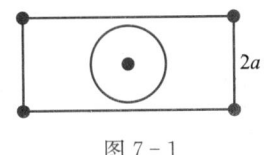

图 7-1

学生们开始在平面上画一条条平行线,尝试将问题转化为长度比、面积比……正值百思不得其解之际,一位学生说:"我有办法了."同学们充满怀疑、期待的目光一齐向他投去.

他说:"只要画两条平行线,如图,把它看作一个平面的边沿."大家恍然大悟,问题迎刃而解.我赞叹不已:这是以退为进的重要解题策略,是特殊化的重要数学思想.课堂上响起热烈的掌声.

我乘兴给学生讲了一个故事:在一张圆桌上,甲、乙两人轮流往桌面上放一枚一元硬币,谁放下最后一个硬币恰好铺满桌面,谁就赢了.如果是你,你愿意先放还是后放?

数学家华罗庚曾说:"解题时先足够的退,退到我们最易看清楚问题的地方,认透了,钻深了,然后再上去."对于该题而言,应用"退"的思想,将问题退到最简单的情况:圆桌与硬币一样大,因而先放的人会赢.

看到同学们热情高涨,我布置了一道课后思考题:平面上画了一组彼此相距 $2a$ 的平行线,把一枚长为 $r(r<a)$ 的针任意掷在这个平面上,求针与两条平行线相交的概率.将"一组线"退化为"两条线",无疑是一种独特、创新的思维!置身于如此巧妙的数学世界,学生怎能不兴趣盎然呢?

4. 由节外生枝进行动态设计

叶澜教授对理想的生成性课堂曾做过这样的论述:"课堂应是向未知方向挺进的旅程,随时都可能发现意外的通道和美丽的图案,而不是一切都必须遵循固定路线而没有激情的行程."这些"通道和美丽的图案",往往是不经意间突然发生的.数学课堂中存在着一些"不可预见"的问题,哪怕是再精细的教学预设,也无法避免出现"节外生枝",更不用说将教学过程中的"突发事件"一网打尽了.呵护生成,善待意外,及时调整预设方案,这样才能把一次次的动态生成演绎得多姿多彩.

▶ 案例 7-5

在教学定理"直角三角形斜边上的中线等于斜边的一半"的证明时,教师预设了课本上的方法来完成定理的教学,即通过延长线段 CD(如图 7-2),将直角 $\triangle ABC$ 补成矩形,再利用矩形的知识解决.在教学过程中,当教师分析完这一种思路后,他把课堂还给学生,问学生还有没有其他思路.当下,就有一个学生说出了自己的新方法:

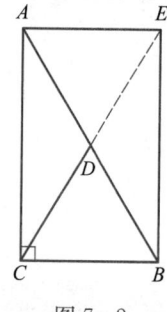

图 7-2

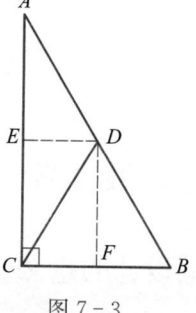

图 7-3

学生1:过点 D 作 $DF \perp BC$ 于 F,$DE \perp AC$ 于 E(如图 7-3).
可以证得 $\triangle ADE \cong \triangle DBF$,则 $DE=BF$.
又因为四边形 $DECF$ 是矩形,所以 $DE=CF$,$CF=BF$.

DF 是线段 BC 的中垂线，$DC=DB$，所以 $DC=DB=AD$.

原命题得证.

教师对这一方法加以肯定，并表扬了这位同学，此时又有一个学生也很开心地举着手说："老师，我也有新的方法."

学生2：分别取 AC、BC 的中点 E、F，连接 EF（如图7-4）.

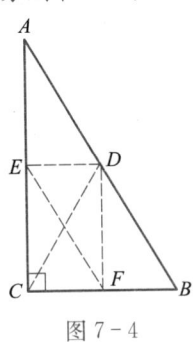

图7-4

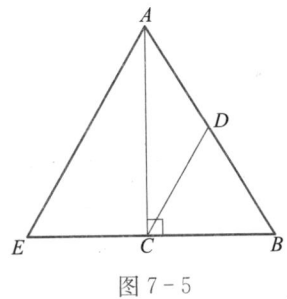

图7-5

由中位线定理知四边形 $DECF$ 是平行四边形.

因为 $\angle ACB=90°$，所以四边形 $DECF$ 是矩形，$DC=EF$.

因为 EF 是中位线，所以 $EF=\dfrac{1}{2}AB$，即 $DC=\dfrac{1}{2}AB$.

此时，有的同学开始讨论，有的同学埋头写着什么，教师十分欣喜地看着这些充满活力的学生，此时他发现了一个平时不怎么说话的女生，一直看着他，似乎想表达什么，于是教师微笑着鼓励她说："你有什么想法吗？和我们一起分享吧！"该女生十分高兴，并展示了自己的想法：

学生3：延长 BC 至 E，使 $CE=CB$（如图7-5）.

因为 $AC \perp BE$，AC 是 BE 的中垂线，$AB=AE$.

因为 CD 是中位线，$CD=\dfrac{1}{2}AE$，有 $CD=\dfrac{1}{2}AB$.

任课教师表扬了这位羞涩的女生，并鼓励她以后多多发言. 还有许多学生意犹未尽，想到了旋转的方法等. 可见，学生的许多独特想法，都可能催生出有价值的教学资源，教师只有善待"意外"，灵活进行动态设计，教学才能取得更好的效果.

第四节　课后数学教学设计

一、课后设计的意义

如果说课中设计是对课前设计的修正和完善，那么课后设计则是对课中设计的修正和完善. 课中教学设计的生成是教师基于以往的教学经验做出的临场应变，也许其中有不尽如人意之处需要加以完善，也许有闪光点值得以后的教学加以借鉴. 根据课堂上的"得"与"失"进行课后设计, 不仅有利于教师积累教学经验, 提高教学水平, 而且能够优化教学设计, 为下一次这部分内容的教学提供参考, 进一步提高教学设计的质量. 从动态设计的观点来看, 课后教学设计不是教学过程设计的终点, 而是教学过程设计的新的起点.

二、课后设计的策略

课后教学设计是在数学教学活动之后, 经过教师的反思所开展的教学设计, 是对之前的教学设计的再次优化. 课后设计是根据教师的反思来进行的, 可以说, 反思是进行课后设计的源泉, 是推动教学设计不断完善的动力. 按照数学教学过程的进程, 课后设计包括两个方面的内容: 一是本节课结束之后, 在课后反思的基础上进行改进设计; 二是再次教这部分内容之前, 在课后反思改进设计的基础上, 所进行的课前再思的优化设计.

(一) 课后反思改进设计

所谓课后反思, 是指在某一教学活动告一段落后, 对整个教学过程的设计与实施进行回顾和小结, 对有效的经验进行理性的总结和提升. 这种反思具有批判性, 能帮助教师提高自己的教学水平, 促进教师的专业成长. 对于数学教学设计而言, 课后反思不仅是对课前设计、课中设计的总结, 而且为下次同一内容的教学提供指导.

课后反思可以从以下三个方面来展开.

1. 反思教学设计是否适恰

再好的教学设计在实施过程中也会出现一些无法预料的情况, 及时进行回顾和梳理才能在今后的教学中扬长避短. 对教学设计的反思可以从以下内容入手: 这节课的情境设计是否符合学生的实际情况; 是否达到了预期的效果; 教学环节的设计是否符合学生的认知规律; 问题的设计是否引起学生的学习兴趣; 教学过程中是否做到关注学生的情感、态度、价值观; 是否摸索出了新的教学方法, 易错点是否讲清楚等. 及时记下这些得失, 并进行必要的归类和取舍, 考虑一下再教这部分内容时应该如何做, 不但为今后的教学积累了丰富的素材, 而且能让教学设计不断得到完善.

▶ **案例 7-6**

在教学"抽样调查"这节课时, 教师通过大屏幕出示问题.

北京市第 166 中学共有 2093 名学生, 要想了解全校学生对新闻、体育、动画、娱乐、戏曲五类电视节目的喜爱情况, 请同学们思考以下几个问题:

问题 1　你准备用什么调查方法解决?

问题 2　在这个调查过程中我们应做哪些事?

问题3 在调查流程中确定样本容量很重要,请大家讨论一下,调查多少名同学比较合适?你考虑了哪些因素?

问题4 我们用什么样的方法选取被调查的同学比较好?

问题5 我们能否设计一个抽样调查的流程?

问题6 你能概括出简单随机抽样的定义吗?

在引导学生归纳出随机抽样的定义后,给出了这样的资料:

在1936年美国总统选举前,一份颇有名气的杂志的工作人员做了一次民意测验,调查Alf London 和 Franklin Delano Roosevelt 中谁将当选下一届总统.为了了解公众意向,调查者通过电话簿和车辆登记簿上的名单给一大批人发了调查表,通过分析收回的调查表,显示 London 非常受欢迎.于是此杂志预测 London 将在选举中获胜.但是实际选举结果正好相反,最后 Roosevelt 在选举中获胜.其数据如下:

候选人	预测结果	选举结果
London	57	38
Roosevelt	43	62

然后教师提出问题:文中在调查时进行的抽样是简单随机抽样吗?

教师选取这个资料作为例题的本意是为了强调样本代表性的重要性,试图向学生说明没有周详地考虑样本的选取因素,会使估计的结果与总体的真实结果相差甚远.但在实际教学过程中,从现场的反应来看,由于有一部分学生不了解,或者说没有意识到,在20世纪30年代的美国,只有部分中产阶级才有能力拥有电话与汽车,因此,背景知识干扰这部分学生做出正确判断.

经过了反思,这位教师在引导学生归纳出随机抽样的定义后,把以上的背景资料换成了以下问题:在我们调查电视节目喜爱情况的问题中,仅选取初一年级学生或者仅选取女生作为样本合适吗?为什么?改进后的教学设计,契合学生现有的生活经验,避免了不必要因素的干扰,因而取得了良好的教学效果.

2. 反思教学中的长处和优点

每一个教学活动都会有成功之处.教师将教学过程中达到预先设计的教学目的、引起教学共振效应的做法,巧妙新颖的引入,教学难点的突破,直观教具的合理运用;课堂教学中临时应变得当的措施,层次清楚、条理分明的板书,某些思想方法的渗透与应用的过程,教学方法上的改革与创新;教育学、心理学中一些基本原理使用的感触等,详细得当地记录下来,并在此基础上不断地改进、完善、推陈出新,以便教师今后在教学中参考使用.

▶ **案例7-7**

在一堂"用复数的代数形式解决复平面上点的轨迹问题"的课上,教师提出了问题"若复数z满足$|z|=1$,求复数$2z+3-4i$对应点的轨迹方程".学生经

过审题和分析之后,师生之间形成以下对话.

师:求点的轨迹方程的实质是什么?

生:就是求点的横坐标和纵坐标所满足的代数关系.

师:求复数对应点的轨迹方程的实质是什么呢?

生:就是求复数实部、虚部之间所满足的代数关系.

师:那么如何求复数 $2z+3-4i$ 对应点的轨迹方程呢?

生甲:设 $z=x+yi$ ($x, y \in \mathbf{R}$).

生乙:我认为应设 $z=a+bi$ ($a, b \in \mathbf{R}$),则 $2z+3-4i=x+yi$ ($x, y \in \mathbf{R}$).

师:为什么?

生乙:在解析几何中,若求点 P 的轨迹方程,往往设点 P 的坐标为 (x, y),类似地可联想到若求复数 ω 对应点的轨迹方程,就设 ω 的实部为 x,虚部为 y,即 $\omega=x+yi$ ($x, y \in \mathbf{R}$).

师:这位同学的联想很好,但设 $z=x+yi$ 并非不对,只是和我们习惯不一致,易混淆.因为这时求的不是 x、y 的关系,而是 $2z+3-4i$ 的实部与虚部的关系.下面怎样继续深入地讨论下去呢?

生:令 $z=a+bi$,$\omega=2z+3-4i=x+yi$ ($a, b, x, y \in \mathbf{R}$),则
$$\omega=2(a+bi)+3-4i=(2a+3)+(2b-4)i.$$

设 $(2a+3)+(2b-4)i=x+yi$,则
$$\begin{cases} 2a+3=x \\ 2b-4=y \end{cases} \quad ①$$

师:这是根据复数相等条件得到 z 与 ω 实部、虚部间的关系,而我们要求的是哪个量与哪个量的关系呢?怎么求呢?

生:要求的是 ω 实部 x 与虚部 y 之间的关系,只要在①式中消去 a、b 便可得到.

已知 $|z|=1$,即 $a^2+b^2=1$. 由①得
$$\begin{cases} a=\dfrac{x-3}{2} \\ b=\dfrac{y+4}{2} \end{cases}.$$

所以
$$\left(\dfrac{x-3}{2}\right)^2+\left(\dfrac{y+4}{2}\right)^2=1.$$

在这个教学案例中,学生是探索问题的主体,教师引导学生层层剖析,在师生问答讨论中解决问题,并且总结出"探索复平面上点的轨迹问题"的一般思考方法:如何设元,求的是哪些量之间的关系,如何寻找解题的突破口,如何消去参数等.这里若采用讲授法进行教学,往往会陷入平铺直叙的状况,较难激起学生思考问题的积极性,不利于学生生动活泼地学习.这一成功的教学经验,经过教后反思,可以延伸到后续教学当中.

3. 反思教学中的疏漏和失误

即使再成功的课堂教学,也难免有疏漏失误之处,对它们进行系统的回顾、梳理,并对其作深刻的反思、探究和剖析,有利于今后再教学时吸取教训.比如,安排不妥的教学内容,处理不当的教学重点和难点,教学方法不够灵活,师生互动方式单调,学生课堂表现沉闷,教学评价内容单一等.如果没有及时进行反思和总结,就无法找到解决问题的方法,以至陷入教学的"恶性循环"之中.把这些教学中的"败笔"记录下来,并对其原因做深刻的分析与探究,在适当的时机有目的、有计划地弥补与矫正,就可以达到不断地提高教学质量的目的.

案例 7-8 指数函数概念的教学

一、原始设计

1. 复习旧知

① $2^{-3} = $ _____ ;$16^{\frac{3}{4}} = $ _____ .

② 函数 $y = x^{\frac{1}{2}}$ 的定义域是 _____ .

2. 引入新课

师:函数 $y = \left(\frac{1}{2}\right)^x$ 与函数 $y = x^{\frac{1}{2}}$,从形式上看有什么不同?

生:从形式上看,前者指数是自变量,后者底数是自变量.

(引入课题)

二、改进设计

1. 创设情境

有人说,将一张白纸对折 50 次以后,其厚度超过地球到月球的距离,你认为可能吗?设白纸每张厚度为 0.01 mm,已知地球到月球的距离约为 380 000 km. 对折的层数 y 与对折次数 x 的函数关系式是什么?

设纸的原面积为 1,对折后纸的面积 z 与对折次数 x 又有什么关系?

$\left(y = 2^x, z = \left(\frac{1}{2}\right)^x\right)$

2. 提出问题

师:你能发现 $y = 2^x$,$z = \left(\frac{1}{2}\right)^x$ 的共同点吗?

学生思考片刻,教师提示:从形式上看,有什么共同点?并用红粉笔标出指数 x.

生:指数 x 是自变量,底数是大于 0 且不等于 1 的常数.

(引入课题)

三、改进理由

在原始设计中,先复习与新授知识相关的内容,然后再从实际引入新课,这样就数学讲数学,显得枯燥无味,很难调动学生的学习兴趣.经教学反思之后,作出如下改进:从学生感兴趣的生活实例出发,引起学生注意与争议,教师再创设实际问题情境,这样就激发了学生的学习兴趣,牢牢地吸引了学生的注意力,增强了学生的求知欲望,强化了学生内在的学习需求.

(二)课前再思优化设计

课前再思是指在再次上某部分内容之前,在课后反思改进设计的基础上,根据对当下学生的学情分析,对新的教学活动进行批判性的思考,并对之前的教学设计进行预测性的调整和优化. 美国教育心理学家波斯纳说过:"没有反思的经验是狭隘的经验,至多只能形成肤浅的知识."通过反思过去的经验和学生当前的实际情况,在旧的教学设计的基础上生成一个全新的教学设计.

通过课前再思进行优化设计,既是对前一次教学内容的课后设计,也是对再一次教学该部分内容的课前设计. 课前再思不仅是教师对自己的教学设计再次进行查缺补漏、重新吸收和内化的过程,而且有利于破除教师不考虑学生的实际情况而照搬现成教案的现象,充分体现了"以学生为本位"的教学理念.

▶ 案例7-9 "二分法求方程的近似解" 教学设计的反思与改进[①]

2004年底,我接受了苏州市教研室罗强老师的一个任务,要在新课程教材中寻找一个新增的内容进行教学,于是就选定了"二分法求方程近似解"这个内容. 我的第一次教学设计于2005年1月在梁丰中学进行了公开教学展示,随后,专家与同行提出了许多宝贵的意见. 在这个基础上我进行了修正,形成了第二次的教学设计,随后一些专家通过视频案例的研究方式再一次进行了研究与讨论,使我对"二分法求方程近似解"这一内容的本质有了更加清晰的认识. 在这个基础上,又形成了第三次教学设计,并于2005年2月在江苏省盱眙中学进行了公开教学,取得了很好的效果.

在我的第一次教学设计中,我认真地研究了教材,力图体现新课程的一些理念,例如,我尽量创造机会让学生进行自主学习、探索学习,尤其是在二分法的发现上,尽量让学生自己去探究. 第一次公开教学活动中,木渎高级中学的庄梅老师与我同题开课,听了她的课之后,对我的启发非常大,她没有过多地进行知识回顾,在二分法的归纳过程中,她的条理也非常清晰,并能注重数学分类思想的渗透.

在这节课后进行了交流评议,教师们提出课前对二次方程的根的回顾实际上没有必要,反而会限制学生的思路,好像硬要把学生引到教师事先预设的轨道上,教学过程显得比较牵强. 同时,针对新教材倡导发展学生应用意识的要求,课上可以增加知识应用的环节. 结合新课程提出的注重信息技术与数学课程整合的理念,教师们都认为应当增加一个知识拓展的环节,让教师用Excel现场进行操作.

[①] 本案例由苏州市太仓高级中学偶伟国老师提供.

在第二次教学设计当中,我采纳了大家的意见,删去了知识回顾的环节,在归纳总结时注意体现条理清晰,采用了分类讨论的思想进行方法归纳,同时也设计了知识拓展环节,现场利用 Excel 来帮助研究方程的近似解,还增加了一个供学生思考的应用题. 第二次设计的教学就显得比较丰富,整体的效果也是不错的.

通过这样一次案例的研究,我觉得在原来的教学设计当中,自己的领悟还不是很深刻.

首先,在教学中要让学生感受到二分法虽然朴素,但是它包含了深刻的思想方法,对学生今后的数学学习还是非常有用的,在教学当中要让学生感受"整体到局部""定性到定量""精确到近似""计算到技术""技法到算法"这些数学思想的发展过程.

其次,要更好地揭示教材的编写意图. 二分法教学中,方法的建构、技术的运用、算法的渗透以及它们的同步发展过程,是这节课的隐性教学目标,在教学中它体现出一种螺旋式的上升:第一个阶段是从数到形,是为了更好地说明二分法的理论依据(根的存在性);第二个阶段是从形再到数,其中的形是包括从图像到数轴,再从数轴到表格. 在这样的过程中形的特征不断被深化,最后抽象成了以数为主体的一个算法流程. 因此整个二分法的教学流程要体现在这样一个框架当中:首先它是一个代数的问题,第一次转化是从代数到几何直观,第二次转化是从整体到局部,去研究函数零点区间.

总之,数学教学过程设计是永无止境的,课堂中存在的大量不确定因素使得教学过程设计只能通过不断地预设、实施和反思,在一个动态的过程中通过课前设计、课中设计和课后设计的循环进行完善和优化,得到一个相对完美的教学设计,但依旧无法满足教师"一劳永逸"的设想. 教师只有用动态设计的观点来看待教学过程设计,用不断变换的思维来分析实际的教学情况,让自己适应这种不确定性,才能真正把握数学课堂.

习题作业

1. 对于动态化数学教学设计,你是如何认识和理解的?
2. 你认为应如何做好数学课中设计?

下　篇

第八章　数学概念教学设计与案例分析

学习目标

- 掌握数学概念的内涵、特点,以及概念与概念之间的关系.
- 掌握数学概念学习的两种基本形式.
- 能根据数学概念教学设计的基本策略,结合具体内容进行教学设计.

第一节 什么是数学概念

一、数学概念的内涵和特点

（一）数学概念的内涵

视频 8.1 什么是概念课

客观事物都有各自的许多性质，或者称为属性．人们在实践活动中，逐渐认识了所接触对象的各种属性．人们对客观事物的认识，一般是通过感觉、知觉形成表象，这是感性认识阶段．在感性认识的基础上，经过比较、分析、综合、概括，抽象出一种事物所独有而其他事物所不具有的属性，于是，便称其为这种事物的本质属性，这是理性认识阶段．概念便是反映事物本质属性的思维产物．

数学研究的对象是现实世界的空间形式和数量关系．反映数学对象的本质属性的思维形式称为数学概念．例如，"平行四边形"这个数学概念，它具有方位、大小、形状诸方面的许多属性，但只要抓住"四条边"这条属性，就可把它与一般多边形相区分；只要抓住"两组对边分别平行"这条属性，就可把它与一般四边形相区分．"四条边""两组对边分别平行"就是平行四边形这个概念的本质属性．一旦把本质属性从众多的属性中分离出来，并把这些本质属性作为一个"整体"，便形成了"平行四边形"这个清晰的数学概念．从这一点来说，本质属性是不可分割的．它的一部分只是这个概念的属性，但不再是本质属性．

数学概念通常用特有的名称或符号来表示．名称或符号和与此相关联的概念分属两个不同的范畴．概念反映名称或符号的内容，表达出人们认识事物的结果，而概念的名称或符号是表达概念的语言形式．有时同一个概念会有不同的名称或符号，如"5""五""five"都表示同一个数．又如，等边三角形和正三角形表达同一个数学概念．因此，使用名称或符号时，重要的是它所表达的内容，即相关联的概念本身．有时同一个名称在不同的情况下，会表达不同的概念，如"角"．

（二）数学概念的特点

1. 数学概念是其他思维形式的基础

判断是由概念构成的，推理是由判断构成的，论证又是由判断和推理构成的．有了概念，才可以运用概念进行判断和推理，才可以进行论证．因此，概念这种思维形式是其他思维形式的基础，所以有人说概念是抽象思维的细胞．

数学概念是数学知识中最基本、最重要的知识之一，有了数学概念才可以运用概念进行判断、推理和论证．例如，有了平行线的概念，才能作出关于平行线的命题、推理和证明．因此，要学习和掌握数学，首先要掌握数学中的概念．

2. 数学概念具有抽象性特征

有些数学概念是直接反映客观事物的．例如，自然数、点、线、面、体等．然而，大多数数学概念是在一些数学概念的基础上，经过多次的抽象概括过程才形成和发展起来的. 例如, 无理数、复数的概念, 就分别是在有理数系和实数系的基础上产生的.

数学概念既然代表了一类对象的本质属性, 那么无论是直接还是间接的反映, 它都具有抽象性特征. 以矩形概念为例, 现实世界中没见过抽象的矩形, 只能见到形形色色的具体的矩形. 从这个意义上说, 数学概念"脱离"了现实. 正因为抽象程度高, 与现实的原始对象联系弱, 才使得数学概念应用广泛.

3. 数学概念具有逻辑性特征

数学中的大多数概念, 都是通过概念的限定方法缩小概念的外延, 或者通过概念的概括方法扩大概念的外延, 从而生成一系列具有从属关系的概念. 例如, 矩形是有一内角为直角的平行四边形; 又如, 不考虑诸数系中元素的具体含义, 只考虑其运算性质, 可概括成群、环、域等概念. 相应地, 这类具有从属关系的概念, 可组成一个概念系列, 从而体现出了数学概念的逻辑性特征.

4. 数学概念具有发展性特征

概念具有相对的稳定性. 然而, 客观事物处于不断发展的过程中, 人们对客观事物的认识也在不断深化, 概念也就随之发展. 概念的发展变化, 或是使概念有了新的含义, 或是使概念的内涵更丰富, 或是使概念具有更高的抽象性.

例如, 小学数学中所指的数, 始终是指 0 和正有理数; 初中数学中所指的角, 始终是指 $0°\sim180°$ 的角. 然而, 数、角等概念本身处于不断发展之中. 例如, 自然数→正有理数→有理数→实数→复数; 锐角→$0°\sim180°$ 的角→$0°\sim360°$ 的角→平面任意角→空间角, 等等.

二、数学概念的内涵和外延

(一) 内涵与外延的含义

概念的内涵是概念所反映的对象的本质属性. 概念的外延是指具有概念内涵的一切对象的集合. 概念的内涵是概念的质的特征, 它说明概念所反映的对象是怎样的事物; 概念的外延是对概念的量的描述, 它表明概念所反映的范围. 每一科学的概念, 既有确定的内涵, 也有确定的外延.

例如, "偶数"这个概念的内涵是"能被 2 整除"这个性质, 其外延是所有偶数的全体. "一元二次方程"这个概念的内涵是"只含有一个未知数且未知数的最高次数是二次的等式"这个性质, 其外延是一切形如 $ax^2+bx+c=0$ ($a\neq0$) 的方程的全体.

明确了概念的内涵与外延, 就可以更好地认识概念、把握概念, 否则就会出现错误. 例如, 若对"算术平方根"这个概念的内涵不明确, 往往会出现如下错误: $\sqrt{(-2)^2}=-2$, $\sqrt{(x-1)^2}=x-1$. 要对概念加深认识, 不仅要明确概念的内涵与外延, 还要掌握概念的内涵与外延之间的关系.

（二）内涵与外延之间的关系

概念的内涵与外延是相互联系、互相制约的．当概念的内涵扩大时，概念的外延就缩小；当概念的内涵缩小时，概念的外延就扩大．内涵和外延之间的这种关系，称为反变关系．

例如，在"平行四边形"这一概念的内涵中，增加"有一个角是直角"这一属性，就得到外延缩小的"矩形"概念；而从中减少"两组对边分别平行"这一属性，就得到外延扩大的"四边形"概念．又如，在等腰三角形的内涵中，减少"有两边相等"这个性质，就是三角形的内涵，而三角形的外延比等腰三角形的外延扩大了．不过需要注意的是，这种反变关系只能适用于外延间存在着包含和被包含的两个概念之间．

（三）概念的限定与概括

为了认识概念之间的关系，往往通过概念的限定与概括．

1. 概念的限定

为了从一般的概念来认识特殊的概念，依反变关系，通过增加概念的内涵，使一个有较大外延的概念过渡到一个有较小外延的概念，称为概念的限定．例如，增加数列的内涵"从第二项起，每一项与它的前一项的差都等于同一个常数"，这样的数列就是等差数列；数列的内涵增加，外延缩小，就由数列过渡到等差数列．又如，增加等式的内涵"含未知数"，就成为方程；等式的内涵增加，外延缩小，就由等式过渡到方程．

正确的限定必须按照概念的种类关系逐级进行．限定的结果，必须是外延大的概念包含着外延小的概念，如果限定的系列不具有种类关系，那就是错误的限定，必须予以纠正．

2. 概念的概括

为了从一些特殊概念来认识一般概念，依照反变关系，通过减少概念的内涵，可使一个具有较小外延的概念过渡到一个具有较大外延的概念，称为概念的概括．例如，由正整数过渡到整数，由整数过渡到有理数，由有理数过渡到实数，由实数过渡到复数，就是一个逐级概括的过程．

从某种意义上说，数学概念的逻辑系统，就是概念的限定和概括的反映．把握住概念的限定和概括，有利于认识各类数学概念的体系，有助于掌握概念之间的内在联系，便于更好地使数学概念系统化．

三、数学概念之间的关系

为了弄清数学概念，必须对互相联系着的概念进行比较，即比较它们的外延与内涵，研究相互间的关系．这里介绍中小学数学中常见的一些关系，从比较概念的外延入手，并结合分析内涵之间的关系．

(一) 相容关系

如果两个概念的外延至少有一部分重合，则称它们之间的关系为相容关系. 相容关系可分为以下三种情况：

1. 同一关系

如果两个概念的外延完全相同，则称这两个概念间的关系为同一关系，这两个概念称为同一概念. 同一关系可用图 8-1 表示.

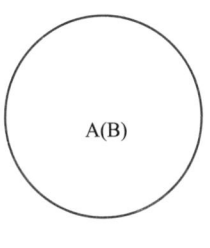

图 8-1

之所以提出同一关系，是因为虽然概念的外延完全确定了概念的内涵，但内涵的表现形式可以不同. 研究同一关系可以对概念的本质属性有更深刻、更全面的认识，在推理证明中，这些等价的本质属性互相代换，可使问题易于解决.

例如，"直线"与"一次曲线"这两个概念，虽然它们是从不同角度来说明问题的，但是，它们的外延完全重合，指的是同一类对象. 又如，"等腰三角形底边上的中线"与"等腰三角形底边上的高"；"等边的矩形"与"直角的菱形"；同一个圆中的"直径"与"最大的弦"等，它们之间的关系都是同一关系.

2. 从属关系

如果一个概念 A 的外延真包含另一个概念 B 的外延，那么称这两个概念之间的关系为从属关系. 外延较大的概念 A 称为属概念，外延较小的概念 B 称为种概念. 如图 8-2 所示.

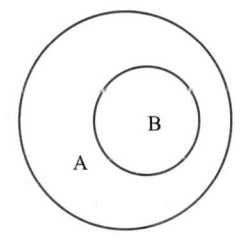

图 8-2

例如，"复数""实数""有理数""整数"之间的关系是从属关系. "复数""实数""有理数"都是"整数"的属概念. "整数"的三个属概念中，其内涵与整数概念之差最小的是"有理数". 我们称有理数为整数的最邻近的属概念.

种概念和属概念是相对而言的. 例如，"平行四边形"这一概念，相对于"矩形"概念来说是属概念，而相对于"四边形"概念来说却是种概念.

从内涵方面看，显然种概念具有属概念的一切属性，而两者的本质属性又不相同，属概念的本质属性都是种概念的属性，种概念的内涵真包含属概念的内涵. 如果在给定的一个概念的基础上，增多内涵或缩小外延，就得到原概念的一个种概念；减少内涵或扩大外延，就得到原概念的一个属概念.

3. 交叉关系

如果两个概念的外延有且只有部分重合，那么这两个概念间的关系称为交叉关系，这两个概念称为交叉概念. 如图 8-3 所示. 例如，"等腰三角形"与"直角三角形"，"负数"与"整数"，"菱形"与"矩形"等概念之间的关系都是交叉关系.

两个交叉概念的外延重合部分所反映的对象，同

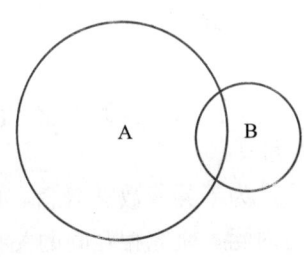

图 8-3

时具有这两个概念的一切属性. 另一方面, 由这个外延的重合部分就给出了另一个概念, 它相对于原来的两个概念来说都是种概念. 如把"负数"和"整数"概念进行交叉, 其外延重合部分是负整数概念的外延, 负整数同时包含了负数和整数的一切属性. 把"菱形"和"矩形"概念进行交叉, 其外延重合部分是正方形的外延, 正方形概念同时是菱形和矩形的种概念, 它的内涵同时包含了菱形和矩形的内涵.

(二) 不相容关系

如果两个概念的外延没有任何部分重合, 即它们的交集是空集, 那么称这两个概念之间的关系为不相容关系或全异关系.

不相容关系可分为下列两种情况.

1. 对立关系

在同一属概念之下的两个种概念, 如果它们的外延的交集是空集, 而外延的并集小于这个属概念的外延, 那么这两个种概念之间的关系称为对立关系, 这两个种概念称为对立概念. 如图 8-4 所示.

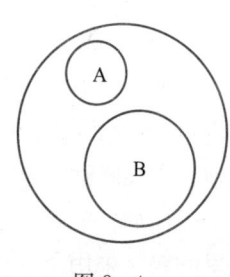

图 8-4

例如, "正实数"与"负实数"是对立关系的两个概念, 因为它们的外延互相排斥, 其外延之和小于它们最邻近的属概念"实数"的外延. 又如, "大于"与"小于", "锐角三角形"与"钝角三角形", "质数"与"合数", "等腰梯形"与"直角梯形"等概念之间的关系, 都是对立关系.

对立概念虽然都具有给定属概念的属性, 但它们是相互排斥的, 所反映的对象没有一个是相同的; 另一方面, 在给定的属概念所反映的对象中, 存在着不属于两个种概念中任何一个的对象, 即存在着非此非彼的对象. 如 0 既不是正实数, 也不是负实数.

2. 矛盾关系

在同一属概念之下的两个种概念, 如果它们外延的交集为空集, 而外延的并集等于这个属概念的外延, 那么称这两个种概念之间的关系为矛盾关系, 这两个概念称为矛盾概念. 矛盾关系如图 8-5 所示.

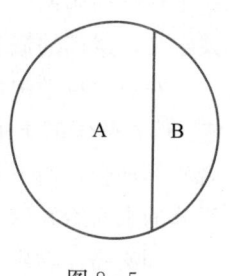

图 8-5

例如, "负数"与"非负数", "有理数"与"无理数", "直角三角形"与"非直角三角形", "相等"与"不相等"等概念之间的关系, 都是矛盾关系.

矛盾概念也都具有给定属概念的属性, 同时它们又是互相排斥的. 给定的属概念所反映的任一对象, 对这两个种概念来说, 有非此即彼的关系.

值得注意的是, 如果说明两个概念是不相容关系, 只要直接去比较二者的外延; 但如果要进一步说明是对立关系还是矛盾关系, 则一定要相对于一个给定的共同的属概念才能讨论. 例如"正整数"和"负整数"两个概念, 相对于属概念"整数"来说, 它们是对立关系; 而相对于属概念"非零整数"来说, 则它们是矛盾关系.

四、数学概念的定义

(一) 概念的定义

定义是建立概念的逻辑方法. 人们在认识事物的过程中, 经过抽象形成概念, 就要借助语言或符号, 加以明确、固定和传递, 这就要给概念下定义. 常常是在抽象出事物的本质属性之后, 运用逻辑的方法和精练的语言或符号揭示出对象的本质属性.

下定义的方式, 可以是直接揭示对象的本质属性来给出定义, 也可以是通过揭示概念的外延来给出定义, 这是因为概念的外延完全确定了概念的内涵.

作为一个正确的定义, 一般由三个要素组成, 即被定义项、定义项和定义联项. 被定义项就是加以明确的概念, 定义项是用来明确被定义项的概念, 定义联项是用来联结被定义项和定义项的词语.

比如, 等腰三角形的定义是"等腰三角形就是有两条边相等的三角形."这里的定义采用了"……, 就是……"的形式, 如果用"D_1 就是 D_2"来表示它, 这里, D_1 称为被定义项, D_2 称为定义项, "就是"称为定义联项.

概念的定义是一种约定, 因此, 任何定义都不能证明它是否正确, 但是向学生说明一个概念定义的理由是有益的.

(二) 原始概念

在数学中总是力求对数学概念下定义, 也就是说, 用一些已知的概念来定义新的概念, 这样就构成了一个概念体系. 但是数学概念的个数是有限的, 所以在这个概念的体系中, 总有一些概念被作为概念体系的出发点而不能再用别的概念来定义, 这样的概念叫原始概念.

在数学科学中, 原始概念是不予定义的, 它们的本质属性通过公理加以规定. 但在数学教学中, 常用直观描述的方法对原始概念加以解释, 目的是使学习者心领神会, 留下鲜明的印象. 比如, 拉紧的线、纸的折痕给人以直线的形象, 平静的水面给人以平面的形象. 又如, 数学教材里对集合所作的描述, 只是使用一些同义语让学生意会, 而不是对集合的定义. 再如"0, 1, 2, 3, …称为自然数", 这是直观说明的方法, 不是对自然数的定义. 以上这些概念都是不加定义的原始概念.

（三）常用的定义方法

1. 属概念加种差定义法

一般地，属概念加种差定义法，就是用被定义概念最邻近的属概念，连同被定义的概念与同一属概念下其他种概念之间的差别（即种差），来进行定义的方法．种差揭示了被定义概念相对于这个属概念来说特有的属性，它连同这个属概念的基本内涵一起，就构成了被定义概念的基本内涵．注意到被定义概念的属概念常常不止一个，显然，选择最邻近的属概念可使种差简单一些．

比如，平行四边形的定义："两组对边分别平行的四边形称为平行四边形."这里，"平行四边形"是被定义的概念，"四边形"是属概念，"两组对边分别平行"是平行四边形与其他四边形的差别，称为"种差"，这种定义就是属概念加种差的定义法．

2. 发生式定义法

通过被定义概念所反映对象发生过程或形成的特征描述，来揭示被定义概念的本质属性的定义方法，称为发生式定义法．这种定义法是属概念加种差定义的一种特殊形式．定义中的种差是描述被定义概念的发生过程或形成的特征，而不是揭示被定义概念的特有的本质属性．

例如，"平面内一条射线绕着它的端点旋转所形成的图形称为角．""把数和表示数的字母用代数运算符号联结起来的式子称为代数式，单独一个数或一个字母也是代数式．"它们采用的都是发生式定义法．

3. 揭示外延定义法

有些数学概念的外延是单一的对象或是几个简单明显的对象组成的集合，这时往往直接通过揭示概念的外延作为定义．

例如，"有理数和无理数统称为实数"，采用的就是揭示外延定义法．

4. 约定式定义法

有些被定义概念，不易揭示它的内涵，以客观实践为基础，直接指出概念的外延，把它规定下来，这样的定义法称为约定式定义法．例如，零指数和负指数的定义，规定：$a^0=1(a\neq 0)$，$a^{-m}=\dfrac{1}{a^m}(a\neq 0)$.

5. 归纳式定义法

例如，用递推公式 $a_n=a_{n-1}+d$ 定义等差数列，就是归纳式定义法；又如，对正整指数幂的定义，首先定义 $a^1=a$，再规定 $a^{k+1}=a^k \cdot a$（k 为正整数）.

（四）定义的要求

1. 定义应当相称

所谓定义相称，就是下定义概念的外延与被定义概念的外延必须相等，不能扩大，也不能缩小，也就是通常所说的不能过宽也不能过窄．

例如，把平行线定义为"两条不相交的直线"，这时定义项的外延大于被定义项的外延，这就犯了"定义过宽"的逻辑错误.

又如，把矩形定义为"各角为直角的菱形"，这时定义项外延小于被定义项的外延，这就犯了"定义过窄"的逻辑错误.

2. 不能循环定义

如果把甲概念作为已知概念来定义乙概念，又把乙概念作为已知概念来定义甲概念，这就是循环定义，犯了逻辑错误. 循环定义既不能揭示概念的基本内涵，又不能确定概念的外延.

例如，用两直线垂直来定义直角，又用两直线成直角来定义垂直，就是循环定义. 在《几何原本》中，对"直角"和"垂直"分别是这样定义的：当一条直线和另一条直线交成的邻角彼此相等时，这些角的每一个都称为直角；当两直线相交所组成的角为直角时，称它们互相垂直.

3. 定义项一般不包含负概念

反映对象不具有某种属性的概念叫负概念. 表示负概念的语词往往带有"无""不""非"等字样. 定义项一般不应包含负概念. 因为如果定义项中包含了负概念，那么定义项只能表示被定义项不具有某种属性，而没有表示被定义项具有某种属性，这样定义项就没有揭示事物的本质属性.

例如，把"不是有理数的数称为无理数"作为无理数的定义，这既没有揭示出无理数的内涵，也没有确定无理数的外延.

但有些情况下必须使用负概念. 如平行线不具有"相交"这种属性，给平行线下定义就必须用"不相交"这一负概念.

4. 定义中应没有多余的条件

定义中列举的属性对于揭示概念反映的对象的本质属性来说应是必不可少的. 所谓"必不可少"，是指每一个属性都是独立的，不能由列举出的其他属性推出. 凡是可由列举的其他属性推出的，对于定义来说都是多余的条件，应删去. 比如，把"两组对边分别平行且相等的四边形"作为平行四边形的定义，条件就多余了，应进行删减.

五、数学概念的划分

（一）什么是划分

划分是明确概念外延的逻辑方法. 如果将一个概念的外延集，按照某一属性分成若干个子集，也就是将一个属概念划分为若干个种概念，这就是明确概念的外延的方法——划分. 被分的属概念称为划分的母项，分得的若干种概念称为划分的子项，所依据的属性称为划分的标准. 例如，将三角形按照"最大内角的值"进行划分，划分为直角三角形、锐角三角形和钝角三角形三个不相容的种概念.

通过概念的划分，可以使有关的概念系统和完整，同时使被划分的概念的外延更清楚、深刻和具体. 例如，对复数可作如下的分类：

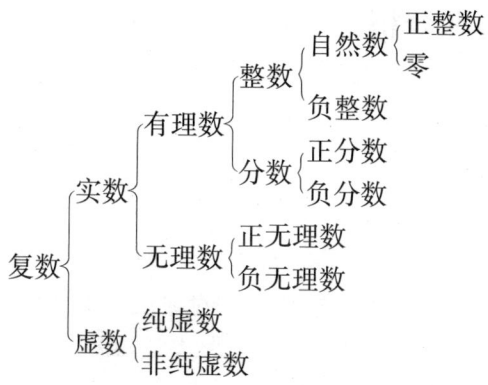

(二) 划分的规则

1. 划分后子项的外延之和等于母项的外延

正确的划分,其分得的各个种概念的外延的和,必然等于属概念的外延,不能多,也不能少. 如把四边形分为平行四边形和梯形两类,就漏掉了一般的四边形,这时子项外延的和就不等于母项的外延.

2. 划分后各子项应互不相容

即要求划分后不能有一些元素既属于这个子项,又属于另一个子项,所以在各个子项之间必须有全异关系. 违反这条规则,就犯了子项相容的错误.

3. 每次划分应当用一个划分标准

由于研究问题的角度不同,可以使用不同的标准对概念进行划分,但每次划分时不能同时使用两种或两种以上的划分标准,否则就会造成划分的混乱甚至错误. 例如,在对三角形进行分类时,如果分出的种概念中,既有"等边三角形",又有"直角三角形",就是不正确的划分.

4. 划分不应越级

划分时应注意取最接近的种概念,逐级进行划分. 例如,将实数分为整数和分数,就犯了越级错误.

(三) 二分法

二分法是一种常用的分类方法,是把一个概念的外延中具有某个属性的对象作为一类,把不具有这个属性的对象作为另一类. 换言之,是把属概念分成两个矛盾的种概念.

例如,把"实数"分为"负实数"和"非负实数",就是用的二分法.

二分法集中注意了概念的某个属性,而且自然满足了上面关于正确分类的规则,因此常常被采用.

二分法常用于以下两种场合:一是不需要了解被划分概念的全部外延性质时;二是被划分的概念的外延尚未完全弄清时.

第二节　数学概念学习的心理分析

一、什么是数学概念的掌握

（一）数学概念的内在表征形式

从理解性学习的角度来看，掌握数学概念不在于能否简单地用语言将数学概念表述出来，而是真正理解概念的内涵和外延，能对数学对象正确识别和归类．在数学概念学习的过程中，用自己能够接受和可以储存的形式对概念的本质属性或特征进行理解，称为数学概念的表征．现代认知心理学的研究表明，概念表征主要有样例表征和语义表征两种形式．

样例表征是指学习者通过各种样例来逐渐归纳出事物的定义特征．如学生通过各种各样棱锥的样例，发现"棱锥"在大小、颜色和形状等方面虽然有所不同，但所有的棱锥都是由多边形围成的几何体，其中一个面是多边形，其余各个面是具有公共顶点的三角形．一般而言，样例表征形式下的概念与对数学对象的知觉或表象有关．大量的研究表明：样例表征的概念具有不稳定性，易受样例外在特征的影响．

语义表征是指学习者通过语义的理解而获得概念的内在本质属性．语义表征可以使认识主体克服认识事物受表面知觉影响的局限，而迅速抓住事物的本质．在语义表征形式中，常用的有因果关系和逻辑关系的表征．如方程概念可以表征为等式的种概念，即包含有未知数的等式．

心理学研究表明，从学生掌握概念的心理表征看，学生掌握了一个数学概念，并非只是掌握了概念的形式定义，而是相应地掌握了和概念相联系的心智图像、符号、某些特例及对其本质属性的认识和有关过程等，它们具有直观性、丰富性和可变性等特征．如学生学习和理解了绝对值的概念后，每当提及绝对值这一概念时，在心理表征方面不仅有绝对值的形式文字定义，还应有数轴上一具体点到原点的距离这一图形表示或符号表示，还应有它的解析表达式．以上这些是在学生心理上建立了绝对值这一概念的直观形象，心理学将它们称为"概念意象"．概念意象不仅应当正确地反映概念的本质，而且其对于概念的可能应用也是适合的．帮助学生在各种概念的学习过程中建立恰当的概念意象，应该是教师的主要教学目标．

（二）掌握数学概念的真正含义

对于原始概念的学习，关键在于学生根据自己的经验或通过其他方式，理解其含义．在定义新概念时能否迅速回忆和应用相应的原始概念，就体现了对这个原始概念理解的程度和是否真正掌握．

对于下定义的概念，虽然定义对于概念具有根本性的意义，但并非记住了概念的名称与符号，背熟了定义的条文，就算掌握了概念．掌握概念的真正含义，首先在于真正领会概念所反映的这类事物的本质特征，还要在此基础上弄清概念的内涵与外延，并能将抽象的概念具体化而加以应用．

例如对于"方程"的学习，方程的定义是"含有未知数的等式叫方程"，但这并没有反映方程的本源思想和根本特征．方程的实质是：为了寻求未知数，在已知数和未知数之间建立起来的一种等式关系．将上述定义背出来，没有多少意义．即便忘了，看见方程能够识别，也就够了．但是，引导学生把握方程的实质，却是十分重要的．

概念的内涵是概念反映的对象其本质属性的等价类．虽然我们约定，说出一个概念的内涵，一般只要说出它的基本内涵，即定义中所揭示的本质属性即可，但这还不能算弄清了这个概念的内涵．所谓"弄清"，是指能充分揭示这个概念的内涵，即揭示基本内涵的一些重要的常用的等价形式，还能列举出这个概念的肯定例证和否定例证．对于弄清概念的外延，也不仅是限于形式上的叙述，真正的"弄清"，还在于能分辨与有关概念的外延之间的关系，能对概念进行正确的分类．所以，对于一个数学概念的认识，学习了其定义仅是初步，还要在进一步的学习和应用中不断深化，这样才能逐步达到真正掌握．

二、数学概念获得的两种形式

学生学习数学概念，是在已有的认知结构的基础上进行的．新概念的获得，主要依赖认知结构中原有的有关概念，通过新旧概念之间发生联系而完成．学生理解和掌握概念的过程，实际上是掌握同类事物的共同本质属性的过程．例如，学习"棱锥"这个概念，就是要掌握凸多面体，底面是多边形，侧面是有一个公共顶点的三角形等这几个关键属性．同类事物的关键属性可以由学生从大量的同类事物的不同例证中独立发现，这种概念获得的方式叫概念形成；也可以用定义的方式向学生直接揭示，学生利用已有认知结构中的有关知识来理解新概念，这种获得概念的方式叫概念同化．概念形成与概念同化是两种基本的概念获得方式．

（一）数学概念的形成

数学概念形成的过程，是从大量具体的实例出发，根据实际经验，分化出各种属性，同化出共同属性，抽象出本质属性，再概括到一类事物中，从而形成数学概念．概念形成的学习形式接近于人类自发形成概念．

概念形成过程可概括如下：[1]

1. 辨别各种刺激模式

刺激模式可以是学生自己在日常生活中的经验或事实，也可以是由教师提供的有代表性的典型事例．但不管是哪种刺激模式，都必须通过比较，在知觉水平

---

[1] 曹才翰，章建跃．数学教育心理学 [M]．北京：北京师范大学出版社，1999：89-90．

上进行分析、辨认,根据事物的外部特征进行概括.例如,为了形成矩形概念,可以先让学生辨认他们所熟悉的实例,像桌面、墙壁、黑板、书本等的表面.

2. 分化出各种刺激模式的属性

为了理解该类刺激模式的本质属性,就需要对各种刺激模式的各个属性予以分化.例如,桌面是木制的,可看成是四边形,它的两组对边分别平行并且相等,四个角相等.墙壁、黑板、书本表面等,也有各自的属性.

3. 概括出各个刺激模式的共同属性,并提出假设

上例中,共同属性有:可抽象地看成平面四边形;四个角相等;两组对边分别平行并且相等;等等.共同关键属性可假设为:①两组对边分别平行并且四个角都是直角的四边形是矩形;②两组对边分别相等并且四个角都是直角的四边形是矩形;③四个角都是直角的平面四边形是矩形;等等.这里,提出关键属性假设的方法是一条或几条共同属性的结合.

4. 在特定的情境中检验假设,确认关键属性

检验过程中,采用变式是一种有效手段.如上例中,通过变式可以发现,三个假设在各种变式中均出现,因而都可确认为关键属性.

5. 进一步概括,从而形成概念

验证了假设以后,把关键属性抽象出来,并区分出有从属关系的关键属性,使新概念与认知结构中的已有有关观念分化,用语言概括使之成为概念的定义.上例中,①与②中的"四个角都是直角"与"有一个角是直角"具有从属关系,而四边形只要有"两组对边分别平行"及"一个角为直角",那么就能推出"两组对边分别相等"和"四个角都是直角".于是将矩形定义为"两组对边分别平行并且有一个角为直角的四边形".

6. 把新概念的共同关键属性推广到同类事物中去

这既是在更大范围内检验和修正概念定义的过程,又是一个概念应用的过程,从中可以看出概念的本质特征是否已经被真正理解.因此在这个过程中,可以用一些概念的等值语言来让学生进行判断和推理.上例中,"对角线相等并且平分"就是矩形的等值语言.事实上,这个过程是使新概念与已有认知结构中比较稳定的相关观念建立起实质性联系的过程,因此这是概念形成的一个非常重要的步骤.

7. 用习惯的形式符号表示新概念

通过概念形成的上述步骤,学生比较全面地了解了概念的内涵,而且还掌握了许多概念的具体例证,对于概念的各种变式也有了较好的理解,这时,就应该及时地引进数学符号.引进数学符号以后,应当引导学生把符号与它所代表的实质内容联系起来,使学生在看到符号时就能够联想起符号所代表的概念及其本质特征.数学中的逻辑推理关键就在于能够合理、恰当地应用符号,而这又要依靠对符号的实质意义的把握.

由于学生的数学知识相对贫乏,数学认知结构比较简单,在学习新的数学知识时,作为"固着点"的已有知识往往较贫乏,这时他们只能采取概念形成的方

式来学习.但是由于数学学习主要是一种间接经验的学习,通过把前人的数学活动经验转变成自己的经验,使其成为自己解决问题的工具,因此概念同化仍然是学生获得数学概念的基本方式.

(二) 数学概念的同化

认知心理学认为,新概念的获得主要依赖认知结构中原有的适当概念,通过新旧概念之间的同化和顺应去完成.所谓同化,就是把新知识、新材料纳入原来的认知结构中;所谓顺应,就是当原有认知结构不能纳入新概念时,即当新概念与已有的认知结构发生矛盾、冲突时,必须改变已有认知结构,以概括新概念,从而形成新的认知结构.这种同化和顺应的心理过程也可简称为概念同化.显然,同化能否顺利进行,与学习者原有的认知结构有很大关系.如果认知结构中有适当的起固定作用的观念可以利用,同化就能顺利进行;如果原有认知结构中没有适当的起固定作用的观念可利用,就难以实现同化.

例如,学生在学习"梯形"这个新概念的时候,就要主动地与自己认知结构中原有的概念(平行、四边形、四边形的对边)联系起来思考,认识到梯形是原有四边形中特殊的一类,然后与原有的一些概念(如平行四边形)区别开来,并相互贯通组成一个整体,纳入原有的概念(四边形)体系中去,从而明确它的内涵与外延.最后,通过例题的学习、习题的解答,加深对梯形本质属性的认识,使它在数学认知结构中得到巩固.

概念同化的学习方式,大致包括以下几个阶段:

1. 揭示概念的本质属性,给出它的定义、名称和符号

例如学习"一元二次方程"的概念,可以用概念同化的方式进行.首先给出它的定义:未知数的最高次数是2的一元整式方程叫一元二次方程.它的一般形式为 $ax^2+bx+c=0\ (a\neq 0)$.

2. 对概念进行特殊的分类,再讨论特殊情况,突出概念的本质属性

例如,讨论一元二次方程的各种特例:

完全一元二次方程:$ax^2+bx+c=0\ (a\neq 0)$;

简化的一元二次方程:$x^2+px+q=0$;

不完全的一元二次方程:$ax^2+c=0$;$ax^2+bx=0$;$ax^2=0\ (a\neq 0)$.

3. 建立与原认知结构中的有关概念的联系,同化新学习的概念

例如,学生在学习一元二次方程的概念之前,已经学过了方程概念,说明一元二次方程是一种特殊的方程,在次数和元上作了限制,这样,一元二次方程概念就与方程概念建立起了联系.

4. 用肯定例证和否定例证让学生进行辨认

例如,$x^2-5x+6=0$, $3x^2=27$, $x^4+6x+d=0$, $bx+c=0$, $ax^2+7x^3=9$, $\begin{cases}5x+7y=3\\3x+4y=2\end{cases}$.

让学生辨认,哪些是一元二次方程,哪些不是一元二次方程.

5. 实际应用强化概念,并把所学的概念纳入到相应的概念系统中

概念同化方式获得概念,实际上是用演绎方式获得概念的一种形式.因为它是从抽象定义出发来学习概念的,所以应注意及时应用实例,使概念获得具体例证的支持.还要注意为学生及时提供应用概念进行推理、论证的机会,在应用中强化概念,以防止由于没有经历概念形成的原始过程而出现概念加工不充分、理解不深刻的情况.

学习中,必须经过概念分类这一步,因为它可以使学生从外延角度进一步对概念进行理解,使对概念的认识进一步深化,搞清概念的各个方面,认清概念的各种特例.

把新概念纳入概念体系中去,可以使学生经历一次新的概括过程,使学生了解到有关概念之间的逻辑联系,从而深化对概念的理解,使概念掌握得更加牢固.

概括说来,概念形成的学习形式主要依靠对具体事物的抽象概括,概念同化的学习形式主要依靠学生对经验的概括和新旧知识的联系.用概念形成的方法学习概念时,要求的心理水平低,学习起来自然;用概念同化的方式学习概念,比较直接、省时,但要求学习者达到一定的心理水平,并要进行积极的学习活动.

在数学教学中,采用何种概念学习形式,要视所学的具体数学概念而定.一般来说,在低年级,概念形成的形式用得较多;在高年级,概念同化的形式用得较多.不过总体来说,由于数学概念的抽象性和逻辑性,使概念同化的学习形式显得更为重要.概念同化是学生获得数学概念的最基本的方式.

三、数学概念学习的思维方式

(一)代数概念学习的思维方式

1. 代数概念学习的 APOS 理论

以色列数学教育家斯法德等人提出,数学中,特别是在代数中,许多概念既表现为一种过程操作,又表现为对象.例如,加法 $a+b$ 既代表两个集合中的元素合并或添加起来的过程,又代表合并或添加后的结果;函数既代表定义域中的元素按对应法则与值域中元素做对应的过程,又代表特定对应下变量之间的关系结构.一个代数概念往往兼有这样的二重性:过程—对象,算法—结果,操作行为—结构关系.相应地,它们分别具有以下特性:动态—静态,细节—整体,历时(继时)—共时(同时).

斯法德等人的研究进一步指出,概念的过程和对象这两个侧面有着紧密的依赖关系.形成一个概念,往往要经历由过程开始,然后转变为对象的认知过程.即在概念形成过程中,遵循"过程先于对象发展"的认知顺序.如果把代数中的运算、恒等变形、算法等过程看成是施行运作,将代数概念作为运作的对象,那么学生学习代数概念的过程大多是经历由运作向对象的转化过程,即数学中大多

数代数概念开始时是作为一个过程被引进，而最终则转化成了一种对象.例如，有理数的和（包含法则）的概念的学习，通过解方程得出方程的解的概念等，都是这种学习过程.

为此，美国的杜宾斯基等人提出了一种 APOS 理论.认为学生学习代数概念，一般要经过四个阶段：活动（action）阶段、过程（process）阶段、对象（object）阶段、图式（scheme）阶段.取这四个阶段英文单词的首字母，命名为 APOS 理论.

关于 APOS 理论，本书第五章第三节有详细介绍，以下进行简要概述：

(1) 活动阶段.这一阶段是学生理解概念的一个必要条件，通过操作、活动，让学生亲身体验、感知问题的直观背景以及与现实生活之间的联系.

(2) 过程阶段.这一阶段主要是学生对操作、活动进行思考，经历思维的内化、整合过程，学生在头脑中对活动进行描述和反思，抽象出概念所特有的属性.

(3) 对象阶段.这是通过前面的抽象，认识了概念的本质，对其赋予形式化的符号定义，使其达到精致化，成为一个具体的对象，在以后的学习中，以此为对象去进行新的活动.

(4) 图式阶段.起初建立的概念模型包含反映概念的特例、抽象过程、定义以及符号，之后经过长期的学习活动，逐渐建立起与其他概念、规则、图形等的联系，在头脑中形成综合的心理图式.

2. 教学中需要注意的问题

(1) 由于概念的得出需要相应的操作，而这种操作是理解概念、形成必要的心理表征的必不可少的环节，所以教学中要使学生掌握操作方法，并引导学生亲身组织、体验操作过程，从而使学生达到对概念的真正理解.

(2) 对经过操作所得的概念，最后要以恰当的符号（或图示）进行表示，这是学生今后学习中对此概念的直观形象表征，并以此再进行新的操作.所以对于经过操作得出的代数概念，最终都有两种语言表示，即文字语言和符号语言.要使学生通过操作、反省抽象，能够建立起它们之间的互相转化过程.

(3) 在代数概念的学习过程中，学生的反思在其中发挥着重要的作用，即在将操作过程向对象转化中，关键的一步就是对过程进行自反抽象.所谓自反抽象，就是从运算中"脱身"出来，看看自己刚才做了些什么事情，对自己所做的事情进行思考，并从整体上把握，以得出规律性的东西.

(二) 几何概念学习的思维方式

几何概念大多有现实的几何图形，所以几何学就被认为是"以客体为基础的数学".几何概念的生成，主要依赖于以对物质的直接感知为基础的"经验的抽象"，如三角形、平行线等概念.对于几何概念的学习，大多采用概念形成的思维方式.

1. 几何概念的形成过程

学生学习概念的形成过程,首先是感知具体的实际例子,根据学生自己所具有的实际经验,以归纳的方式概括出一类事物的本质属性. 具体形成过程如下:

(1) 感知阶段.

①识别不同的具体事例.

在这一过程中,学生需要观察、比较,对事物的外部特征进行概括,进行直观水平上的识别和辨认. 例如学习平行线的概念,先让学生观察与比较实际例子,如铁轨、门框的上下两条边、黑板的上下两条边等.

②分化出不同事例中的各种属性.

为了了解事物的本质属性,首先要对事例的各种属性进行分化. 例如在上面例子中,铁轨是铁制的,可以看成两条直线,有向两边无限延伸的趋势,彼此距离一定,两边延伸时似乎不相交等属性;同样,门框、黑板的上下边也有各自的属性.

③把具体事例类化.

把从具体事例中分化出来的属性进行比较,找出共同属性. 比如上例的共同属性为:可抽象地看成两条直线;两直线处于水平位置;彼此间距离处处相等;两直线没有交点;两直线可以向两边无限延伸;等等.

(2) 加工阶段.

在感知基本事实的基础之上,对以上信息进行分析、综合、抽象等思维加工,抓住有关信息隐含的本质属性或本质特征. 例如:

①两条彼此距离处处相等的直线是平行线;

②没有交点的两条直线是平行线;

③同一平面内的两条不相交的直线是平行线.

经过分析,确定③为合适的本质属性.

(3) 初步形成阶段.

把加工得到的本质属性或特征概括、类化,推广到事物的更大范围,形成概念,作出定义,或者理解和认同给予的定义,使概念符号化. 例如,两直线平行的本质属性是"同一平面内两直线不相交",据此给平行线下定义为"同一平面内两条不相交的直线称为平行线",可以用图形或符号表示新概念.

(4) 联系整合阶段.

对初步形成的概念进行判断、鉴别、归属、划分等活动,对新学习的概念进行解释(包括非本质的特征),明确概念的外延,使新概念与已有的概念取得联系,整合成新的概念结构.

2. 教学中需要注意的问题

(1) 几何概念的形成主要依靠的是对具体事例的概括. 这一具体事例可以是实际生活中的现实原型,如平行线概念的实例;也可以是具体的几何图形,如弦切角的概念形成(通过给出各种正反事例进行概括).

(2) 在概念形成的过程中,学生已有的知识和经验是学生学习的基础,教师必须提供或引导学生运用熟悉的有关知识和经验.

(3) 概括是概念形成的关键环节，没有概括就不可能形成概念. 这需要教师恰当地引导学生进行反省抽象，将思维过程从一个层次上升到另一个层次，得出概念的本质属性.

(4) 对概念给出明确定义后，要指出必要的图形表示和符号表示，称为几何概念的三种语言，即文字语言、图形语言和符号语言. 后两种语言可看成是这一概念的"直观形象". 要能结合后两种语言来理解概念的定义，并能对它们之间进行灵活的转换.

第三节　数学概念教学设计的基本策略

一、数学概念的引入

概念的引入是进行概念教学的第一步，要让学生认识到学习这个概念的必要性，同时引导学生由感性认识上升到理性认识而产生概念. 概念的引入大致有以下几种方法.

视频 8.2　概念课教学的基本环节与原则

(一) 从实际问题引入

多数数学概念都有它的具体内容或现实模型，中小学生或多或少地在学习、生活过程中接触过，应根据各个概念的产生、发展的具体途径，从实际问题引入. 用来引入数学概念的感性材料，可以是学生日常生活中所接触到的事物，也可以是实际问题以及模型、图表、图形等. 教师举这些足以反映某一数学概念的实际材料，引导学生进行观察、分析，抽象出它们在数或形方面的共同特征，在此基础上舍去其非本质属性，突出其本质属性，从而引入新概念. 例如，平角、周角、椭圆、双曲线、圆锥等发生式定义的概念，都可以通过实际问题来引入.

引入时要遵循从具体到抽象的原则，采取"归纳式"，让学生经历从典型、丰富的具体事例中概括概念本质的活动，然后再举例说明和练习巩固. 正如某数学教材的序言中所言，如果有人觉得某个概念不自然，是强加于人的，那么只要想一下它的背景，它的形成过程，它的应用，以及与其他概念的联系，你就会发现它实际上是水到渠成、浑然天成的产物，不仅合情合理，还很有人情味.

▷ 案例 8-1

对于向量概念的引入，可创设这样的问题情境：一只老鼠向西逃窜 10 m，假如猫向北或向西北方向追去，猫能追上老鼠吗？用多媒体演示这幅"猫追老鼠"的动画. 这样的引入生动、有趣、自然，能激起学生学习的兴趣. 进一步设问：为什么猫追不上老鼠？将学生由"好奇"带入"小惑"的状态. 接着教师指出：猫只注意到 10 m 这一距离是无法追上老鼠的，因此必须引进一个新的量——向量，这样使学生认识到学习向量的必要性．同时得出猫不仅要多跑 10 m，而且还要跑对方向，这样才能追上老鼠，由此让学生初步接触向量的两个本质特征，即长度和方向，从而引出向量的概念．

(二) 从旧知识引入

根据新旧知识联系的原则，可以从已知概念引入新的数学概念，主要有下面几种方法．

(1) 类比式．有些数学概念，它们的内涵有相似之处，在引出一个新概念时，应善于把这些新旧对象进行类比，指出其本质属性的相似点或区别之处，揭示新概念的内涵，从而自然地由旧概念引入新概念．如分式可由分数类比，平行平面可由平行直线类比．

(2) 归纳式．这是由特殊到一般的引入新概念的方法．在教学中，以科学的理论分析作指导，探索一类事物与某种属性之间的内在联系，或者两类事物之间的因果关系，把感性认识上升为理性认识，把所发现的对象的本质属性用简明的语言描述出来，最后归纳给出定义．

(3) 放缩式．这是对已知定义的概念进行限定或概括，即增加或减少已知概念的内涵，从而引入新概念．如在平行四边形概念的基础上，可由增加内涵而直接引入菱形和矩形的概念．

(4) 需要式．从解决数学问题的内在需要而引入新概念．例如，在实数范围内，方程 $x^2+1=0$ 无解，为了使它有解，引入新数 i，满足 $i^2=-1$，由此引入复数的概念，于是方程 $x^2+1=0$ 就有解了．

需要说明的是，无论采用何种引入方式，教学中都要重视学生的参与和探索．学习最好的途径是自己去发现．学生如能在教师创设的情境中去"想数学"，"经历"发现、创新的过程，那么在获得概念的同时，还能培养他们的创造精神．

▷ **案例 8 - 2**

对于立体几何中异面直线距离的概念，传统方法是给出异面直线公垂线的概念，然后指出两垂足间的线段长称为两条异面直线的距离．教学时可以先让学生回顾学过的有关距离的概念，如两点之间的距离，点到直线的距离，两平行线之间的距离，引导学生思考这些距离有什么特点，发现共同的特点是最短与垂直．然后，启发学生思索在两条异面直线上是否也存在这样的两点，它们间的距离是最短的？如果存在，应有什么特征？经过共同探索，得出如果这两点的连线段和两条异面直线都垂直，则其长是最短的，并通过实物模型演示确认这样的线段存在，在此基础上，自然地给出异面直线距离的概念．这样的教学，不仅使学生得到概括能力的训练，品尝到数学发现的滋味，还能认识到概念的本质属性．

二、数学概念的掌握

（一）抓住概念的本质特征，重视定义的系统剖析

有些概念的涉及面比较广，教学时要抓住概念的本质特征，带动对整个概念的理解．例如，正弦函数的概念，若用终边定义法来定义它，则涉及比的意义、角的大小、点的坐标、距离公式、相似三角形、函数概念等知识，"比"是这一概念的本质特征．学生容易产生疑问的是：为何可以在角的终边上选取"任意"一点，用它的坐标来定义三角函数？

（二）充分揭示概念的内涵和外延

首先，要说明新概念与它的属概念之间的逻辑关系．其次，注意概念的定义与概念的区别，定义仅仅突出了对象的最特殊的本质属性，并不是全部内涵，其他的本质属性一般以性质定理给出．再次，要把概念的内涵与外延统一起来，明确概念外延所属的每一个对象必定具有概念的全部本质属性；反之，凡具有概念的本质属性的对象必定在其外延集合中．

（三）揭示概念中的每一词句的真实含义

有的概念叙述简练，但含义深刻；有的概念用式子表示，比较抽象．对于这样的概念，必须深刻地揭示每一词、句的真实含义，防止一带而过．比如，"无限不循环小数称为无理数"，定义中"无限""不循环""小数"三个词都必须揭示它们的真实含义．又如，从集合 A 到集合 B 的"映射"的概念，教师有必要通过具体例子说明：①映射是两个集合 A、B 之间的一个对应法则；②A 可以等于 B；③A 中每一个元素都有像；④像唯一；⑤B 中的元素不一定有原像；⑥B 中的元素有原像时未必唯一．

（四）通过恰当的例子明确概念

学生能否恰当举出概念外延中的元素，是评价学生是否真正掌握概念的重要方法．举例要求具有典型性和全面性，即对某一概念的举例，必须要能用最少的例子说明该概念外延的各个方面．特别是要通过反例说明该概念的外延的准确范围，它比举正例甚至更有说服力．反例应注意从相似或相反概念中，或从易被忽视的某些条件中去找，以使学生明确概念的外延的范围、内涵的作用和概念间的区别与联系．

（五）重视概念的名称或符号的正确使用

在教学过程中，要提醒学生注意，使用概念的名称或符号，要唤起概念的本质属性．例如，对于函数符号 $y=f(x)$，$x\in A$，由于函数是联系着定义域的对

应法则，所以它与 $s=f(t)$，$t\in A$，以及 $x=f(y)$，$y\in A$，都是表示同一个函数，只是所采用的字母不同而已．这对于讲清反函数及其表示具有重要意义．

三、数学概念的巩固

（一）重视概念的记忆

正确记忆概念的定义、语词和符号是准确使用概念的前提．理解概念有利于学生对概念的记忆，但理解却不一定能够记忆．教师应采取多种方法引导学生记忆所学概念的有关内容，并能适时再现出来．

（二）重视概念的应用

数学运算、推理以有关的数学概念为基础和依据，而学生对概念的理解也正是在这样的运用中才得以深化．教学中除了及时布置一些检查概念是否理解和掌握的作业题外，还要选择一些运用数学概念的综合题让学生思考，把概念与定理的教学融为一体，促使学生发挥数学概念在运算、作图、推理、证明中的理论指导作用．

▷ **案例 8-3**

例如，让学生填充下列定理中所缺的词，以加深他们对平行四边形、矩形、菱形、正方形这几个概念的理解．

(1) 两条对角线_____的平行四边形是矩形；
(2) 两条对角线_____的四边形是矩形；
(3) 两条对角线_____的四边形是菱形；
(4) 两条对角线_____的平行四边形是菱形；
(5) 两条对角线_____的矩形是正方形；
(6) 两条对角线_____的菱形是正方形；
(7) 两条对角线_____的平行四边形是正方形；
(8) 两条对角线_____的四边形是正方形．

其实，理解了概念并不一定就能真正掌握它，只有通过反复的灵活运用，才能巩固深化对概念的理解．教学实践表明，当概念出现在各种不同情境中的时候，对于已熟悉了定义的学习者来说，也仍然会感受到新的启迪，深化对似乎已熟悉概念的认识，达到运用自如的境界．

四、数学概念的系统化

为了使学生认清概念间的关系，教学中一般是采用概念分类，或者是比较概念的内涵和外延，从而确定它们的各种关系，如同一关系、交叉关系、从属关系、对立关系、矛盾关系等．例如，对于实数概念的教学，为了使学生对实数概念得到较全面系统的认识，可以把实数进行分类，写出分类表，指出数的概念从自然数到分数到有理数到实数的扩充过程．再进一步比较各种数集及其运算性质，从而指出数的概念的扩充原则以及各种数集间的关系．这样，学生就可以清晰、系统地掌握数的概念．

在建立数学概念体系的过程中，应注意新旧概念的比较．通过比较，可以使学生根据旧概念理解和记忆新概念，通过相近或相反概念的比较，更好地明确概念之间的区别与联系，建立清晰的概念体系．

▶ 案例 8-4

例如，对于"根式"与"无理式"两个概念，要引导学生从概念的内涵和外延上去区分它们．根式的定义是："形如 $\sqrt[n]{a}$ 的代数式称为根式"．它的内涵是"式子 $\sqrt[n]{a}$"这种形式，根号内可含有字母，也可不含有字母，如 $\sqrt{2}$，$\sqrt{(-2)^2}$，$\sqrt[3]{1-x}$ 等都是根式，而 $\sqrt[3]{a}+\sqrt[3]{b}$，$\sqrt[n]{a}+2$ 等都不是根式．无理式的定义是：含有字母开方运算的代数式称为无理式．如 $\sqrt{x+2}$，$\sqrt{a}$，$\sqrt{a+2}$，$\sqrt[3]{a}$，$\sqrt[3]{b}$ 等都是无理式，而 $\sqrt{2}$ 不是无理式．无理式的内涵是含有根号且根号内必含有字母．从而也可以看出，"根式"与"无理式"不是包含关系，而是交叉关系．

第四节　数学概念教学设计的案例分析

▶ 案例 8-5　"函数的单调性"教学案例

一、情境的创设

师：一个月前，我们共同经历了一场令人感到恐怖且终生难忘的自然灾害，大家还记得吗？

生：（异口同声）"桑美"台风．

师：从小到大我们对台风的了解也不少，台风是不是一生成就是 17 级呢？

生众：（笑）不是．（教师用多媒体展示"桑美"台风强度变化的直方图，如图 8-6．）

师：如果我们以台风生成后的时间为自变量，台风的强度为函数值，建立一个函数关系，能否得到以下结论——台风的强度随时间的增大而增强呢？

（学生有的说对，有的说不对，教师不急于揭示答案，而是把学习目标引向函数关系中两个变量变化大小的相互依赖关系上．学生所熟悉的生活实例是激发学习兴趣的手段，也是学生理解函数单调性概念的现实背景．）

视频 8.3　"函数的单调性"教学（学生实训）

视频 8.4　"函数的单调性"教学（教学评点）

师：大家一起来观察函数 $y=x^2$ $(x\geqslant 0)$ 图像中的 x 值与 $f(x)$ 值的动态变化过程（教师用多媒体展示图 8-7），x 与 $f(x)$ 之间有什么样的联系？

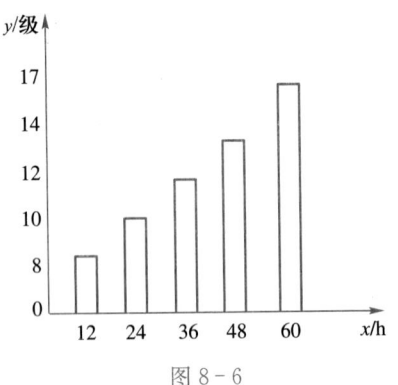

图 8-6

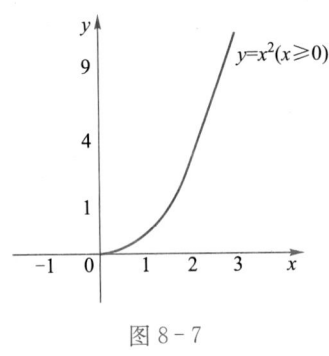

图 8-7

生：随 x 取值的增大，相应的 $f(x)$ 的值也增大.

师：这种随 x 值的增大，$f(x)$ 的值也越来越大的函数，称为增函数. 类似的，观察函数 $y=x^2$ $(x\leqslant 0)$ 图像的动态效果，这种随 x 值的增大，$f(x)$ 的值越来越小的函数，我们称为减函数.

分析：通过一个生活背景的实例和函数 $y=x^2$ 图像的直观观察，产生了增、减函数的生活语言的描述性定义，尽管这种定义不严格，但学生初步理解到的是两个变量之间具有依赖性的增减关系，这是函数单调性中最为基本和初始的思想，也是从生活中的原初思想迈向数学概念的关键性的第一步. 事实上，这一阶段是对函数单调性的概念进行了第一次归纳——由实际背景转化为文字语言的叙述.

二、概念的形成

师：那么，函数 $y=x^2$ 究竟是增函数还是减函数呢？

生 1：是增函数.

生 2：是减函数.

生众：（有的说）有时增，有时减；（有的说）既增又减；（有的说）要分情况考虑.

师：好，有同学说要分情况考虑，那么，大家再仔细看看 $y=x^2$ 的图像，哪种情况下增，哪种情况下减呢？

生：函数 $y=x^2$ 在 $(-\infty, 0]$ 上为减函数，在 $[0, +\infty)$ 上为增函数.

师：由上面的讨论可知，函数的单调性与自变量的范围有关，一个函数并不一定在整个定义域内是单调函数，但在定义域的某个子集上可以是单调函数.

于是我们可以这样下定义：

如果函数 $y=f(x)$ 在某个区间上满足：随自变量 x 值的增大，$f(x)$ 的值也越来越大，我们说函数 $y=f(x)$ 在该区间上为增函数，该区间称为函数 $y=f(x)$ 的增区间；如果函数 $y=f(x)$ 在某个区间上满足：随自变量 x 值的增大，$f(x)$ 的值越来越小，我们说函数 $y=f(x)$ 在该区间上为减函数，该区间称为函

数 $y=f(x)$ 的减区间.

回顾关于"桑美"台风的话题,有学生指出台风的强度不可能随着时间的增大而不断地增强下去,因为登陆后台风的强度自然会逐渐减弱.因此,台风的强度在登陆之前随时间的递增而增强,而在登陆之后随时间的递增而减弱.

分析:这一阶段,教师抓住"分情况讨论",使学生认识到函数的单调性与其定义域密切相关,因此,在描述函数单调性时,应该说清楚 x 在哪个范围内,从而使学生对单调性的理解,从图像的直观体验向数学的严格性迈进了一步.事实上,这一阶段是对函数单调性的概念进行了第二次归纳——由一般文字语言的叙述转化为数学文字语言叙述.

三、概念的符号化

师:刚才我们通过观察图像,得出了函数 $y=x^2(x\geqslant 0)$ 在区间 $[0,+\infty)$ 上为单调递增函数.那么,如何用代数方法证明这个结论呢?

生1:因为 $2>1$,而 $2^2>1^2$,所以函数 $y=x^2$ 在区间 $[0,+\infty)$ 上为单调递增函数.

生2:这样的证明不对,仅仅两个数的大小关系,不能说明函数 $y=x^2$ 在区间 $[0,+\infty)$ 上为单调递增函数,应该举出无数个(如表8-1).

表8-1 自变量 x 与函数值 y 的取值

x	0	$\frac{1}{2}$	1	$\frac{3}{2}$	2	…
y	0	$\frac{1}{4}$	1	$\frac{9}{4}$	4	…

表8-2 自变量 x 与函数值 y 的取值

x	-1	2	3	4	5	…
y	1	4	9	16	25	…

(由于很多学生不能分清"无数"和"所有"的区别,所以许多学生对学生2的说法表示赞同,因为表格中的数据直观显示出随 x 的增大 $f(x)$ 越来越大.)

生3:这样的证明似乎还有些不妥吧!比如函数 $y=x^2(x\in[-1,+\infty))$,取下列的无数个实数(如表8-2),显然 $f(x)$ 也随 x 的增大而增大,是不是也可以说函数 $y=x^2$ 在区间 $[-1,+\infty)$ 上是增函数呢?可这与图像矛盾啊?

(众学生一脸茫然,感觉学生3说的没错,于是用期待的目光盯着教师.)

师:"无数个"能不能代表"所有"呢?比如:2,3,4,5,…有无数个自然数都比 $\frac{3}{2}$ 大,我们能不能说所有的自然数都比 $\frac{3}{2}$ 大呢?

(学生恍然大悟.)

生4:我们总不能把所有的数都列举出来吧?那一辈子都做不完哦!

师:的确如此,那你有没有什么好的办法解决这个问题呢?

(大家都看着学生4,学生4低下了头——没办法解决.)

师:我国召开全国人民代表大会的时候,是不是全国所有的老百姓都去北京开会呢?

生:不是!

师：那人民如何行使权力呢？

生：通过人民代表．

生5：我们也可以在区间 $[0,+\infty)$ 上选两个代表啊！

师：那该如何选代表呢？选1和2怎么样？

生5：不行，因为1和2仅代表它们自己，并不能代表区间 $[0,+\infty)$ 上的所有实数，应该用字母来代替具体数字，比如设 x_1，x_2 为区间 $[0,+\infty)$ 上的两个任意实数，当 $x_1<x_2$ 时，只要证明 $f(x_1)<f(x_2)$，就能说明它在区间 $[0,+\infty)$ 上是增函数了．

师：很好．赋予 x_1，x_2 为区间 $[0,+\infty)$ 上"代表"的身份，那么当 $x_1<x_2$ 时，怎么证明 $f(x_1)<f(x_2)$，即 $x_1^2<x_2^2$ 呢？

生6：作差比较，只要证明 $f(x_1)-f(x_2)<0$ 即可．

$f(x_1)-f(x_2)=x_1^2-x_2^2=(x_1+x_2)(x_1-x_2)$，

因为 $x_1-x_2<0$，$x_1+x_2>0$，所以

$$f(x_1)-f(x_2)<0, f(x_1)<f(x_2).$$

师：刚才的证明，关键是选取了 x_1，x_2 是 $[0,+\infty)$ 上的"任意"两个实数，这里"任意"二字使得 x_1，x_2 代表了 $[0,+\infty)$ 上的所有实数，也就是说 $f(x_1)<f(x_2)$ 这个不等式对于区间 $[0,+\infty)$ 上的任意实数都是恒成立的．通过这种方式，解决了我们"一辈子"都做不完的工作．我们可以再次给出增函数和减函数的定义：

对于函数 $y=f(x)$，如果对其定义域 I 内某个区间 D 上的任意两个自变量 x_1，x_2，当 $x_1<x_2$ 时，都有 $f(x_1)<f(x_2)$，那么就说函数 $y=f(x)$ 在这个区间上为增函数；当 $x_1<x_2$ 时，都有 $f(x_1)>f(x_2)$，那么就说函数 $y=f(x)$ 在这个区间上为减函数．

分析：这一阶段是学生的概念形成的关键过程，教师通过一系列的本原性问题，使学生突破了思维的瓶颈，让学生感受到通过用任意的点 x_1 和 x_2 的大小关系来判断 $f(x_1)$ 和 $f(x_2)$ 的大小关系，可以得到函数单调性的整体性质．这既让学生理解了教师最终给出的严格的单调性的含义，也让学生体验到了如何用局部点的任意性，推演到函数的整体单调的性质．事实上，这一阶段是对函数单调性的概念进行了第三次归纳——由数学文字语言叙述转化为数学符号语言叙述．

四、概念的形式化

师：我们来比较一下增函数与减函数定义中，两个不等式中不等号的方向，你有什么发现吗？

生：增函数不等号方向一致，减函数方向相反．

师：如果将增函数中的"当 $x_1<x_2$ 时，都有 $f(x_1)<f(x_2)$"，改为"当 $x_1>x_2$ 时，都有 $f(x_1)>f(x_2)$"，结论是否一样呢？

生：一样．

师：如果改为"当 $x_1-x_2<0$ 时，都有 $f(x_1)-f(x_2)<0$"，是否还是一样呢？

生：一样.

师：改为"当 $x_1-x_2>0$ 时,都有 $f(x_1)-f(x_2)>0$",是否还是一样呢?

生：还是一样.

师：减函数的定义是否也可以进行这样修改?

生：可以.

师：根据刚才的分析,有没有发现自变量的差量与函数值的差量之间的关系?

生：自变量的差与相应的函数值的差,如果保持同号就说明其是单调递增函数,如果保持异号则是单调递减函数.

师：你能否将定义修改,使其更为简洁呢?

生：如果对于定义域 I 内某个区间 D 上的任意两个自变量 x_1 和 x_2,若 $\dfrac{f(x_1)-f(x_2)}{x_1-x_2}>0$,则函数 $y=f(x)$ 是增函数；若 $\dfrac{f(x_1)-f(x_2)}{x_1-x_2}<0$,则函数 $y=f(x)$ 为减函数.

师：很好,事实上,$\dfrac{f(x_1)-f(x_2)}{x_1-x_2}$ 的符号决定了函数 $y=f(x)$ 的单调性,我们不仅要能从图像上直观判断函数的单调性,更应该要从单调性的本质上来理解这个概念. 能用这种表达形式来描述函数的单调性,说明大家对单调性概念的理解是比较深刻的.

分析：这一阶段教师引导学生对函数单调性的概念进行了剖析,带领学生深入定义的表达形式,探索概念的本质,实现了从具体到抽象的转化. 事实上,这一阶段是对函数单调性的概念进行了第四次归纳——由数学符号叙述抽象到了形式化.

五、概念的理解

例1 判断下列命题的真假：

(1) 定义在 **R** 上的函数 $y=f(x)$ 在区间 $(-\infty, 0]$ 上是增函数,在区间 $[0, +\infty)$ 上也是增函数,则函数在 **R** 上是增函数.

(2) 定义在 **R** 上的函数 $y=f(x)$ 在区间 $(-\infty, 0)$ 上是增函数,在区间 $(0, +\infty)$ 上也是增函数,则函数在 **R** 上是增函数.

分析：通过上述两个命题的真假判定,旨在使学生能借助图形直观,理解连续函数、间断函数的单调性情况,从而帮助学生建立起对函数单调性概念的正确理解.

六、概念的运用

例2 物理学中的玻意耳定律 $p=\dfrac{k}{V}$ (k 为正常数) 告诉我们,对于一定量的气体,使其体积 V 减小时,压强 p 将增大,试用函数的单调性知识说明其原因.

例3 设集合 $A=\{1, 3, 5\}$,集合 $B=\{1, 2, 3, 4\}$,试写出集合 A 到集

合 B 的两个增函数.

课后思考：设函数 $f(x)=\sqrt{x^2+1}-ax$ $(a>0)$，求实数 a 的取值范围，使 $f(x)$ 在区间 $[0,+\infty)$ 上为单调函数.

分析：上述两个问题设计的主要目的，是通过解决一些具体问题，来真正理解函数单调性概念的本质. 通过对这类问题的解答和辨析，学生对概念的理解程度更加深入.

【案例分析与评价】

数学概念的教学，一般都要经历概念的形成、概念的表述、概念的辨析、概念的应用等阶段. 在数学概念教学中，很多教师往往不注重概念的形成过程，只重视概念的运用，忽视数学知识的产生与形成的重要阶段，强行地将一些新的数学概念灌输给学生，无从体现学生的主体性，严重影响学生形成正确的数学观，阻碍学生的数学能力的发展.

本案例的教学设计改变了以往纯学术形态的形式，或单纯注重应用的倾向，一定程度上具有了教育形态的特征. 借助对函数图像的观察、分析、归纳，发现函数的增、减变化的直观特征，进一步量化，发现增、减变化的数字特征，从而加以解析研究，进行严格的数学刻画. 通过让学生经历函数单调性的形式化过程，体验了函数单调性概念的产生、发展过程，加深了学生对函数单调性的本质的理解. 同时，可有效促进学生掌握研究函数性质的一般方法，即通过数与形结合的方式，由直观到抽象，由特殊到一般，以此来分析问题和解决问题.

总之，在数学概念教学中，如何设计有效的问题情境，以充分调动学生参与课堂教学活动，使学生经历观察、分析、类比、猜想、归纳、抽象、概括、推广等思维活动，从而使学生参与和体验数学概念的产生过程，提高他们对数学的认识水平，这是数学概念教学要研究和解决的首要问题.

习题作业

1. 什么是数学概念的内涵与外延？它们之间具有怎样的关系？
2. 结合数学实例，谈谈什么是概念形成与概念同化.
3. 你听过的数学概念课中，主要存在哪些问题？应如何改进？
4. 试对"函数的奇偶性"进行教学设计.

第九章　数学命题教学设计与案例分析

学习目标

- 掌握判断与命题的内涵，掌握数学命题的基本形式.
- 了解数学命题学习的基本方式.
- 掌握数学命题教学设计的基本策略，能结合具体内容进行教学设计.

第一节　什么是数学命题

一、判断

视频 9.1　数学命题教学的反思、界定及教学要求

判断是对思维对象有所断定的一种思维形式. 对思维对象有所肯定或有所否定, 乃是一切判断的最显著的特点. 判断所形成的表达, 都离不开语句, 且判断有真假之分.

数学判断是对空间形式和数量关系有所肯定或否定的思维形式. 例如, "正数都大于零""有些一元二次方程无实根"等, 都是数学判断. 判断有真有假. 如果一个判断能如实反映客观事物, 在质和量上都能正确反映客观事物的真实性, 那么这个判断就是真判断; 否则就是假判断. 上面提到的两个判断都是真判断, 而 "所有的一元二次方程都有实根" 就是一个假判断.

把判断本身不再包含其他判断的判断称为简单判断, 它又可以分为性质判断和关系判断.

(一) 性质判断

性质判断是断定事物具有或不具有某种性质的判断, 它由主项、谓项、量项、联项四部分组成.

主项表示判断的对象, 通常用 S 表示; 谓项表示判断对象具有或不具有的性质, 通常用 P 表示; 量项表示主项的数量, 也叫判断的 "量", 表示对象全体的叫全称量项, 表示对象一部分的叫特称量项; 联项表示主项和谓项之间的关系, 也叫判断的 "质", 通常用 "是" 或 "不是" 等词表达.

性质判断可以分为下面四种形式:

(1) 全称肯定判断. 其逻辑形式为 "所有 S 都是 P".

(2) 全称否定判断. 其逻辑形式为 "所有 S 都不是 P".

(3) 特称肯定判断. 其逻辑形式为 "有些 S 是 P".

(4) 特称否定判断. 其逻辑形式为 "有些 S 不是 P".

(二) 关系判断

关系判断是事物与事物之间关系的判断. 在中小学数学中, 只研究两个对象之间的关系判断. 关系判断由主项、谓项和量项三部分组成.

主项又称关系项, 是指存在某种关系的对象, 在前的为关系前项, 在后的为关系后项. 谓项又称关系, 是指各个对象之间的某种关系. 量项表示主项的数量, 每一个关系都有量项. 一般用 X 表示关系前项, Y 表示关系后项, R 表示关系, 则有 XRY.

最常见的关系形式有三种:

1. 自反关系

如果 R 是定义在集合 S 中的一个二元关系, 若对每个 $X \in S$ 有 XRS, 则称

R 在 S 中是自反的,否则称为反自反的. 例如,实数集合中相等关系是自反的,而大于、小于关系是反自反的.

2. 对称关系

设 R 是定义在集合 S 中的一个二元关系,对每个 X、$Y \in S$,如果有 XRY,就有 YRX,则称 R 在 S 中是对称的;如果有 XRY,则 YRX 必然不成立,则称 R 在 S 中是反对称的. 若当且仅当 $X=Y$ 时,XRY 与 YRX 同时成立,则称 R 在 S 中是非对称的. 例如,实数集合中"大于""小于"都是反对称关系,"不大于""不小于"则是非对称关系.

3. 传递关系

设 R 是定义在集合 S 中的一个二元关系,对每个 X、Y、$Z \in S$,如果有 XRY、YRZ 时,则有 XRZ,则称 R 在 S 中具有传递关系;否则称为反传递关系. 例如,平面中两直线平行关系是传递关系,而垂直关系为反传递关系.

以某个或某些判断作为其构成要素的判断,称为复合判断,主要包括负判断、联言判断、选言判断、假言判断等,以下在命题中细述之.

二、数学命题的形式

用来表达数学判断的语句称为数学命题. 例如,等角的余角相等;$x^2=1$;$5<9$;$a^2-2ab+b^2=(a-b)^2$;$y>2$;$\triangle ABC \backsim \triangle A'B'C'$ 等,都是数学命题. 由于判断有真有假,所以命题也有真假之分.

在结构上不能再分解出其他命题的命题,称为简单命题. 复合命题是指由简单命题用联结词联结而构成的命题.

复合命题是由下述几个逻辑联结词联结起来构成的命题:

(一) 否定 (非)

对于每个命题,都有一个与它意义相反的命题,这个命题称为原来命题的否定. 若用 P 表示一个命题,它的否定命题为"非 P",记作 $\bar{P}$,又可以说是 P 的负命题或补命题. 否定命题的真假与原命题的真假恰好相反.

(二) 合取 (且、与)

将两个或两个以上的简单命题用"且"或"与"联结起来构成命题的方法. 若 P、Q 表示命题,则记为"$P \wedge Q$",这个式子叫命题 P、Q 的合取式或联言命题,P、Q 称为合取或联言肢. 当且仅当 P、Q 同真时,$P \wedge Q$ 为真,其他情况都为假.

(三) 析取 (或)

将两个或两个以上的简单命题用"或"联结起来构成命题的方法. 若 P、Q 表示命题,则记为"$P \vee Q$",这个式子称为命题 P、Q 的析取式或选言命题,

P、Q 称为析取或选言肢. 当且仅当 P、Q 同假时，$P \vee Q$ 为假，其他情况都为真.

（四）蕴涵（若……，则……）

将两个简单命题分别放在"若"和"则"之后构成命题的方法. 用"蕴涵"把命题 P、Q 联结成新命题"P 蕴涵 Q"或"若 P 则 Q"，记作 $P \rightarrow Q$，这个式子称为蕴涵式或充分条件假言命题. 只有 P 真而 Q 假时，这个充分条件假言命题才为假；其他情况下，整个命题都为真. 在实际中运用一个充分条件假言命题时，并不只是考虑 P、Q 的真假关系，同时还必须考虑 P 与 Q 之间在内容上的联系.

（五）等价（当且仅当）

将两个简单命题用"当且仅当"联结起来构成命题的方法. 用"等价"将命题 P、Q 联结成新命题"P 等价 Q"，记作"$P \leftrightarrow Q$"，这个式子称为等价式或充要蕴涵式或充要假言命题. 要使通过等价所获得的命题为真命题，只须要求这两个命题同真且同假.

三、数学命题的条件和结论

数学命题常常写成"若 P 则 Q"的形式，其中"若 P"部分称为命题的条件或题设，"则 Q"部分称为命题的结论. 命题的条件是对数学对象作出判断时的依据，一般是命题讨论的范围，或数学对象具有的某种性质. 命题的结论是根据命题的条件，对数学对象做出判断的具体内容，一般是对数学对象具有某种性质或关系的判断.

数学命题的条件一般用已知、若、如果、假设等词开始，有时也可直接罗列条件. 数学命题的结论也有与条件相应的词语作为开始，如求证、则、那么、则有、必有等. 数学命题的条件和结论有的只有一个简单命题，有的则可以有两个或两个以上，它们之间的关系为析取关系或合取关系.

根据命题的条件 P 对结论 Q 所起的作用，可以把命题的条件分为以下四种情况：

（一）充分非必要条件

在命题"若 P 则 Q"中，若条件 P 为真，则结论 Q 为真；另一方面，如果结论 Q 为真，却不能推出条件 P 为真，这时称命题中的条件 P 为结论 Q 的充分非必要条件.

充分条件一般作为对某概念具有某种性质的判定定理.

（二）必要非充分条件

在命题"若 P 则 Q"中，如果由结论 Q 真必然推出条件 P 真；另一方面，如果条件 P 真却不能推出结论 Q 真，这时称命题中的条件 P 为结论 Q 的必要非充分条件.

必要条件一般作为性质定理出现，但由于具有必要非充分条件的命题"若 P 则 Q"一定是假命题，因此，在表达方式上与"若 P 则 Q"正相反，即写成"若 Q 则 P"的形式.

（三）充分必要条件

在命题"若 P 则 Q"中，如果条件 P 为真则结论 Q 一定真，反之，结论 Q 真则必有条件 P 真，这时称命题中的条件 P 为结论 Q 的充分且必要条件.

数学中的概念与其定义之间的关系就是一种充要条件的关系. 如果把具有充要条件关系的命题的条件和结论看成是两个命题，则这两个命题具有等价关系.

（四）既非充分又非必要条件

除上述三种条件以外的所有数学命题，都可称为既非充分又非必要条件的命题，这类命题一般都是假命题，其特点是对数学概念的性质和关系的错误判断，但其在教学中起着重要作用. 如明确某概念的内涵或外延，研究命题的条件对命题的作用时，根据学生情况构造一些非充分也非必要条件的命题，可以使学生在辨析中掌握新知识.

四、数学命题的四种形式及制作

（一）数学命题的四种形式

为了研究数学命题的条件和结论的逻辑联系，常把一个命题的条件和结论换位，或变为它们的否定形式，这样就可以得到命题的四种形式（如图9-1所示）.

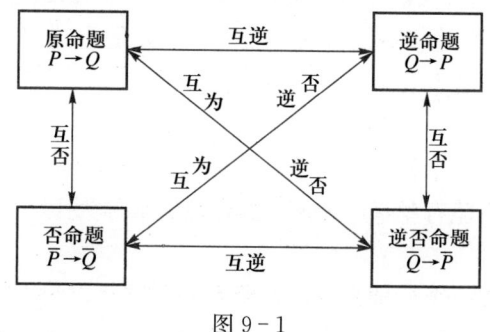

图 9-1

原命题：若 P 则 Q；

逆命题：若 Q 则 P；
否命题：若 $\bar{P}$ 则 $\bar{Q}$；
逆否命题：若 $\bar{Q}$ 则 $\bar{P}$.

对于互为逆否的两个命题，它们具有同真同假的性质，此特性称为逆否命题的等效原理. 等效原理在数学证明中经常用到. 为了证明一个命题的真实性，可以转换为证明它的逆否命题的真实性.

（二）数学逆命题与否命题的制作

如果一个命题的条件和结论都是简单命题，则只须将命题的条件与结论互换就形成原命题的逆命题；将原命题的条件与结论分别否定就形成原命题的否命题.

如果一个命题的条件和结论是复合命题，制作命题时，将命题的条件和结论全部交换，就形成了原命题的逆命题；如果将条件和结论作部分交换，就可以形成原命题的偏逆命题，但偏逆命题与否命题不等价.

制作否命题时，必须将条件和结论中各部分分别变成否定形式的同时，将条件和结论的组成形式由析取变合取，或由合取变成析取. 如果只部分否定命题的条件和结论，则就将命题变为了原命题的偏否命题，同样，偏否命题与逆命题不等价. 此外，在作含有量词的命题的否命题时，并不能简单在条件和结论上加否定词，而应在否定的同时将量词作相应变化，即全称量词变为特称量词，特称量词变为全称量词.

五、数学公理和定理

数学真命题是对性质和关系的正确判断. 在真命题中有两类特殊的真命题，即公理和定理.

（一）公理

人们经过长期实践证实了的不加逻辑证明而作为推证根据的原始命题称为公理. 如"两点确定一条直线""整体大于部分""不共线的三点确定一个平面"等，都是数学公理. 从逻辑观点分析，公理也不是随意选定的，一个良好的公理系统应满足下列三项基本要求.

1. 相容性

相容性是指在同一个公理系统中，公理彼此之间不能自相矛盾，由这些公理推出的一切结果也不能有丝毫的矛盾. 相容性通常称为无矛盾性.

2. 独立性

独立性是指在同一个公理系统中，所有公理彼此之间不能互相推出，也就是说，一个公理系统中任何一条公理，都不应该由这一系统中的其他公理推出. 根据公理系统的独立性的要求，在一个公理系统中，公理的个数要尽量少些.

3. 完备性

完备性是要求对公理系统中所有基本概念的性质，作出明确的规定，使得这个系统中的定理和公式，都能毫无例外地在本系统中被证明，而且推理证明过程无需再用直觉．

这三项基本要求，相容性是主要的，因为一个公理系统如果违背了相容性的要求，那么这个公理系统中的公理作为推理的大前提，它所推出的结果必然是矛盾百出，造成逻辑上的混乱．独立性和完备性是第二位的要求，对于一个严谨的公理系统，这两个要求也应得到满足．

为了适应中小学生的接受水平，照顾学生的接受能力，在中小学数学教材体系中，对于一些证明较复杂的真命题也作为公理处理．

（二）定理

由公理、定义或已被证明为真的其他数学命题，运用推理规则，可以推出一系列数学真命题．例如，平行四边形的对角相等；三角形内角和等于 $180°$；圆内接四边形的对角互补，都是真命题．由于真命题在数学体系中所处主次地位不同，从而形成了定理、引理、推论（系）及习题等．

定理是在数学体系中占主要地位，而且有较广泛应用的真命题．引理是为简化某个定理的证明过程而预先证明的小定理．推论是直接根据某个定理或公理推出的定理，往往是相应定理某种简单的特殊情况．另外还有一些真命题，通常把它们作为例题或练习题处理．

第二节　数学命题的学习方式

一、下位学习、上位学习和并列学习

命题学习的关键是获得新命题与原有认知结构中的知识间的关系，关系不同，学习难易程度、新命题和原有认知结构作用的方式也不同．新命题和原有认知结构中的有关知识有三种关系：下位关系、上位关系和并列关系．

如果原有认知结构中存在概括层次上高于新命题的知识，那么新命题和原有认知结构中的有关知识就构成下位关系．上位关系与下位关系正好相反，原有认知结构中的有关知识在概括程度上低于新学习的命题，这种关系叫上位关系．新学习的命题与原有认知结构中的有关知识，既不能构成下位关系，又不能构成上位关系，但它们又有一定的联系，这种关系称为并列关系．

依据上述三种关系，数学命题的学习可以分为下位学习、上位学习和并列学习．

（一）下位学习

在下位学习中，新命题可以直接和原有数学认知结构中的有关知识发生联系，直接纳入到原有认知结构中，充实原有的数学认知结构. 在这种学习中，新命题是已有命题的特例，是一般到特殊的关系，所以新命题直接从原有知识中分化出来.

例如，学完平行四边形后学习矩形，直接在平行四边形的认知结构中指明"有一个角是直角的平行四边形"的属性，就能把和矩形有关的新定理直接纳入平行四边形的认知结构中去.

（二）上位学习

上位学习是通过对已有知识的归纳、综合与概括，改进原来的认知结构为新的认知结构而完成的. 新命题中的概念之间的关系是通过归纳、概括比它层次低的有关知识而获得的. 所以，如果说下位学习中获得概念间的关系是通过分化，那么上位学习中获得概念间的关系依靠的便是综合.

例如，在学习了三角形内角和、四边形内角和定理后，学习多边形内角和定理，就需要对三角形、四边形、五边形等内角和与边的关系，进行观察、比较、抽象与概括，改建具体内容，变为 $(n-2) \cdot 180°$ 的形式，成为多边形内角和的认知结构.

（三）并列学习

在并列学习中，新命题与原有认知结构没有像上位学习和下位学习那样的直接关系，学习的关键是寻找新命题与原有认知结构中有关命题的联系，使它们在一定意义下能进行类比. 即在并列学习中，新命题中概念间的关系是通过类比处于并列关系的"旧命题"中的概念间的关系获得的.

例如，不等式的同解原理和方程的同解原理是并列关系，学习了方程的同解原理后，学习不等式的同解原理，就可以通过类比，建立两者关系，从而掌握不等式的同解原理.

二、接受学习和发现学习

数学命题获得通常采用两种方式：一种是命题的同化形式，即直接给学习者展示学习的新命题，学习者原有的观念与新命题中的各有关概念联系起来；另一种是命题的形成形式，即学习者通过考察命题的特例，抽象、概括出命题的过程.

依据数学命题获得的两种不同心理形式，数学命题学习可以分为接受学习和发现学习.

（一）接受学习

在接受学习中，学习的数学命题是直接呈现给学生的，接受学习可以是机械的，也可以是有意义的. 例如，教师通过讲述、幻灯或板书等多种教学媒体将"直线与平面平行的判定定理"的内容明确告诉学生，在这样的学习条件下，学生不可能有"直线与平面平行的判定定理"的发现过程，学生学习的主要任务是接受这个定理. 如果学生只是逐字逐句地记住直线与平面平行的判定定理，而没有经过任何语义加工，那么这种学习就属于机械学习；如果学生能够主动地对定理进行深层次的加工，那么这种数学定理的学习就是有意义的学习.

命题学习的过程中，机械学习在以下两种条件下产生：一种条件是新命题本身与学生已有的知识没有内在的逻辑联系，学习者不得不进行机械记忆. 例如，学生在已有的知识中并没有直线与直线平行的概念、直线与平面平行的概念，那么学生学习直线与平面平行的判定定理时，就不可避免地机械记忆该定理. 第二种条件是学生没有建立新命题与已有的知识之间联系的心理倾向，即使新命题本身与学生已有的知识之间存在着逻辑联系，命题学习也还是机械性的学习.

如果新命题本身与学生已有的知识具有内在的逻辑意义，并且学生具有理解命题意义的心理倾向，那么这种学习就是有意义的学习. 有意义的学习过程是一个积极的思维过程，这一过程至少包括：

（1）在已有的知识中找到与新命题相联系的数学知识（如在"直线与平面平行的判定定理"的例子中，直线与直线平行概念，平面外和平面内的直线概念，直线与平面平行概念等），经语义加工而明确新命题的前提和结论（定理的前提是平面外的一条直线与平面内的一条直线平行，结论是直线与平面平行）.

（2）利用已有数学问题解决的经验，明确新命题的前提与结论内在的联系（获得直线与平面平行的判定定理的证明，从而明确要证明直线与平面平行，只要证明平面外的一条直线与平面内的一条直线平行）.

（3）明确新命题与已有的数学知识之间的区别. 以上这些思维活动都应是积极的，即学生在已有数学知识和问题解决经验的基础上，通过积极地思维而获得新命题的意义. 但这种学习新命题的过程区别于命题的发现过程.

（二）发现学习

发现学习是学生相对独立地获得知识的学习方式. 学生从具体例子出发，通过操作、实验、分析、推理，发现一般结论. 发现学习的过程大致有以下几个环节：①探索发现；②提出假设；③验证假设；④得出结论；⑤理解和应用.

在发现学习中，新命题的内容并没有直接呈现给学生. 例如，在"直线与平面平行的性质定理"的学习中，向学生呈现如下问题：

如果 $a // \alpha$，那么直线 a 和平面 α 内的任何一条直线是否平行？

如果 $a // \alpha$，那么平面 α 内的直线 b 在什么条件下一定与直线 a 平行？

如果 $a // \alpha$，那么如何在平面 α 内做出（或找到）一条直线与直线 a 平行？

学生通过解决这些问题，发现直线与平面平行的性质定理的过程，就是命题的发现过程. 在数学教学过程中，教师可以设计和呈现相应的问题情境来加快学生的发现进程. 学生通过解决这些问题，得到猜想，通过检验和修正猜想，从而发现新的命题. 因此在教学条件下，新命题的发现一般是有指导的发现，即在教师指导下的发现.

第三节 数学命题教学设计的基本策略

一、注重数学问题情境的创设

视频 9.2 数学命题教学策略（1）

在数学命题教学中，针对数学命题的内涵和特征，从学生的认知规律和知识的内在联系出发，利用知识的发生、发展、深化过程，设计出适合学生实际的教学情境，通过创设相应的问题情境去激发学生的探索意识，使其表现出创新的意向和愿望，这是培养学生创新素质的基本前提.

视频 9.3 数学命题教学策略（2）

▶ **案例 9-1**

关于公式 $(a+b)^2=a^2+2ab+b^2$ 的教学，我国的数学教学中，一般均是直接按照多项式的乘法规则进行逻辑演绎，之后再辅以几何的直观解释. 而美国的一个代数教材中，为了帮助学生学习这一公式，是以这样一个故事引入的：一位老人喜欢孩子们去看他，他总会给他的孩子们糖，他给糖的规则是："每个孩子得到的糖块数正好和当时看他的孩子的人数一样多." 第一天，先有 a 个男孩去看他，男孩走后，又有 b 个女孩去看他. 第二天，a 个男孩和 b 个女孩一起去看他. 问：这一群孩子哪一天得到的糖多，多多少块？该问题情境富有创意的设计，确实有耳目一新之感，同时其生活化、趣味性的特征，将极大地诱发学生的探索欲望和创新意识.

二、尽量引导学生自己发现数学命题

在教学过程中一般不要先提出定理的内容，而是有目的地创设问题情境、提供研究素材，引导学生通过作图、实验、运算、推理，用发现式引导学生通过实践和推理等手段，独立思考，探索规律，建立猜想，获得命题，然后进行证明. 用发现式引导学生通过自己的亲身参与来发现定理，不但能使定理内容在学生的头脑中留下深刻印象，经久不忘，而且还能激发学生的求知欲望，提高学习的兴趣.

▶ **案例 9-2**

对于直线的基本性质（公理）："经过两点有一条直线，并且只有一条直线." 教材中采取了用实验来明确的办法，即过一个点作直线，再过两个点作直线，然

后总结出规律.在教学中,这个过程最好让学生自己动手,在纸上实践,并可以让学生考虑和尝试过三个点作直线(有时能画一条,有时画不出),这样,学生对"有且只有"的含义更为明确.

三、注重剖析数学命题的结构特征

在数学命题教学中,要剖析命题联结词在命题中的意义;要能将用语言叙述的命题转译成用字母、符号表示的表达式;要利用条件和结论的局部变化,加深对命题的条件与结论的关系的理解,使学生明确命题成立的条件,特别是强调隐藏在命题文字表述之外的条件;应训练学生能正确地叙述某个命题的逆命题、否命题、逆否命题,然后尝试着判断与证明它们是否真实;应教会学生能够辨别命题中的条件与结论之间的充分与必要的关系.

▶ **案例 9 – 3**

定理"对顶角相等"用非常概括的语言表达出了定理的条件和结论.事实上,条件是"两个角是对顶角",结论是"这两个角相等".教师要引导和帮助学生分清条件和结论,还可以进一步探讨条件与结论之间的关系,比如,相等的角是对顶角吗?

四、引导学生探索命题证明的思路

学生的创新能力的培养离不开对问题的探究.就数学命题的教学而言,数学教材中已展示了数学命题的证明过程,教师和学生只要"按图索骥",照章办事,就能获得问题的解决.这种教学和学习方式虽省时省力,但却较少有助于学生创新能力的培养.因此,在数学命题教学中,围绕数学命题证明思路的探求,教师应鼓励学生独立思考,引导学生自主探究,让学生亲身体验和感受数学命题证明思路的探索和发现过程.

特别是由于定理证明和公式推导的方法往往具有一般性,学生掌握了这些具有代表性的推证方法,将会提高他们的推理论证和解题能力.所以在教学中应重点引导学生分析、猜想解题思路和方法,把结论的推导和方法的思考过程当成使学生领会结论和掌握方法的重要途径,当成提高学生思维能力的重要手段.通过分析、寻求证明思路,使学生了解证明方法的来龙去脉,加深对定理的理解,不仅知其然,而且知其所以然,从而更有利于定理的掌握与应用.

五、启迪学生对命题进行多向推证

在定理证明完成以后,还要引导学生探寻教材之外的证明方法,以开拓学生的思路. 比如，正弦定理、余弦定理、点到直线的距离公式等，均有代数方法和向量方法等多种证明方法. 在多向求解中，学生的思维活动不局限于单一角度，不受一种思路的束缚，因而更有助于创新思维的培养.

在数学结论的推证过程中，作为认知结构相对不完善的学生，他们通常都倾向于采用寻常思维方式，尝试按照形式逻辑的推演规则，期望直接获得命题的证明，很少想到采用其他思维方式，尤其是具有突破性的思维使问题获得创造性解决，因而教师在教学中应注意多加引导和帮助.

▷ 案例 9 - 4

关于"等比数列求和公式"的教学，某堂课上在一位教师的循循善诱、点拨启发下，学生的思维异常活跃，竟创造性地探索出四种异于教材中的推证方法：

设等比数列 $\{a_n\}$ 的公比为 q （$q \neq 1$），首项为 a_1，求 s_n.

方法一：由 $\dfrac{a_2}{a_1} = \dfrac{a_3}{a_2} = \cdots = \dfrac{a_n}{a_{n-1}} = q$，得

$$\dfrac{a_2 + a_3 + \cdots + a_n}{a_1 + a_2 + \cdots + a_{n-1}} = q, \text{ 即 } \dfrac{S_n - a_1}{S_n - a_n} = q \text{（以下略）}.$$

方法二：$S_n = a_1 + a_1 q + \cdots + a_1 q^{n-1} = a_1 + q(a_1 + a_1 q + \cdots + a_1 q^{n-2})$
$= a_1 + q s_{n-1} = a_1 + q(s_n - a_n) = \cdots$（以下略）.

方法三：$S_n = a_1 + a_1 q + \cdots + a_1 q^{n-1} = a_1 + (a_1 q + \cdots + a_1 q^{n-1} + a_1 q^n) - a_1 q^n$
$= a_1 + q s_n - a_1 q^n = \cdots$（以下略）.

方法四：$S_n = a_1 + a_1 q + \cdots + a_1 q^{n-1} = a_1 (1 + q + \cdots + q^{n-1})$.

观察 $1 + q = \dfrac{1 - q^2}{1 - q}$，$1 + q + q^2 = \dfrac{1 - q^3}{1 - q}$.

类比并由此猜想：$1 + q + \cdots + q^{n-1} = \dfrac{1 - q^n}{1 - q}$（可利用多项式乘法进行证明）

与课本的"错位相减法"相比，上述的有些证法更自然、更精巧，比如方法一是从等比数列的定义入手；有些证法更具有教学价值，比如方法四中涉及联想、类比、猜想等多种思维形式.

六、掌握数学命题的各种应用

掌握数学定理、公式的主要目的在于应用，重要定理、公式的应用往往十分广泛，有理论方面的应用，也有实际方面的应用. 通过例题、习题的教学，可以使学生初步掌握所学定理、公式的应用. 但不应局限于此，还应该进一步使学生掌握定理、公式在理论上和实际中的广泛应用. 应该引导学生总结定理、公式的适用范围，明确应用时要注意的事项，归纳、总结定理、公式所能解决问题的类型，充分发挥思维定式的积极作用. 但也要注意克服思维定式的消极作用，最终

使学生能灵活应用定理、公式.

▶ 案例 9-5

韦达定理及其逆定理是代数中的重要定理，应用非常广泛. 除了在不同的学习阶段强调它的应用之外，还要归纳与总结应用韦达定理能解决问题的类型，使学生做到心中有数，遇到有关类型的问题时，学生能自觉地想到用韦达定理去解决.

韦达定理及其逆定理，通常可用来求解以下问题：

(1) 直接解简单的一元二次方程；
(2) 求解含有参数的一元二次方程；
(3) 不解方程，求一元二次方程的两根的对称式的值（即两根和与两根积的值）；
(4) 求作一元二次方程，使它的两根分别是已知的两个数；
(5) 不解方程，判断一元二次方程的根的符号；
(6) 已知两数和与积，求此两数；
(7) 已知含参数的一元二次方程两根所满足的条件，求参数值或参数之间的关系.

通过归纳总结，全面掌握韦达定理及其逆定理的应用，熟悉它所能解答问题的特点，提高基本能力和解题能力.

此外还应注重对数学命题的变式应用，变式应用不仅有助于排除数学命题非本质特征的干扰，扩大数学命题的应用范围，更主要的是有利于培养学生灵活转换、举一反三的能力，促进学生创新能力的培养和发展.

七、注重学后反思和拓展深化

由于数学对象的抽象性、语言的特殊性、活动的探索性等特征，决定了正处于思维发展阶段的中学生，往往不可能一次性地直接把握数学对象和数学活动的本质，必须要经过多次地反复思考、深入研究，即坚持反思性学习，才可能洞察到数学对象和数学活动的本质特征. 在数学命题获证之后，要对数学命题及其证明过程进行反思，包括对数学命题意义的反思，对数学命题证明思路和推演过程的反思，对证明过程中涉及的数学思想方法的反思等.

▶ 案例 9-6

对于不等式 $|a|-|b| \leqslant |a \pm b| \leqslant |a|+|b|$ 的意义的理解，我们应用动静转换和数形结合的思维策略，曾在"解后反思"中作了如下的教学设计：由 a 的任意性将常数 a 变易成 x，设 $y_1=|x|-|b|, y_2=|x \pm b|$，$y_3=|x|+|b|$，结合图

像易知 $y_1 \leqslant y_2 \leqslant y_3$.

由数联想到形,借助于联想这一重要的思维形式,使得静态的数学不等式获得直观的几何表示. 不进行自觉的解后反思,便不可能获得对该不等式意义的创造性的认识. 积极主动地进行解后反思,再借助于丰富的想象和广泛的联想,便可能迸发出创造性的思维火花.

八、通过知识归类使知识系统化

中学生往往不注意或不容易找到所学的公理、公式与已学过的定理、公式的内在逻辑联系,把定理、公式看成孤立的结论,其结果是所学知识支离破碎,缺乏整体理解,因而也较容易遗忘. 这方面问题的产生,除了与中学生逻辑思维水平有关外,同样也与教师的教学有很大关系.

教材中的定理、公式不是孤立零散的知识,是一个有联系的系统知识体系,任何一个定理都处在一定的知识系统之中. 要让学生弄清每个定理的地位和作用,以及定理之间的内在联系,从而在整体上和全局中把握定理的全貌. 为此,讲授定理、公式时,应瞻前顾后,以使学生了解每个定理、公式在数学知识体系中的来龙去脉. 通过单元复习、章末复习、总复习,运用图示、表格等方法,对所学的定理、公式进行"梳辫子",使之成为系统的数学知识体系.

第四节 数学命题教学设计的案例分析

视频 9.4 典型案例:祖暅原理

▶ **案例 9-7** "直线与平面平行的判定定理"的教学过程设计

一、新课引入

提问 1:根据公共点的情况,空间中直线 a 和平面 α 有几种位置关系?试完成下表(多媒体幻灯片演示,如表 9-1).

表 9-1

位置关系	直线在平面内	直线与平面相交	直线与平面平行
公共点			
符号表示			
图形表示			

把直线与平面相交或平行的位置关系统称为直线在平面外,用符号表示为 $a \not\subset \alpha$.

提问 2:直线 a 在平面 α 外,是不是能够断定 $a // \alpha$ 呢?

提问3：用定义来判定直线与平面平行，你们认为方便吗？

（根据定义，判定直线与平面是否平行，只需判定直线与平面有没有公共点.但是，直线无限延伸，平面无限延展，如何确定直线与平面有没有公共点呢？）

谈谈你的看法，并指出是否有别的判定途径.

【设计意图】通过提问，学生复习并归纳空间直线与平面的位置关系，引入本节课题，并为探寻直线与平面平行的判定定理做好准备.

二、新知探究

1. 情境引入——直观感知

提问：根据同学们日常生活的观察，你们能感知到并举出直线与平面平行的具体事例吗？

生1：比如，日光灯与天花板，竖立的电线杆与墙面.

生2：门转动到离开门框的任何位置时，门的边缘线始终与门框所在的平面平行（由学生到教室门前作演示），然后教师用多媒体动画演示.

教师演示：教师将课本的一边紧贴桌面，沿着这条边转动课本，引导学生观察课本的上边缘与桌面的平行关系.

【设计意图】学生在应用观察、猜想等手段探索判定定理时，能获得视觉上的愉悦，增强探究的好奇心. 此处的预设应当是自然的，老师要预见到可能出现的情况，如日光灯与天花板可能共面的情形及门要离开门框的位置等情形.

2. 动手实践——自主探索

教师取出预先准备好的直角梯形纸板演示：当把互相平行的一边放在讲台桌面上并转动，观察另一边与桌面的位置，给人以平行的感觉；而当把直角腰放在桌面上并转动，观察另一边与桌面的位置关系，给人的印象就不平行.

【设计意图】设置动手实践的情境，是为了让学生更清楚地看到线面平行与否的关键因素是什么，使学生学在情境中，思在情理中，悟在内心中，学自己身边的数学，领悟空间观念与图形性质.

3. 合作交流——探究思考

（1）上述演示的直线与平面的位置关系，为何有如此的不同？是什么因素起了关键作用？通过观察和感知，发现直线与平面平行，关键是三个要素：平面外一条直线，平面内一条直线，这两条直线平行.

（2）如果平面外的直线 a 与平面 α 内的直线 b 平行，那么直线 a 与平面 α 平行吗？

学生讨论，合情推理，归纳和总结，形成判定定理.

4. 教师指导——归纳确认

（多媒体幻灯片演示.）

直线和平面平行的判定定理：平面外的一条直线与平面内的一条直线平行，则该直线和这个平面平行.

符号表示：$\left.\begin{array}{l}a \not\subset \alpha \\ b \subset \alpha \\ a // b\end{array}\right\} \Rightarrow a // \alpha$

概括：线线平行 ⇒ 线面平行

（平面化）　　（空间问题）

挖掘：三个条件同时具备，缺一不可．

作用：判定或证明线面平行．

关键：在平面内找（或作）出一条直线与平面外的直线平行．

思想：空间问题转化为平面问题．

【设计意图】对知识的适当挖掘与归纳确认，有利于学生对知识的理解与掌握，有利于学生对知识的内化．

5．拓展深化——思辨论证

以上是通过观察、归纳与猜想获得的结论．能否从数学的角度进行严格的推理论证？

方法 1 间接证明法

如图 9-2，因为 $a \not\subset \alpha$，所以只有两种可能，$a // \alpha$ 或 $a \cap \alpha = A$．若 $a // \alpha$ 不成立，则 $a \cap \alpha = A$．

由 $a // b$，知 A 不在直线 b 上，故可在 α 内，过点 A 作 $c // b$，根据公理 4，得 $a // c$，这与 $a \cap c = A$ 矛盾．所以 $a \cap \alpha = A$ 不可能，只有 $a // \alpha$．

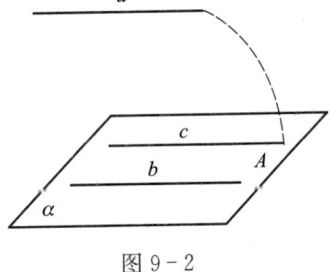

图 9-2

方法 2 直接证明法

要证 a 与 α 没有公共点，只须说明 α 的每一点 A，都落在 a 的某一平行线 c 上（即 $A \in c \subset \alpha$），而在 α 上找这条平行线 c 是具体的．

任取 $A \in \alpha$，若 $A \in b$，则由已知 $a // b$，得 A 不在 a 上；若 $A \not\in b$，则在 α 内，过 A 作 $c // b$，仍据 $a // b$ 及公理 4，得 $a // c$，所以 A 不在 a 上．按照直线与平面平行的定义得 $a // \alpha$．

【设计意图】新课程对该定理的证明尽管不作要求，但我们认为要对课本第 55 页（人教版数学 2）中的第二个探究性问题（即"直线 a 与平面 α 相交吗"）作出令人信服的回答，必须进行严格的证明，且该证明对于多数学生而言并不过深过难．

三、知识运用

（多媒体幻灯片演示．）

1．想一想

例 1 判断下列命题的真假，并说明理由：

（1）如果一条直线不在平面内，则这条直线就与平面平行．（　　）

（2）过直线外一点可以作无数个平面与这条直线平行．（　　）

（3）一直线上有两个点到平面的距离相等，则这条直线与这个平面

平行.（　　）

例2 若直线 a 与平面 α 内的无数条直线平行，则 a 与 α 的位置关系是（　　）
A. $a/\!/\alpha$　　　B. $a\subset\alpha$　　　C. $a/\!/\alpha$ 或 $a\subset\alpha$　　　D. $a\not\subset\alpha$

【设计意图】 设计这组问题的目的，是强调定理中三个条件的重要性．对于例1中的（3），有些学生可能认为是正确的，这时教师可用预先准备好的毛衣针与纸板进行演示，让毛衣针穿过纸板以举不平行的反例．

2. 做一做

设 a，b 是两条异面直线，则过 a，b 外一点 P 且与 a，b 都平行的平面存在吗？若存在，请画出平面；若不存在，请说明理由．

先由学生讨论和交流，教师提问，然后教师总结，并用准备好的羊毛针和纸板等演示平面的形成过程，最后借多媒体展示作图的动画过程．

【设计意图】 这是一道动手操作的问题，不仅是为了拓展加深对定理的认识，更重要的是培养学生的空间感与思维的严谨性．

3. 证一证

例3 （见人教版教材数学2第55页例1）已知空间四边形 $ABCD$ 中，E、F 分别是 AB、AD 的中点．求证：$EF/\!/$ 平面 BCD．

变式一：空间四边形 $ABCD$ 中，E、F、G、H 分别是边 AB、AD、DC、CB 的中点，连接 EF、FG、GH、HE、AC、BD，请分别找出图中满足线面平行位置关系的所有情况．（共6组线面平行）

变式二：在变式一的图中，如作 $PQ/\!/EH$，使 P 点在线段 AE 上，Q 点在线段 HC 上，连接 PF、QG，继续探究图中所具有的线面平行位置关系，并判断四边形 $EFGH$、$PFGQ$ 分别是怎样的四边形，说明理由．（在变式一的基础上增加了4组线面平行.）

【设计意图】 设计两个变式训练题，目的是通过问题探究，及时运用定理，巩固定理，培养学生的识图能力与逻辑推理能力．

例4 如图9-3，在正方体 $ABCD-A_1B_1C_1D_1$ 中，E、F 分别是棱 BC 与 C_1D_1 的中点．求证：$EF/\!/$ 平面 BDD_1B_1．

分析：根据判定定理，必须在平面 BDD_1B_1 内找（作）一条直线与 EF 平行，联想到中点问题，可以取 BD 或 B_1D_1 中点而证之．

思路一：取 BD 中点 G，连接 D_1G、EG，可证 D_1GEF 为平行四边形．

思路二：取 B_1D_1 中点 H，连接 HB、HF，可证 $HFEB$ 为平行四边形．

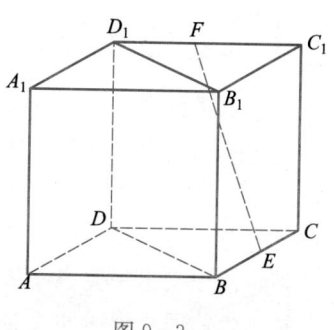

图9-3

【设计意图】 根据空间问题平面化的思想，把找空间平行直线问题转化为找平行四边形或三角形中位线问题，这样就自然想到了找中点．平行问题寻找中点，是论证平行问题的重要思想方法．

4. 练一练

练习1：见人教版教材数学2第55页练习1、2.

练习2：将两个全等的正方形 $ABCD$ 和 $ABEF$ 拼在一起，设 M、N 分别为 AC、BF 的中点. 求证：MN // 平面 BCE.

【设计意图】设计这组练习，目的是巩固与深化定理的运用，特别是通过练习2，让学生能在复杂图形中去识图，寻找分析问题、解决问题的途径与方法，以达到逐步培养空间观念与逻辑思维能力的目的.

四、归纳总结

先由学生口头总结，然后教师归纳总结（由多媒体幻灯片展示）：

1. 线面平行的判定定理

平面外的一条直线与平面内的一条直线平行，则该直线与这个平面平行.

2. 定理的符号表示

$$\left.\begin{array}{r}a \not\subset \alpha \\ b \subset \alpha \\ a // b\end{array}\right\} \Rightarrow a // \alpha$$

简述：线线平行，则线面平行.

3. 定理的运用

(1) 定理运用的思维过程，是将直线与平面平行的问题，转化为判定直线与直线的平行问题；

(2) 定理运用的关键，是找（作）平面内的线与平面外的线平行；

(3) 定理运用的途径，有取中点、利用平行四边形、三角形中位线性质等.

【设计意图】通过课堂小结，使学生对所学知识有比较全面的认识，对学生知识网络结构的建立有较好的指导作用.

【案例分析与评价】

本节课的设计遵循"直观感知—操作确认—思辨论证"的认识过程，注重引导学生通过观察、操作、讨论、有条理的思考和推理等活动，从多角度认识直线和平面平行的判定方法，让学生通过自主探索、合作交流，进一步认识和掌握空间图形的性质，积累数学活动的经验，发展合情推理、空间观念与演绎推理能力.

本节课对定理的探求与认识过程的设计，始终贯彻直观在先，感知在先，学自己身边的数学，感知生活中包含的数学现象与数学原理，体验数学即生活的道理. 比如让学生举生活中能感知线面平行的例子，学生会举出日光灯与天花板、电线杆与墙面、转动的门等，然后引导学生从中抽象概括出定理. 学生经过思维活动，从中找出一类事物的本质属性，最后通过概括得出新的数学命题，并进行了拓展性的间接证明和直接证明. 创设的问题情境有效，遵循了从感性到理性、从具体到抽象的认识规律.

本节课对定理的运用，设计了想一想、做一做、证一证、练一练等环节，能从易到难、由浅入深地强化对定理的认识，特别是对"证一证"中采用一题多解、一题多变的变式教学，有利于培养学生思维的广阔性与深刻性，也培养了学生思维的逻辑性与严谨性．

习题作业

1. 数学命题学习的基本方式有哪些？
2. 数学命题教学设计的基本策略有哪些？
3. 在数学命题教学设计时，应如何落实和体现"过程与方法"的教学目标？
4. 试对"等差数列的前 n 项和公式"（第一课时）进行教学设计．

第十章 数学解题教学设计与案例分析

学习目标

- 了解数学题与数学解题的相关知识,形成对其的正确认知.
- 掌握波利亚的数学解题思想,并在解题教学设计中,能利用其来指导解题思路的探求.
- 掌握数学解题的预设策略,并能将其运用到具体教学设计当中.

第一节 对数学解题的基本认识

一、对数学题的基本认识

（一）什么是数学题

数学题是指数学上要求回答或解释的题目，需要研究或解决的矛盾.

数学家把结论未知的题目才称为题，如"哥德巴赫猜想"，而一旦解决了就称为"定理"，这更多地体现了问题为"需要研究或解决的矛盾"，更多地体现了问题的本质是现有水平与客观需要的矛盾.

在数学教学中，则把结论已知的题目也称为题，因为它对学生而言，与数学家所面临的问题、情境是相似的，性质是相同的. 这时候的数学题是指：为实现教学目标而要求师生们解答的问题系统，重点在"要求回答或解释的题目"，包括一个待计算的答案，一个待证明的结论，一个待作出的图形，一个待判断的命题，一个待建立的概念，一个待解决的实际问题等.[1]

（二）数学题的类别

根据不同的分类标准，可以得到不同的分类结果.

（1）根据数学题的表达形式进行分类，可以分为是非题、选择题、填空题、问答题、改错题、运算题、证明题、讨论题、作图题、应用题.

（2）根据数学题评分的客观性进行分类，可以分为客观性题和主观性题.

（3）根据数学题的开放性进行分类，可以分为封闭性题和开放性题. 封闭性题是具有完备条件和固定答案的题，开放性题是答案不固定或者条件不完备的题.

（4）根据数学题包含的要素进行分类，把数学题看成是由条件、结论、求解过程及求解依据四个要素组成，则：四个要素都已知的题目称为标准性题；四个要素中已知三个的题目称为训练性题；四个要素中已知两个的题目称为探索性题；四个要素中仅已知一个的题目称为问题性题.

（5）根据数学题的难度进行分类，可以分为基本题、组合题和综合题. 基本题是运用单一的基础知识、基本方法，从已知条件直接求出结果的题；组合题是由两个或两个以上不同的基本题组合而成的题；综合题是运用不同学科知识，或是渗透各学科内容与方法，综合而成的题.

（三）数学题的编选原则

根据数学题的特点及作用，编选数学题一般应符合下列要求：

---

[1] 罗增儒. 数学解题学引论［M］. 西安：陕西师范大学出版社，1997.

（1）目的性. 所选题目必须符合教学的目的要求. 比如，是为了巩固"双基"，还是为了拓展性的训练等.

（2）循序性. 要遵循学生的认识规律和教材的知识体系，从易到难，由简到繁，由具体到抽象，由单一到综合，循序渐进，阶梯式上升.

（3）典型性. 从大量的同类型的题目中，选出作用较大、具有代表性的题目，以起到以"题"带"型"的作用，对同类型的题目起到范例作用.

（4）启发性. 编选一些发人思考，富有启发性的题目，以此来开拓思路，培育思维，提高能力.

（5）多样性. 题目应当灵活多样，从题目的内容，到题目的形式，都要多样化，切忌呆板、单调、重复.

（6）量力性. 题目的难易程度和分量要适当，以免造成学生负担过重或对学习丧失信心；针对学生程度的参差不齐，编选题目时要考虑因材施教.

（7）科学性. 数学题本身的内容、结构和叙述，要正确、严谨和清晰.

（四）数学题的解答要求

（1）正确. 指在解题过程中，运算、推理和作图准确无误，所得最终结果正确.

（2）合理. 指列式、计算、推理、作图等，都要有充分的理由，遵循正确的思维规律和形式，做到言必有据，理由充足，合乎逻辑要求.

（3）完整. 指全面地考虑问题，详尽无遗地求出全部结果. 题目无解时要说明理由；不合题意的解，要予以剔除；应该检验的题目，必须验算；不能随意舍去某些解题过程.

（4）简捷. 指应采取最简单有效的解题方法进行解题.

（5）规范. 数学题的解答都有一定的格式要求. 无论采用哪种格式，叙述都应层次分明，条理清楚，表述规范，详略适当.

二、对数学解题的基本认识

视频 10.1 数学解题教学的内涵和新视角

（一）数学解题的内涵

解题是数学学习的中心. 波利亚认为"中学数学教学的首要任务就是加强解题训练"，"掌握数学就是意味着善于解题". 正因为解题在数学学习中的独特地位，所以许多国家都把 problem - solving 作为数学教育的中心.

解题就是"解决问题"，即求出数学题的答案，这个答案在数学上也称为"解"，所以，解题就是找出题解的活动. 小至一个学生算出作业的答案、一个教师讲完定理的证明，大至一个数学课题得出肯定或否定的结论、一个数学技术应用于实际构建出适当的模型等，都称为解题. 数学家的解题是一个创造和发现的过程，教学中的解题是一个再创造或再发现的过程. 解题教学的基本含义，就是通过典型数学题的学习,去探究数学问题解决的基本规律,学会像数学家那样"数学地思维".

在数学教学中,解题是一种最基本的活动形式,无论是数学概念的形成、数学命题的掌握、数学方法与技巧的获得,还是学生能力的培养与发展,都要通过解题活动来完成.同时,解题也是评价学生认知水平的重要手段.

(二)数学解题实践的重要意义

解题是一门实践性的学问,要想有效地学会解题,提高解题能力和数学水平,必须亲身进行解题实践.波利亚曾说:你想学会游泳,你就必须亲自下水;你想成为解题能手,你就必须亲自去解题.

强调数学解题实践,重在强调解题者的思维参与,意在凸显解题的过程性,而不能仅仅满足于问题答案本身.一个人拿到问题之后通过翻看习题集的答案,他便能简单地讲出或写出这个答案,但从解题学习的角度来看,显然不能认为他解答了这个问题.正如前苏联解题研究专家弗里德曼所指出的:"解题的意思不单只是求出答案,而还有某种别的含义."[①]

解题实践的重要意义,可以概括为以下两个方面.

1. 通过解题形成知识组块

认知科学认为,知识在人的头脑中并不是散乱贮存的,而是以"组块"的形式分类保存的.面对新的问题,首先要确定"类别",对"组块"检索,使有关的组块作为有用知识被调动起来,从而为解决面临的问题提供必要的基础.大量的学习研究也表明,优、差生存在成绩差异的主要原因,在于知识组块的数量、质量的区别及调节策略的应用.要科学地建立知识组块,就不能把知识无序地装在大脑中,而应通过分类、比较、联系等途径,使零散知识压缩成更密集的组块,这样,既便于记忆又便于检索,一旦遗忘又易于恢复.

所谓解题知识组块,是指数学基本命题及其常用衍生性结论,与数学思维的各种方法进行意义联结,从而形成的一种有效组合.这种组合就如同家电中的集成块,或拳击家的组合拳,它可以简缩思维形式,加速思维进程,降低思维的"能耗".它具有知识和思维的双重品性,是镶嵌在解题认知结构上的明珠,是解题认知系统得以有效运作的枢纽.这种解题知识组块积累得越多、质量越高,那么解题者的解题能力就越强.

比如,长期解题实践可以发现,在遇到形如 $\sqrt{(\ )^2+(\ )^2}$ 的表达式时,有时需要联系勾股定理,有时要想到两点间的距离公式,有时则要用到同角三角函数公式,等等.这样,通过不断地积累和总结,便会在解题认知结构中建立起一个以 $\sqrt{(\ )^2+(\ )^2}$ 为中心而组织起来的解题知识组块,在需要应用构造法、三角代换法等解题时,便可以迅速提取和灵活运用.

[①] Л. М. 弗里德曼,等. 怎样学会解数学题 [M]. 梁法驯,译. 武汉:湖北教育出版社,1985:28.

2. 通过解题养成数学"题感"

学音乐的人需要有乐感，学语言的人需要有语感，打球的人需要有球感. 任何技艺的精湛，其实都离不开实践的感悟. 学习数学同样需要有良好的数学感觉. 所谓数学感觉，"主要指对数量的大小、图形的对称……一般地，指对研究对象的内在规律或内在联系的把握程度."① 解题时的"题感"，也是数学感觉的一个反映. "思路，其实是说不清的. 你必须亲自解题才能体会到这一点，解题时迈进的每一步，不完全靠逻辑，更多的是靠你的感觉."② 经过反复的探索，题目做得越纯熟，"题感"就越好. 有了良好的"题感"，那么你便可以"大胆地跟着感觉走". 事实上，解题大师的权威性，并不一定在于他们占有多少可以明言传递的知识，更主要地在于他们拥有难以言表的良好"题感". 通常我们所说的解题经验，其实多半指的就是一种直觉性的"题感".

依照迈克尔·波兰尼的个人知识理论，通过长久的学习和实践，可以生成大量的默会知识，这些知识带有较强的个人色彩，难以清晰地表述. 这里所谓的"默会知识"，就主要地包含了感觉的成分. 在数学解题领域，波利亚曾指出："天才能在不知道有规则的情况下按照规则行事. 专家能在不想到规则时按照规则行事，但只要需要，他就能讲出应用于该情况的规则."③ 实际上，包括"题感"在内的默会知识，有些易于言说，比如，"三角形中，与中线有关的问题常常将中线延长成为原来的两倍""与角平分线有关的问题，常常利用关于平分线的反射". 但更多的默会知识也许仅仅是一种"感觉"，很难通过传递被人掌握，主要在解题行动中用心去体悟.

▶ 案例 10-1 ④

已知 $a_1, a_2, \cdots, a_n$ 是 n 个正数，满足 $a_1 a_2 \cdots a_n = 1$.

求证 $(2+a_1)(2+a_2)\cdots(2+a_n) \geqslant 3^n$. （1989 年高中数学竞赛题）

表面上来看，这道题技巧性很强，将 2 分解成 1+1 不易想到. 但实际上，可以用分析的方法说明这样做的合理性. 更重要的是，在实际解题中往往凭借的是一种良好的数学感觉：知道 a_i 平均看来与 1 相当，而不是与 2 相当. 所以，不宜将 a_i 与 2 直接作平均，而应当将 2 拆为 1+1，再与 a_i 合起来作三项的平均.

---

① 单墫. 解题研究 [M]. 南京：南京师范大学出版社，2002：55.
② 单墫. 解题研究 [M]. 南京：南京师范大学出版社，2002：58.
③ G. 波利亚. 数学的发现——对解题的理解、研究和讲授（第二卷）[M]. 刘景麟，等，译. 呼和浩特：内蒙古人民出版社，1981：147.
④ 单墫. 解题研究 [M]. 南京：南京师范大学出版社，2002：193.

三、数学解题的一般过程

解题过程是在解题思想的指导下，运用合理的解题策略，遵循科学的解题原则，制订科学的解题程序，进行解题行动的过程．而解题行动主要指从题目初始状态到目标状态的转化，这种转化的解题力量是基础理论与基本方法的运用．作为完整的解题过程，还应包括解法研究，如解后的回顾、反思以及自始至终的调控等（如图 10-1）.①

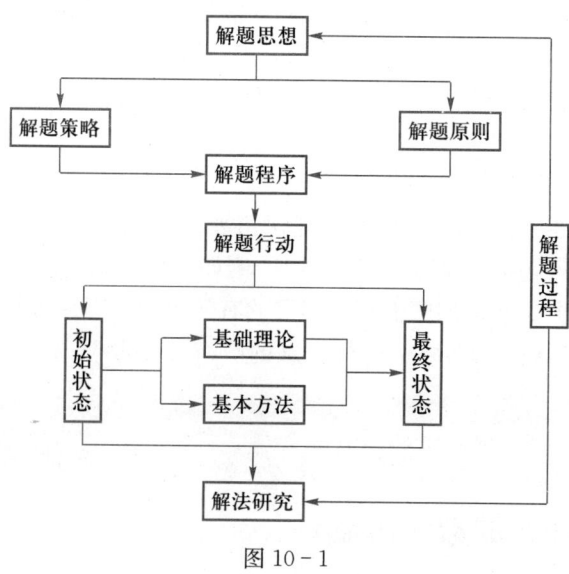

图 10-1

（一）解题思想

解题思想是人们经过长期的解题实践和解题研究，所形成的被人们普遍接受和认可的对解题的系统、科学的认识．比如，波利亚的解题思想、弗里德曼的解题思想等．

（二）解题策略

解题策略介于具体的解题方法与抽象的解题思想之间，是思想转化为操作的桥梁．在罗增儒所著的《数学解题学引论》中，提出了十条解题策略：模式识别、映射化归、差异分析、分合并用、进退互化、正反相辅、动静转化、数形结合、有效增设、以美启真．

---

① 罗增儒．数学解题学引论 [M]．西安：陕西师范大学出版社，1997：6-8.

(三) 解题原则

人们经常提及的解题原则，主要有简单化原则、熟悉化原则、和谐性原则、具体化原则等.

(四) 解题方法

在解题方法中，有适应面较广的解题方法，如消元法、换元法、降次法、待定系数法、反证法、同一法、数学归纳法、坐标法、三角法、数形结合法、构造法、配方法等；有适应面较窄的解题技巧，如因式分解中的"裂项法"，函数作图中的"描点法"，三角函数作图中的"五点法"，几何证明中的"截长补短法""补形法"，数列求和中的"拆项相消法"等，不一而足.

(五) 解题研究

既可以从解题方法、心理学等常规视角展开研究，也可以开辟新的研究视角，如信息论、解题坐标系等研究视角①. 例如，从信息论的观点分析数学解题过程，解题实际上是两个维度上相关信息的有效组合，即从理解题意中进行信息的"有用捕捉"，从记忆网络中进行信息的"有关提取"，并对这两组信息进行"有效组合".

第二节 波利亚的数学解题观

一、波利亚解题思想的形成背景

视频 10.2 怎样解题

乔治·波利亚（George Polya，1887—1985）是美籍匈牙利数学家，他毕生从事数学研究和数学教学工作，一生发表了 200 多篇论文和许多专著，他在数学的广阔领域内有精深的造诣，在许多数学分支上都做出了开创性的贡献，留下了许多以他的名字命名的术语和定理. 波利亚热心数学教育，十分重视培养学生思考问题和分析问题的能力，他认为数学教育的根本宗旨是"教会年轻人思考".

波利亚说："掌握数学意味着什么？这就是说善于解题，不仅善于解一些标准的题，而且善于解一些要求独立思考、思路合理、见解独到和有发现创造的题."他认为中学数学教学的首要任务就是"加强解题的训练".

学习过数学的人都有这样的体验：一道题自己总也想不出解法，而别人却轻而易举地给出了一个绝妙的解法. 这时你最希望知道的是"他是怎么想出这个解法的？为什么我没有想到呢？"为了回答这个令人困惑的问题，波利亚很早就开始探索数学中的发明与创造，他利用在大学任教的机会，通过与学生的交流和对

---

① 罗增儒. 数学解题学引论 [M]. 西安：陕西师范大学出版社，1997：148-150，181-184.

学生的细致观察，认真研究了人们解题的过程，通过和一批数学大家的交流，花了整整三十年的时间，直到 1945 年才写成了世界名著《怎样解题》. 该书出版后，被译成多种文字，在世界范围内广为流传. 日后的二十多年里，他又先后出版《数学与似真推理》《数学的发现》等名著. 直至今日，这些著作仍被各国数学教育界奉为经典.

波利亚说："教师最重要的任务之一是帮助学生.""教师对学生应当设身处地，应当了解学生情况，应当弄清学生正在想什么，并且提出一个学生自己可能会产生的问题，或者指出一个学生自己可能会想出来的步骤."他把本人数十年的教学与科研经验集中具体地表现在他的"怎样解题"表中. 在这张表中，他按照逻辑思维的顺序和出现可能性大小的顺序，搜集了一系列公式化了的指导性意见；提出的方式也十分灵活，有时用建议的口气，有时则用引导性提问的办法，尽量顺乎自然，使学生感到这些意见说到了他们的心坎上，这就是他们自己想要说的话.

二、波利亚"怎样解题"表简介

（一）波利亚的"怎样解题"表

> **"怎样解题"表①**
>
> 第一，你必须弄清问题.
>
> 未知数是什么？已知数据（指已知数、已知图形和已知事项等的统称）是什么？条件是什么？满足条件是否可能？要确定未知数，条件是否充分？或者它是否不充分？或者是多余的？或者是矛盾的？
>
> 画张图，引入适当的符号.
>
> 把条件的各个部分分开. 你能否把它们写下来？
>
> 第二，找出已知数与未知数之间的联系.
>
> 如果找不出直接的联系，你可能不得不考虑辅助问题.
>
> 你应该最终得出一个求解的计划.
>
> 你以前见过它吗？你是否见过相同的问题而形式稍有不同？
>
> 你是否知道与此有关的问题？你是否知道一个可能用得上的定理？
>
> 看着未知数！试想出一个具有相同未知数或相似未知数的熟悉的问题.
>
> 这里有一个与你现在的问题有关，且早已解决的问题，你能应用它吗？
>
> 你能不能利用它？你能利用它的结果吗？为了能利用它，你是否应该引入某些辅助元素？

视频 10.3　教学生学会解题

---

① G. 波利亚. 怎样解题——数学教学法的新面貌 [M]. 涂泓，冯承天，译. 上海：上海科技教育出版社，2002：ix-xi.

> 你能不能重新叙述这个问题？你能不能用不同的方法重新叙述它？
>
> 回到定义去.
>
> 如果你不能解决所提出的问题，可先解决一个与此有关的问题. 你能不能想出一个更容易着手的有关问题？一个更普遍的问题？一个更特殊的问题？一个类比的问题？你能否解决这个问题的一部分？仅仅保持条件的一部分而舍去其余部分，这样对于未知能确定到什么程度？它会怎样变化？你能不能从已知数据导出某些有用的东西？你能不能想出适合于确定未知数的其他数据？如果需要的话，你能不能改变未知数和数据，或者二者都改变，以使新未知数和新数据彼此更接近？
>
> 你是否利用了所有的已知数据？你是否利用了整个条件？你是否考虑了包含在问题中的所有必要的概念？
>
> 第三，实行你的计划.
>
> 实现你的求解计划，检验每一步骤.
>
> 你能否清楚地看出这一步是正确的？你能否证明这一步是正确的？
>
> 第四，回顾与反思.
>
> 你能否检验这个论证？你能否用别的方法导出这个结果？你能否一下子看出它来？
>
> 你能不能把这结果或方法用于其他的问题？

（二）"怎样解题"表的特点

"怎样解题"表是波利亚在分解解题的思维过程得到的，看似很平常的解题步骤或方法，其实包含了几代人的智慧结晶和经验总结. 在这张包括"弄清问题""拟定计划""实现计划""回顾反思"四大步骤的解题表中，对第二步即"拟定计划"的分析是最为引人入胜的. 他把寻找并发现解法的思维过程分解为 5 条建议和 23 个具有启发性的问题，通过对寻找和发现解法的思维过程进行分解，使我们对解题的思维过程看得见、摸得着，易于操作. 波利亚推崇探索法，他认为现代探索法力求了解解题过程，特别是解题过程中典型有用的智力活动. 他说《怎样解题》这本书就是实现这种计划的初步尝试，"怎样解题"表实质上就是试图诱发灵感的"智力活动表".

波利亚指出，在解题中最糟糕的情况是，学生并没有理解问题就进行演算或作图. 一般说来，在尚未看到主要联系或尚未作出某种计划的情况下，去处理细节是毫无用处的. 波利亚的"怎样解题"表的精髓，就在于启发你去联想解题思路. 联想什么？怎样联想？让我们看一看他在表中所提出的建议和启发性问题："你以前见过它吗？你是否见过相同的问题而形式稍有不同？你是否知道与此有关的问题？你是否知道一个可能用得上的定理？……"波利亚说他在写这些东西时，脑子里重现了他过去在研究数学时解决问题的过程，实际上是他解决和研究问题时的思维过程的总结. 这正是数学家在研究数学, 特别是研究解题方法时的优势所在, 绝非"纸上谈兵".

波利亚认为, 此表有两个基本特点.

1. 普遍性

表中所提问题与建议的重要特点之一是普遍性. 例如: 未知数是什么？已知数是什么？条件是什么？这些问题都是普遍适用的, 对于所有各类问题, 提出这些问题都会取得良好效果. 它们的用途不限于任何题目. 我们的问题可以是代数的或几何的, 数学的或非数学的, 理论的或实际的, 一个严肃的问题或仅仅是个谜语. 这没什么差别, 上述问题都是有意义的, 而且有助于我们解题.

2. 常识性

表中的建议是自然的、简单的、显而易见的, 并且来自于普遍常识. 例如这条建议: 看着未知数！试想出一个具有相同未知数或类似未知数的熟悉的问题. 这条建议不管怎样, 总是劝告你去做你想做的事, 而对于你认真要解决的问题并未提出具体的劝告. 你是不是肚子饿了？如果你希望搞点吃的, 你就会想起你所熟悉的搞到食物的一些办法. 你是不是有一个几何作图题？如果你想作一个三角形, 你也会想起所熟悉的一些作三角形的办法.

正是基于这种特点, 波利亚认为: "只要应用得当, 如果你向自己提出表中的这些问题与建议, 它们可以帮助你解决你的问题; 而如果你向你的学生提出同样的问题与建议, 你就可以帮助解决他们的问题." 因而, 当教师向学生提出表中的问题或建议时, 有可能达到两个密切相关的目的: "第一, 帮助学生解决手头的问题; 第二, 培养学生将来能够独立解题的能力."

三、波利亚"怎样解题"表的实践

下面是实践波利亚解题表的一个示例, 能够初步展示波利亚解题风格的特点, 领会波利亚解题思想的实质与精髓.

▶ 案例 10-2

题目: 如果一条直线平行于一个平面, 那么垂直于这条直线的平面, 必垂直于这个平面.

第一步, 弄清问题

你要求证的是什么？

要求证的是平面与平面垂直.

已知是什么？

一条直线平行于一个平面, 另一个平面垂直于这条直线.

可以用数学语言来叙述题意吗？可以画张

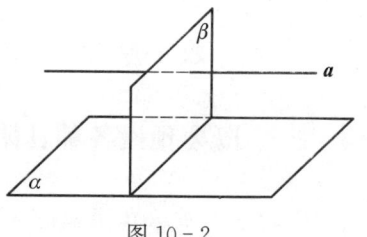

图 10-2

图吗?

已知:直线 a // 平面 α,直线 $a \perp$ 平面 β.

求证:平面 $\alpha \perp$ 平面 β.

效果:通过以上的审题和分析,使学生弄清了题意,并对文字语言符号化,同时大脑中有了一个立体模型,如图 10-2.

第二步,拟定计划

怎样证明两个平面垂直?

要证明平面 $\alpha \perp$ 平面 β,只要在其中一个平面内找到另一个平面的垂线即可.

怎样找到另一个平面的垂线呢?

由直线 $a \perp$ 平面 β,根据线面垂直的性质定理,只要在平面 α 内找到一条与直线 a 平行的直线,那么这条直线必定垂直于平面 β.

怎样在平面 α 内找到这条直线呢?

由直线和平面平行的性质定理可知,只须过直线 a 任意作一个平面 γ,与平面 α 相交于直线 b,则交线 $b \perp$ 平面 β,由此可证明结论成立.

解题计划:直线 a // 平面 α,可找平面 α 内的直线 b,a // b,可得直线 $b \perp$ 平面 β. 由 $b \perp$ 平面 β,且平面 α 经过直线 b,结论可得证.

第三步,实现计划

证明:如图 10-3,过直线 a 任作一个平面 γ,与平面 α 相交于直线 b.

直线 a // 平面 $\alpha \Rightarrow a$ // b $\Big\}$
直线 $a \perp$ 平面 β
$\Rightarrow b \perp$ 平面 β

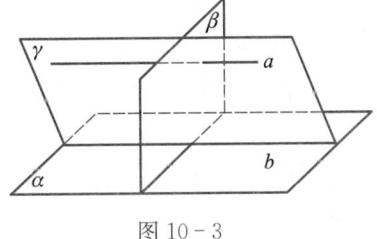

图 10-3

而平面 α 经过直线 b,则平面 $\alpha \perp$ 平面 β.

检查:直线和平面平行的性质定理,直线和平面垂直的性质定理,平面和平面垂直的判定定理,三个定理运用正确,确保以上每一步都成立.

第四步,回顾

回顾解题过程可以看到,解题首先要弄清题意,从中捕捉有用的信息,同时又要及时提取记忆中的有关知识,从而拟定出一个成功的计划. 此题在思维策略上是二层次解决问题,首先根据直线和平面平行的性质定理找到直线 b,然后根据直线和平面垂直的性质定理及平面与平面垂直的判定定理得证.

第三节 数学解题教学的预设策略

一、既要预设各种具体解法,又要预设思路的探索过程

一道数学题的正确解答过程,在很大程度上只是一种思维结果的记载,它很少能反映出解法当初被发现的原始认知过程,这种认知过程往往是复杂、曲折、

丰富的,其中包含着解题者大量的直觉与猜想、猜测与反驳、观察与实验、反省与推理等. 使学生的思维适当复归这一原始的认知过程,对于个体知识的建构与生成具有极大的意义. 尤其是典型问题的解法搜索过程,有时渗透着许多十分优良的品质,诸如在搜索过程中,要小心地试探、合理地猜测、深刻地预见和敏锐地洞察,这对于学生个体性知识的生成十分有效.

但传统的教学设计,使学生们在课堂上所看到的只是一个经过仔细整理的、得到精心阐述的、条理化、逻辑化的静态解题过程,教师最多给予一定程度的说明、分析与解释,久而久之,学生变得习惯于接受现成的解法,不会自己去发现和探索解题过程.

因此,在解题教学设计中不能只是就题论题,而要从方法论的高度来指导解题教学,把解题过程加以"活化",恢复其原有的生动性、形象性、创造性的一面;要充分暴露解题思路的探索过程,突出解题中的探索环节及解题方法被发现的过程,让学生通过观察、比较、分析、综合、抽象、概括等思维过程参与到解题教学中来;要从学生的思维角度出发,将解题思维过程精心设计成一个符合学生认知结构特点的、带有不同选择的思维过程,以利于学生认知的发展和知识的生成.

二、既要预设通性通法,又要预设巧解特法

在数学解题中,人们习惯把那些使用时间长、适用面广、推理明晰、易被大多数人理解和掌握的解题方法,称为"通法";而把那些使用时间短、适用面窄、运算简单、过程短且较难理解和掌握的解题方法,称为"特法"或"巧法"."通法"深刻、稳重、自然、流畅,逻辑性强,思维脉络清晰,合情推理占主流,多有规律可循;"巧法"则灵活、巧变,直觉性强,思维层次高,且来得突然,少有规律可循.

通法与巧法,各有利弊,相互联系,又辩证统一. 通法是巧法的基础,巧法是通法的升华. 过分强调"通法"会影响发散思维和创造性思维的培养,如在讲"解方程 $x+\dfrac{1}{3}=\dfrac{1}{3}x+1$"时,通过直觉观察就可获解 $x=1$,如果一味强调套用"通法",此时"通法"可能会成为"笨法";而过于注重"巧法"也会导致缺乏对基本思想、方法的挖掘和相应的训练.

所以在教学设计中,既要预设通性通法,又要预设巧解特法,而不能厚此薄彼. 事实上,不辩证地介绍通法和巧法,会使学生在解决问题时出现:思路稍有障碍,就有不巧之嫌;稍有运算量,就有麻烦之感;暂时陷入困境,就会丧失信心. 或者相反,遇繁不知求简、遇难不知求变. 这两种心理都是与数学精神相悖的.

三、既要预设正确解法,又要预设错误解法

课堂上,数学教师有条不紊地进行解题分析、综合、演绎、归纳,分析例题似乎顺利流畅,讲解习题似乎一气呵成. 这是由于教师课前作了严谨的组织的结果,是一种按一定的推理形式展现的理想状态,这种表面上的"顺利流畅"往往掩盖了教师解决问题时所经历的曲折或失误.

事实上,对一道数学题解法的获得不能让学生感到过分地容易,只要有必要,教师就应设置认知障碍,让学生尝试探索解法的各种滋味,尤其是失败的滋味、犯错误的滋味,这并不是什么缺乏"效率"的事情."在个体认识能力发展的道路上,如果处处贪图简便、经济、快捷,那样的话只会降低学生头脑的活力,败坏他们思维的胃口,到头来成为一个只会占有知识、消费知识却不会生产知识的人."①

这就要求我们在教学设计时,不应一味给学生展示畅通的思维和正确的解法,必须适当体现一些错误思维的暴露和纠正过程. 因为学生解题时往往一开始的分析思路可能是不对的,这时如何进行思维"转舵",如何选择有效的思维方向,就显得非常重要. 学生只有自己能够选择正确的思维方向时,才算真正学会了解题思维.

但一些教师在暴露解题分析的思维过程时,却片面理解为把得到正确解法的思维过程暴露给学生,中间显现不出如思维的定向、选择这种重要的思维关键,从而不利于学生独立思维能力的培养,也不利于学生隐性知识的建构与生成.

四、既要预设教师的解法,又要预设学生的解法

教学预设不仅要预设教师的解法,更要预设学生的解法. 这是因为教学的主体是学生,教学设计时教师要考虑不同的学生会有哪些不同的思考,设想出学生可能出现的思维走向. 超前预估学生的种种解题思路和解题方法的目的,是为了提前制定出有针对性的教学方案,比如各种原生态的解题方法展现后,应怎样促进学生与学生、学生与教师间的解题信息交流,以帮助学生生成新的解题经验.

但教师解题能力一般来说高于学生,处理问题的方式和方法也比学生更直接有效,往往一开始就能从正确思路出发,沿正确途径去解题;而且教师的自我监控水平已达到自动化程度,有时难以意识到自身活动进行了什么样的控制和调节. 这就要求教师在进行解题教学设计时,应"稚化"自己的思维,有意识地退回到与学生相仿的思维态势,通过"心理换位"对自身的自我监控进行必要的加工和处理,使教学设计中呈现的解题过程更具体、更完整,更贴近学生的实际,这样通过解题教学才更有利于学生个体知识的建构与生成.

---

① 夏正江. 论知识的性质与教学 [J]. 华东师范大学学报(教育科学版),2000,(2):1-11.

五、既要预设解题中的分析，又要预设解题后的反思

解题心理规律告诉我们，解题者在解题决策过程中可能百思不解，多次受阻，而后又可能突然顿悟，此时的思维具有很大直觉性，可能顾及不到对自己的思维过程进行分析整理．因此，解题后要通过自问的形式对自己的思维过程进行重现，对解题过程的实质与作用进行反省，对解题方法和解题中反映出的数学思想进行概括，对解题中的认知体验和情感体验及时进行记录、整理和分析，这样就能对数学解题过程获得规律性的认识．

因此，教学设计时不仅要预设解题中的分析，更要预设教师和学生解题后的反思．比如，追溯解题决策时的念头及顿悟是怎样产生的，反复受阻的原因何在？问题解决中用到了哪些数学方法，体现了怎样的数学思想？能否把这些方法用于其他问题的解决中？方法能否改进，有无其他方法？问题能否一般化，一般化后原方法是否仍适用？等等．

一旦这些自问形式的反思成为解题后的自觉行动，学生的"主动生成"就会不断取代"被动接受"，后续解题行为会越来越合理，这样就越有利于个体"解题知识组块"的生成．这类个体性知识的生成与积累，不断充实着学生的解题知识库，调整和改造着学生的解题认知结构．

六、既要预设解题过程和方法，又要预设教学过程和方法

教学中常见的现象是，学生反映听课很明白、很清楚，但自己独立做题时却感到困难重重．这里原因很复杂，听讲时对解题推理的分析和解题的整体表述虽认可与折服，可是光靠这些还解决不了自己解题时如何也能得到可使别人信服的推理程序．学生听讲时所明白和清楚的东西代替不了他解题时所需要的东西，在解题教学中充分参与解题过程恐怕要比听讲清晰的表述更重要、也更根本．

事实上，再好的教师在运用讲授法教学时也只能将其知识经验部分地传达给学生，再优秀的学生也只能将其成功的学习经验部分地介绍给他人，因为他们亲身经验的背后均存在着大量无法言传的"默会知识"．对于数学解题学习来说更是如此．因为在数学解题学习中，学生的主要任务并不是解题，而是学习解题，因此教师教的重点和学生学的重点，不在于"解"，而在于"学解"．"学解"最有效的方法是"在解题中学解题"，即在尽可能不提供现成结论的前提下，亲身独立地进行数学解题活动．

然而，目前在数学解题教学中，教师总是直接将一种或几种正确的解题方法展示给学生，教学中未能让学生通过师生、生生的合作、交流与互动真正参与到解题的全过程．这就要求在教学预设时，不能仅仅满足于预设解题过程和方法，更要预设教学过程和方法．也就是说，解题教学中要打破原来那种只有教师对学生的单向传递的单一格局，积极倡导教师与学生个体或群体之间的互动，强调

"教"与"学"的相互作用、相互影响;倡导学生个体之间、群体之间的多向互动的格局,使学生与学生之间不断交流解题信息. 在此过程中,教师和学生分享彼此的解题经验和认识,交流彼此的解题情感和体验,真正为促进解题教学的动态生成提供可能.

第四节 数学解题创新的教学设计策略

一、数学解题创新的基本内涵

视频10.4 典型案例:基于思维培养的解题教学设计

创新作为解决问题的最高形式,它有不同层次的表现形式:一种是特殊才能的创新性,如科学家、发明家、艺术家等特殊人物在发现新事物、揭示新规律、获取新成果、建立新理论、创造新方法、发明新技术、研制新产品、解决新问题、创出新成绩的过程中所表现出来的创新性(也称真创造);另一种是自我实现的创新性,是指相对于个体开发的可能性和自我潜在能力的创新性,如学生通过对已掌握的知识的分析、重组、联想、猜测等思维过程产生的自己从未有过的想法、见解和解决问题的方法(也称类创造). 无论是真创造还是类创造,其过程本质上都是一种思维活动,就其思维性质而言是一样的,即都必须具备新颖、独特和有意义三个特征."新颖"是指从纵向看,历史上(对学生来说主要是指他个人的经历)前所未有的;"独特"是指从横向看,思考是与众不同,别出心裁(在教学中是相对于一定的学生群体而言的);"有意义"则是指有社会价值或个人价值.

数学解题的创新主要是就自我实现的创新性而言的. 这是因为教学中的数学解题,就其过程来看,往往不具备数学问题解决的严谨性和规范性;就其结果来看,一般是已有数学结论的运用或"再发现". 尽管如此,但从教育价值的角度来看,学习者在数学解题中通过对数学研究的思维方式、研究方法的学习运用和探索性问题的创造性解决,来亲身体验数学家研究和解决问题过程中的思维活动和心理活动,完全能达到有效培养创新意识和创新能力的目的. 就这一意义而言,数学解题中的创新更多地是指在解题教学中学生所表现出来的探索精神、求异思维和非常规想象等. 创新在某种意义上就是超越和突破,它在数学解题中的外显特征就是别出心裁和标新立异.

二、数学解题创新的教学设计策略

(一)精选数学问题是实现解题创新的关键

吉尔福特曾指出:"所有的解决问题只要是真正的问题解决,都会有解决者的某种新颖的行为,因而在这个意义上,也就是带有一些创造性的行为". 而能否产生"真正的问题解决",除取决于解题主体之外,事实上与问题的特质有很大关系.一般而言,创新型问题是创新性思维的先导,创新性思维有赖于创新型问题来激发.所谓创新型数学问题,是指在数学教学中依据创新教育关于培养学生的创新人格、创新意识、创新能力,发掘人的创造潜能、弘扬人的主体精神、促进人的个性和谐发展的内涵和宗旨,对数学教学内容进行创造性的加工、组合而设计的问题.

创新型问题一般具有以下两个基本特征:

(1) 探究性.学生不能直接看出它的解法和答案,不能按照现成的程序或常规的套路去解决,而必须经过思考、探索和研究,寻求新的处理办法.

例如,分别求以下两个多边形的周长(如图10-4,图10-5):

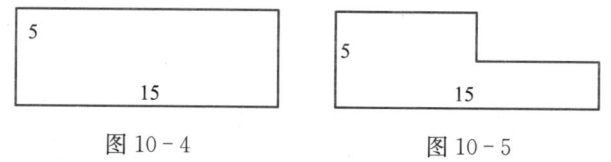

图 10-4　　　　图 10-5

对于学过平面多边形的小学生而言,图10-4中长方形周长的求解,并不会有多大的困难;但图10-5中多边形周长的求解,就具有一定的障碍性与探究性.

(2) 开放性.如具有不确定性、非唯一结论的问题,条件不很清晰、不很完备、需要搜索和补充的问题,鼓励独创、有广阔发挥空间的问题等.目前国内学者一般将此类问题分为条件开放、结论开放、求解策略开放和综合开放四类型.

由于具备上述两个特征的问题,挑战性强,思考量大,创造空间广,因而可有效激发学生的创新欲望,为实现解题创新提供可能.目前的首要任务是,一线教师应依据创新教育的基本理念,结合具体的数学教学内容,积极地设计和构建创新型问题.通过创新型数学问题情境的创设,形成创新气氛,促进学生创新能力的发展.

(二) 优化思维品质是实现解题创新的保证

创新主要由创新人格(属动力系统)、创新思维(属智能系统)和创新技能(属工作系统)三方面要素构成,其中创新思维在其间起着主导性的作用.这是因为当个体面对问题情境时,能否采取相应对策对问题进行有创见的分析和解决,主要取决于问题解决者思维的结构及其组织形式.个体创新思维的形成,主要依赖于思维品质(尤其是思维的批判性、求异性、广阔性、变通性等)的全面优化来实现.良好的思维品质才有可能在数学题解中显现出新颖独有的特征.

案例 10-3

求证：$1+\dfrac{1}{\sqrt{2}}+\dfrac{1}{\sqrt{3}}+\cdots+\dfrac{1}{\sqrt{n}}>2(\sqrt{n}-1)\ (n\in\mathbf{N}_+)$.

证明：考虑函数 $y=\dfrac{1}{\sqrt{x}}$ 在区间 $[1,n+1]$ 上的定积分.

如图 10-6，依据定积分的几何意义：

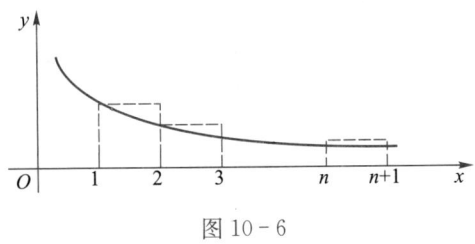

图 10-6

$$\text{左端}=1\cdot 1+1\cdot\frac{1}{\sqrt{2}}+\cdots+1\cdot\frac{1}{\sqrt{n}}$$
$$>\int_1^2\frac{1}{\sqrt{x}}\mathrm{d}x+\int_2^3\frac{1}{\sqrt{x}}\mathrm{d}x+\cdots+\int_n^{n+1}\frac{1}{\sqrt{x}}\mathrm{d}x$$
$$=\int_1^{n+1}\frac{1}{\sqrt{x}}\mathrm{d}x=2(\sqrt{n+1}-1)>2(\sqrt{n}-1).$$

此解法精巧、独特，这是逻辑思维、形象思维及直觉思维等多种思维方式合理、协调地运用的结果，同时也充分体现了解题者思维的求异性和广阔性的特征。若没有良好的思维品质做基础，要找到此解法并不轻松。因此在数学教学中，教师必须充分重视各种思维方式的辩证运用（如分析思维与直觉思维、辐合思维与发散思维等），通过具体数学问题解决的独立探索，不断优化学生的数学思维品质，逐步提高学生创造性地解决问题的能力。

（三）讲究解题策略是实现解题创新的手段

心理学家认为，在解决问题的过程中，如果主体接触到的不是标准的、模式化了的问题，那么就需要进行创造性的思维。创造性思维的产生过程，就其结构而言，可以分成四个环节，即创造诱因、信息储备、序化方式和创造结果。其中，信息储备是指思维主体的认知结构中所存贮的相关信息的质与量，是否足以推动问题的解决进程。数学解题策略作为一种策略性的数学知识，其在解题者认知结构中的储备状况，不仅决定着数学问题能否顺利解决，同时也是影响问题能否被创造性解决的重要因素。这是因为，尽管对于一个具体数学问题采用不同的解题策略（包括机械性策略）均可能获解，但往往由于体现出的智慧程度不同，从而反映了解题者不同的创新能力和创新水平。

案例 10-4

题目：解不等式 $\sqrt{x^2-6x+13}+\sqrt{x^2+6x+13}\leqslant 8$.

分析：此题若应用常规方法（即平方、移项、合并同类项等）进行求解，其复杂性是显而易见的. 注意到不等式左边的结构特点，即可化为：

$$\sqrt{(x-3)^2+2^2}+\sqrt{(x+3)^2+2^2}\leqslant 8.$$

这时化静为动，将常量 2 看作变量 y，得到一个平面区域：

$$\sqrt{(x-3)^2+y^2}+\sqrt{(x+3)^2+y^2}\leqslant 8.$$

如图 10-7，这是一个 $a=4$，$c=3$ 的椭圆内部区域，椭圆方程为 $\dfrac{x^2}{16}+\dfrac{y^2}{7}\leqslant 1$.

再以静制动，令 $y=2$，可得原不等式的解：

$$-\dfrac{4\sqrt{21}}{7}\leqslant x\leqslant \dfrac{4\sqrt{21}}{7}.$$

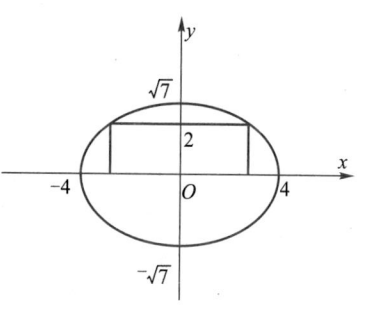

图 10-7

此题的创造性解决，是"动静转换"和"数形结合"解题策略的成功运用. 若解题者记忆储存中没有相关信息，就很难获得这种创造性的解法. 可以看出，解题策略在问题解决中不仅能缩短解题时间，节约解题所需精力，而且也是实现解题创新的一种手段. 因而在数学教学中，不仅要重视陈述性知识和程序性知识的学习和掌握，同时也要重视策略性知识的学习和运用.

第五节　数学解题教学设计的案例分析

案例 10-5　突出重围，演绎精彩——一道习题教学的反思与感悟①

一、案例描述

问题　已知 a、b 是平面内两个互相垂直的单位向量，若向量 c 满足 $(a-c)\cdot(b-c)=0$，则 $|c|$ 的最大值是（　　　　）.

A. 1　　　B. 2　　　C. $\sqrt{2}$　　　D. $\dfrac{\sqrt{2}}{2}$

视频 10.5　典型案例：基于变式教学的解题教学设计

旁白：这是"平面向量"单元教学结束后的周练试题. 该题题目虽小，但内涵丰富，综合性强，能有效检测学生的推理论证、合情猜想，以及灵活运用知识分析、解决问题的能力，是"向量是沟通代数、几何和三角函数的一种工具"的缩影，为学生多角度、多方向探索问题提供了广阔的思维舞台. 然而，学生答题

---

① 邱云，李祎. 突出重围，演绎精彩 [J]. 中学数学，2009，(7)：20-22.

正确率不足 40%. 学生的思维障碍在哪里？做对的同学又是如何想的？带着种种疑问，我们决定通过精心"预设"，引导学生来一次自觉地动态"生成"，让学生充分利用已有知识探究各种解法，并在各种解法的比较与分析中，暴露出种种解题误区和知识缺陷，从而进一步完善知识网络，提升数学思维能力.

师：谁来说说自己的解题思路和方法？

生1：我想用 a、b 表示 c，由已知得 $a \cdot b - a \cdot c - b \cdot c + c^2 = 0$，所以 $c^2 - c \cdot (a+b) = 0$，又 $|a+b| = \sqrt{2}$，于是 $c^2 - \sqrt{2}c = 0$，$c = 0$ 或 $\sqrt{2}$，选 C.

生1话音刚落，很多同学就提出反对.

生2：向量有方向，不能等于它的模，也不能当做一个字母解方程，应提取 c，得 $c \cdot (c-a-b) = 0$，所以 $c = 0$ 或 $c = a+b$，故 $|c|$ 的最大值是 $\sqrt{2}$.

生3：也不对，就像 $a \cdot b = 0$ 不能推出 $a = 0$ 或 $b = 0$.

这时，课堂上响起庆幸、窃笑的声音，因为考试时，很多同学就是像生2这样错误地做对的.

师：三位同学的发言都很好，生1为我们指明了解题方向，用已知表示未知；生2、生3为我们分清了向量与模的概念，以及向量相乘与实数乘法的区别. 但是，如何合理、准确地求出 $|c|$ 的最大值呢？

旁白：课堂很快恢复了平静，原本明朗的解题方向变得模糊起来，学生第一次陷入了沉思、迷惘. 学生沉寂的时候，也是认知冲动、思维活跃的时候. 能否把握此时学生思维的"最近发展区"，提出恰当的、对学生数学思维有适度启发的问题，是引导学生的思考和探索向前推进的关键.

师：生1已指明了解题方向，用已知表示未知，要求的是 $|c|$ 的最大值，$c^2 - c \cdot (a+b) = 0$ 与 $|c|$ 有何关系呢？最值问题通常用什么方法研究？

经过一段时间思考后，听到有同学在小声讨论：我觉得要利用函数，找一个变量来表示 $|c|$……学生的思维已达到解决问题的边缘.

生4：用数量积定义将 $c \cdot (a+b)$ 展开，就可出现 $|c|$ 的式子，但是多出一个夹角怎么办？

师："山重水复疑无路，柳暗花明又一村"，生4用敏锐的数学眼光为我们打开了解决问题的一扇大门.

旁白："变量找到了，三角函数，可以求最值了"，刚才在小声讨论的一个同学（生5），像发现了新大陆似地叫了起来. 经过思考、探索后获得成功是如此令人激动，这种"先经历风雨再见彩虹"的学习激情与体验，将化为不竭的动力.

生5（三角函数法）：$c^2 - c \cdot (a+b) = 0 \Rightarrow |c|^2 - |c||a+b| \cdot \cos\theta = 0$（$\theta$ 是 c 与 $a+b$ 的夹角），所以 $|c| = 0$ 或 $|c| = \sqrt{2}\cos\theta \leqslant \sqrt{2}$，故 $|c|$ 的最大值是 $\sqrt{2}$.

师：多么漂亮、严密的演算与推理啊！此法充分利用了数量积的定义和三角函数的有界性.

旁白：三角函数与向量都是新学知识，还未内化为学生所熟悉的"知识组块"，要将它们如此巧妙地组合应用，着实不易. 课堂上响起热烈、持久的掌声.

许多同学由衷地感叹：我怎么就没想到呢！享受成功的同时，也有的同学表露不满情绪．

生6：这种解法太难想到了，我觉得画图更容易．因为$(a-c)\cdot(b-c)=0$，所以$(a-c)\perp(b-c)$，如图10-8所示，由a、b、c的起点和终点构成正方形时，$|c|$的最大值为$\sqrt{2}$．

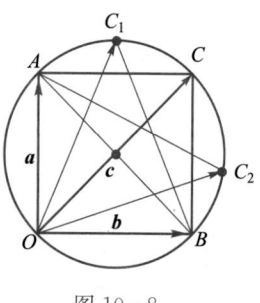

图10-8

师：妙！借助几何图形解决向量问题是一种直观、高效的方法，生6想到构成正方形时$|c|$最大，表现出很强的图感和数学直觉（课堂上响起热烈的掌声）．但是为什么构成正方形时$|c|$最大，谁能解释一下？

生6（接着说）：因为四边形$AOBC$要有两个直角，只能是正方形（话刚出口，他就感觉到不对）．

生7：有很多四边形满足$\angle AOB$、$\angle ACB$是直角，但从图形看正方形使$|c|$最大．

师：很好，有突破，但仅凭视觉观察判断是不够的，数学讲究科学、严谨．

旁白：摆在眼前的事实，就要到手的胜利，苦于找不到说服的理由．学生又一次陷入沉思、迷惘．这时，学生求知的欲望已完全被激发出来，教室里弥漫着思维火花燃烧的味道．

生8（几何法）：噢！在圆上，在圆上，向量$|c|$的终点C在以AB为直径的圆上时，满足$(a-c)\perp(b-c)$，所以c过圆心时$|c|$最大（一个调皮的男生激动地叫着）．

师：多么简捷、巧妙的解法！（课堂上再次响起热烈、持久的掌声）我们从三角函数最值、几何图形的角度成功地解决了问题．

旁白：到此，师生通过愉快的合作学习，可谓收获颇丰．本想进入下一个教学环节，但是，品尝到成功喜悦的学子们，其学习热情似脱缰野马，不肯作丝毫停顿，企图开发新的研究领域，攀登下一座思维高峰．

生9（坐标法）：老师，可用坐标法吗？设$a=(1,0)$，$b=(0,1)$，$c=(x,y)$，则$|c|=\sqrt{x^2+y^2}$．找出x、y的关系，就可得到一个函数，求其最大值即可．

旁白：因为我们按1—4—5—3—2的模块顺序教学，此时学生还未学"解析几何"，所以课前没有预设这种解法．面对学生"意外"而又合理的想法，教师是视而不见、搪塞过去，还是顺水推舟、演绎精彩呢？教育家苏霍姆林斯基曾说："教育的技巧并不在于能预见到课的所有细节，而在于根据当时的具体情况，巧妙地在学生不知不觉中作出相应的变动．"

师：大家的思路越来越开阔了，看来生9又有新招．向量除了具有"形"的特征，还具有"数"的特征，我们还可以从它的坐标运算寻求解题途径．

旁白：于是，同学们又开始了新一轮的思考、探索．由$(a-c)\cdot(b-c)=0$，得$x^2+y^2-(x+y)=0$．因为$|c|$含有两个变量，为了将$|c|$表示成x的一元函

数,学生想用 y 表示 x,但由于运算太复杂,满怀希望的想法濒临破灭,学生第三次陷入沉思、迷惘.

为激发学生进一步学习数学的兴趣,尊重学生创造性的思维成果,我告诉了学生.

师:方程 $x^2+y^2-(x+y)=0 \Leftrightarrow (x-\frac{1}{2})^2+(y-\frac{1}{2})^2=\frac{1}{2}$,它表示一个过原点、直径为 $\sqrt{2}$ 的圆(如图 10-9),这个知识点我们将在必修 2 学习.

生 10:那就简单了,$|c|=\sqrt{x^2+y^2}$ 表示圆上的点到原点的距离,所以最大值是直径 $\sqrt{2}$.

师:同学们非常了不起,把解析几何的创始人、伟大的数学家笛卡儿的坐标思想都用上了. 坐标法从"形"到"数",又化"数"为"形",与几何法有异曲同工之妙,是今后用向量工具研究解析几何的重要方法.

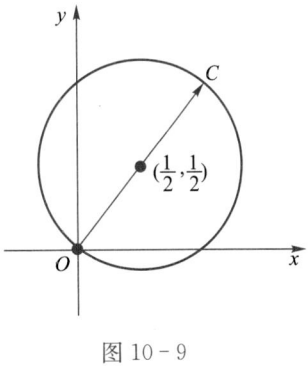

图 10-9

二、案例反思

(一)善待课堂意外,捕捉教学生长点

课堂教学情境千变万化,经常会出现意想不到的情况. 学生的一个提问、疑惑,都可能打乱预定的教学计划. 面对这些课堂意外,教师要把握时机,掌握尺度,积极引导,使学生的灵性和创造性在课堂中得以闪动. 倘若断然否定、置之不理,或搪塞过关,就可能错失一个难得的教学契机,还会挫伤学生的积极性和创造性. 例如,生 9 提出:"老师,可用坐标法吗?"此解法虽然在教师的预设之外,但教师及时调整教学计划,根据学生的认知水平,因势利导,帮助学生完成了心愿,使学生的求知欲望得以满足,并获得富有个性的学习感悟,也使课堂因为"意外"而精彩,形成了新的教学生长点.

(二)创设有效提问,激发课堂动态生成

教学过程是一种提出问题与解决问题的持续不断的活动. 一个有效的课堂提问,能够把学生带入"问题情境",促进学生对知识的深层和全面理解,帮助学生克服由于自身认识局限所导致的主观偏差,引导学生的思维往辩证、深刻、合理的方向发展,激发学生进行创造性地思维;一个有效的课堂提问,有助于教师觉察学生思维参与情况,及时得到反馈信息,不断调控教学程序,促进课堂的动态生成. 何谓有效提问呢?《学记》给出了很好的诠释:"道而弗牵,强而弗抑,开而弗达."

第一,提问要适度,且要指向数学问题的本质. 教师的提问不能过于直白,否则容易"越俎代庖";也不能过于含蓄,否则容易"形同虚问". 提问的作用在于给学生暗示,用暗示诱导学生自己去思考和感悟. 例如,"$c^2-c \cdot (a+b)=0$ 与 $|c|$ 有何关系?"这一提问,引导学生往"构建 $|c|$ 的函数关系"的方向寻求解题策略,直指问题本质,取得良好的启发效果.

第二,提问要恰时恰点.《论语》中"不愤不启,不悱不发",道出了课堂提问的最佳时机. 新课程学习方式特别强调在知识形成过程的"关键点"上,在运用数学思想方法产生解决问题策略的"关节点"上,在学生思维的"最近发展区"内,提出恰当的、对学生思维有适度启发的问题,以引导学生的思考和探索活动. 例如,课堂上出现的"三次沉思、迷惘",此时,学生心里处于一种悬而未决但又必须解决的求知状态,这时的提问最容易激发学生的创造性,从而使课堂孕育生机、充满活力.

（三）注重解题反思,促进学生主动生成

解题心理规律告诉我们,解题者在解题决策过程中,可能百思不解,多次受阻,而后又可能突然顿悟,此时的思维具有很大的直觉性,可能顾及不到对自己的思维过程进行分析整理. 因此,解题后要通过自问的形式对自己的思维过程进行重现,对解题过程的实质与作用进行反省,对解题方法和解题中反映出的数学思想进行概括,对解题中的认知体验和情感体验及时进行记录、整理和分析,这样就能对数学解题过程获得规律性的认识.

本案例教学结束后,师生感触颇多,以下是部分同学的解题反思.

学生1：解这道题给我的最大感受是"数形结合"的力量. 向量既有大小,又有方向,解题中往往忽略其几何特性的应用. 其实,将向量的运算转移到熟悉的图形当中,运算关系就变得形象、直观. 例如对本题中$|a+b|=\sqrt{2}$,有些同学受思维定势,从"数"的角度将它两边平方,找不到解题出路；若从"形"出发,只需纸上一画,正方形跃然纸上. 又如,由$(a-c)\perp(b-c)$联想到圆中直径所对的圆周角,无数对的"垂直关系"都集中在这"五指山"（如图10-8）中,这样求最大值又有何难？

学生2：我看到这个题目时,觉得将$(a-c)\cdot(b-c)=0$展开,找一个变量将c或$|c|$表示出来,再利用函数性质就能做出来. 但算到$c^2-c\cdot(a+b)=0$时就难住了,又觉得此法行不通. 于是我又改用画图法,在平面直角坐标系中寻找各向量的关系,因而就想当然地认为$c=a+b$,错误地得出了"正确"结论. 这道题暴露出我解题的弱点：其一,审题不深刻,对知识的理解浮于表面；其二,思维过于局限,缺乏灵活性；其三,缺少对解题方法和解题规律的领悟、归纳和总结.

习题作业

1. 数学解题教学设计时,你认为应从哪些方面进行教学预设？

2. 结合波利亚"怎样解题"表中的解题思想,谈谈在数学解题教学设计当中,应如何有效地引导学生探求解题思路？

3. 试举例进行数学解题教学设计,并谈谈在你的设计中,是如何践行"教学生学解题"的理念的？

第十一章　　基于课堂教学技能的数学教学设计

学习目标

- 掌握课堂导入、课堂小结设计的基本方式,并能结合具体内容进行设计.
- 掌握课堂练习、课堂板书设计的基本原则,并能运用到具体教学设计当中.
- 掌握数学课堂提问设计的基本策略,并能结合具体内容进行教学设计.

第一节　基于课堂导入的数学教学设计

课堂导入是教师引导学生参与学习的过程，它是课堂教学的必需环节，也是教师必备的一项教学技能；它既是学生主体地位的依托，也是教师主导作用的体现．恰当的导入，有利于营造良好的教学情境，集中学生注意，激发学习兴趣，启迪学生思维，唤起求知欲望，为良好教学效果的取得奠定基础．

一、课堂导入的作用

（一）集中注意

每节课对学生来说都是一个新的开始，而在这之前，学生可能经历过或从事着各种各样的活动，并沉浸在活动的兴奋中．如何实现学生的兴奋转移，关键在于导入．只要导入得法，就能使学生抛开正从事的活动，全身心地转入课堂学习中．

视频 11.1　课堂导入的作用

（二）引发兴趣

教育家第斯多惠说："教育成功的艺术就在于使学生对你所教的东西感兴趣."精彩的导入会使学生如沐春风，如饮甘露，进入一种美妙的境界．教师创设的情境，或趣味横生，或悬念于怀，或迷惑生疑，或思维碰撞，使学生产生探奇觅胜的求知欲，怀着一种期待、追切的心情渴望新课的到来．

（三）激发动机

动机是引起学生学习活动，并维持这种学习活动持续进行，以满足学生某种需要的一种内部动力．导入时的激励性语言、游戏故事、现实情境、挑战性问题，可以直接或间接地让学生明确学习目的，从而激发学生学习的内在动机，使学生的学习化为自觉行动，有意识地控制和调节自己的学习．

（四）联结知识

学生的学习总是以一定的知识和经验为基础，在迁移、联想中理解和掌握新知识．因此，导入总是建立在学生的"数学现实"基础之上，承前启后，或以旧引新，或温故知新，促使学生建立新的认识结构．

（五）沟通情感

唐代诗人白居易说："感人心者，莫先乎情."导入既是传授知识的开始，又是沟通师生情感的过程．只有在导入中激发学生的情感，促进师生情感的交流和升华，学生才能在情感媒介的作用下，积极主动地参与到探索知识的过程中，畅饮知识的琼浆，促进个性的发展．

二、课堂导入的原则

（一）针对性原则

导入要与教材内容和学生的心理特点、认知规律相适应. 从教学实际出发设计具体、简捷的导入方法，用尽可能少的语言把学生迅速带入一个新的知识情境中，使学生对要学习的新知产生认识上的需要. 切忌导入与内容、学生脱节，否则无论导入多么精彩、别致，也不可能产生好的教学效果.

视频 11.2 课堂导入原则及注意事项

（二）启发性原则

要用富有启发性的导入，引导学生去发现问题，激发学生解决问题的强烈欲望，调动学生思维活动的积极性，促使学生更好地理解新知. 因此要通过设置悬念、创设情境、巧妙设疑等多种手段，设置问题，让学生有疑可思，因疑而思，引发思维上的矛盾冲突，使学生的思维之门敞开，奇思妙想纷至沓来，收到启发学生思维的教学效果.

（三）趣味性原则

"知之者不如好之者，好之者不如乐之者."导入时语言要风趣幽默、生动形象，方式要新颖有趣、多样化，举例要生动活泼、因材而异，使教材内容以新鲜活泼的面貌呈现出来. 要最大限度地引起学生的兴趣，使之处于渴望学习的心理状态，引导学生积极思维，让学生以最佳的心理状态，投身到学习新知的活动中来.

（四）迁移性原则

学生的学习是根植于已有的知识背景和生活经验之上的. 导入时要在联系旧知识的基础上，找准新旧知识的联结点，精心设计铺垫，巧设疑点和难点，并以此作为新知识的"生长点"，展开新的矛盾和问题，从而激发学生积极探索新知，逐步促进知识的正迁移.

（五）语言艺术性原则

导入的语言必须简洁生动，新颖活泼，幽默风趣，富于启发，有画龙点睛之妙. 要根据导入方法的不同，采用不同的语言艺术. 如创设情境导入时，教师语言要富有感染力，既清新流畅，条理清楚，又娓娓动听，形象感人，使学生产生共鸣，激起强烈的求知欲和进取心. 又如巧设悬念导入时，教师语言要富有启发性，既发人深省，又恰当适度，以便吸引学生的注意力，使得学生兴趣高涨，思维活跃.

三、课堂导入方法的设计

（一）以旧引新导入法

复习导入法即所谓"温故而知新"，它利用数学知识之间的联系导入新课，淡化学生对新知识的陌生感，使学生迅速将新知识纳入原有的知识结构中，能有效降低学生对新知识的认知难度．它的设计思路是：复习与新知识相关的旧知识，分析新旧知识的联结点，围绕新课主题设问，让学生思考，教师点题，导入新课．

视频 11.3　例析旧知识导入和实验导入

▶ **案例 11-1**

在讲授矩形时，可以先出示自制的平行四边形教具，让学生回忆平行四边形的定义、性质，然后调整相邻两边所夹的角度，使之成为直角，从而引出矩形的概念，继而转入对矩形的研究．这样，学生既能深刻理解矩形是一种特殊的平行四边形，又能牢牢地掌握矩形的特性及与平行四边形的共性．

运用此法要注意如下几点：一要找准新旧知识的联结点，而联结点的确定要建立在对教材认真分析和对学生深入了解的基础之上．二是搭桥铺路，巧设契机．复习、练习、提问等都只是手段，一方面要通过有针对性的复习为学习新知识做好铺垫，另一方面又要通过各种巧妙的方式设置难点和疑问，使学生思维暂时出现困惑或受到阻碍，从而激发学生思维的积极性，创造新知识学习的契机．

（二）开门见山导入法

上课不绕圈子，直接出示本节课要学习的目标，说出本节课要学习的主要内容，再指导学生自学．让学生把注意力集中在教学内容最本质、最主要的问题研究之上．

视频 11.4　例析直接导入、生活实例导入及数学史实导入

▶ **案例 11-2**

在学习"圆"时，教师在黑板上画一个圆，提问学生："同学们，这是什么图形？"学生脱口而出"圆"，紧接着老师说："那么，什么叫圆，圆有哪些特征呢？这节课我们就一起来研究圆。"这样导入新课，目标明确，指向集中，生动有趣，启发性强，一下子就把学生的注意力集中到新知识的学习上来．

▶ **案例 11-3**

在学习"弧度制"时，教师直接引入新课："以前我们研究角的度量时，规定周角的 1/360 为 1 度的角,这种度量角的制度叫做角度制.今天我们学习另外一种度量角的常用制度——弧度制.本节主要要求是:掌握 1 弧度角的概念;能够实现角度制与弧度制两种制度的换算;掌握弧度制下的弧长公式并能运用解题."这种方法多用于相对能自成一体的新知识教学的导入;有时一节课容量很大而旧知识又很熟悉,也可以使用"开门见山"引入新课.

(三)游戏情境导入法

根据教学内容,利用语言、设备、环境、活动等手段,创造一种符合教学需要的情境,让学生如临其境,感同身受,以激发兴趣,启迪思维,使学生处于积极的学习状态.

视频 11.5 例析问题导入、游戏导入和故事导入

▶ 案例 11-4

在教学"数学归纳法"一节的内容时,由于许多学生对一个与正整数有关的命题,经过数学归纳法的步骤证明后,对其正确性不太理解,在新课开始时可介绍游戏:玩多米诺骨牌.玩此游戏的原则主要有两条:(1)排列此牌的规则是前一块牌倒下,保证后一块牌一定倒下;(2)打倒第一块.讲完这两条规则后问学生:"经过这两个步骤后,结果会怎样?"学生很快回答:"所有的骨牌都倒下了."由此游戏引出数学归纳法的定义.

▶ 案例 11-5

在教学"二分法"时,可做"幸运 52"中价格猜想游戏:主持人随意给出一件商品,让参赛者猜,规则如下:主持人只给出提示语"高了"或"低了".例如,若某商品的价格为 83 元,参赛者猜该商品的价格为 100 元,主持人说"高了";参赛者又猜 50 元,主持人又说"低了".这样一直猜下去,直到猜中或达到时间限制为止.教师可在课堂中与学生做此游戏,找出最快猜中答案的方法,由此自然地引出二分法的基本思想.

(四)故事情境导入法

讲故事能吸引学生的注意力,使枯燥无味的数学内容变得妙趣横生,因此根据教学内容选择适当的故事来导入新课,是学生喜闻乐见的一种导入新课的方式.这种导入法有利于激发学生兴趣,增强学生的求知欲望和学习动机.

▶ 案例 11-6

在学习"球冠"时,开头给学生讲这样一个故事:唐僧一行四人上西天取经,行至一个前不着村后不靠店的大山中,渴饿万分,让猪八戒去化缘,老猪在一个山沟里发现一个球形西瓜,端起正要去吃,一妖怪一刀将西瓜削去一部分,吓得它把手中的西瓜往头一扣,腾云逃回.孙悟空、沙僧看着猪八戒头上的西瓜,笑着说:"好一个球帽子."球帽子就是球冠,由此切入主题,易激发起学生的兴趣.

▶ 案例 11-7

在教学"反证法"时,先介绍这样一个故事:从前,三个古希腊哲学家,由于争论和天气炎热,感到疲倦了,于是躺在花园里一棵大树下休息,结果都睡着了.这时,一个爱开玩笑的人用炭涂黑了他们的前额,三个人醒来后,彼此看了看,都笑了起来,但这没有引起他们之中任何一个人的担心,因为这些人都以为是其他两个人在互相取笑.其中有一个人突然不笑了,因为他发觉自己的前额也涂黑了,他是怎样觉察到的呢?你能想出来吗?这自然引起学生的兴趣,然后通过互相讨论,分析全过程,从而归纳出"反证法"的定义及一般步骤.

(五)实验情境导入法

实验情境导入法是引导学生观察与新课主题密切相关的数学现象,以刺激学生的好奇心,激发学生探究奥妙的愿望,进而引出新课主题的方法.数学来源于生活,数学教学则可以借助实验演示数学知识的应用.它的设计思路是:引导学生观察演示的数学现象,围绕新课主题设问,让学生思考,教师点题,引入新课.

▶ 案例 11-8

在学习"棱柱与棱锥的体积"时,可以这样导入:首先,教师取等底、等高的三棱柱与三棱锥模具各一个,通过"装水实验",让学生观察棱柱与棱锥体积的关系,进而引导学生思考,是否其他的各种等底等高的棱锥与棱柱,其体积也具有同样的关系,从而引入课题.

▶ 案例 11-9

在教学"截一个几何体"时,可做如下的动手实验:用一个平面去截一个正方体,你能想象出所得到的截面是什么形状吗?拿出你们准备的正方体萝卜块,以小组为单位,动手截一截,看看截面可能是什么形状?教师引导学生实际操作,鼓励学生从活动中验证自己的猜想,并通过讨论、交流,发现一些同学事先猜想不到的截面图形.

（六）问题情境导入法

根据学生年龄和心理特征，设计疑问，创设矛盾，设置悬念，使学生产生解决问题的浓厚兴趣．教师通过导入，有意识地引起学生的认知冲突，使学生处于心欲求而不得、口欲言而不能的情境，学生的思维就能较快地受到启发，并活跃起来．

▷ **案例 11-10**

在学习"等比数列的通项公式"时，可采取实例设疑导入法．先提出一个通俗而有趣的问题：用一张纸对折 30 次，想一想，这叠纸大概有多厚？如果对折 100 次呢？在学生做出了种种估计后，教师提出其厚度远远超过珠穆朗玛峰的高度，学生感到惊诧，产生强烈的求知欲，于是教师引出课题，师生共同分析，推导出通项公式．

第二节 基于课堂提问的数学教学设计

一、课堂提问的类型

视频 11.6 例析课堂提问的类型（1）

视频 11.7 例析课堂提问的类型（2）

提问按照思考水平的不同，可以分成以下几类．

（一）识记性提问

要求学生回忆所学过的数学概念、数学原理等，对问题作简单的思考、回答．例如，"函数是如何定义的？"学生回答这个问题，只要求其能准确叙述函数的定义就可以了．回忆性提问一般用于教学的开始，或对某一问题的论证初期，目的是检查学生对知识掌握的情况，使学生回忆所学习的数学概念或数学事实，为数学新知识的学习奠定基础．

（二）理解性提问

理解性提问主要是用来检查学生对已学知识的理解和掌握情况，多用于某个概念、原理讲解之后．学生要回答这类问题，必须对已学过的知识进行回忆、解释、重新组合，对学习材料进行内化处理，然后组织语言表达出来．例如，"根据函数的定义，确定一个函数的基本要素是什么？""函数作为一种映射，它的特征是什么？"

（三）应用性提问

应用性提问是检查学生把所学概念、规则和原理等知识，应用于新的问题情境中解决问题能力的提问方式. 在应用性提问中，教师经常使用的关键词是：运用、分类、分辨、选择、举例等. 例如，学习了方程 $x+b=0$ 和 $ax=b$ $(a\neq 0)$ 的解法，可以提出形如 $ax+b=0$ $(a\neq 0)$ 的方程如何求解的问题，实际上就是要求学生把方程进行转化，利用已掌握的解法去解决新的问题.

（四）分析性提问

分析性提问是通过一连串的问题，环环相扣，步步推进，由此及彼，由表及里，通过分析知识结构之间的关系，如条件之间、因果之间的关系，最后得出结论的提问方式.

▶ 案例 11-11

刚学完函数的单调性和奇偶性，学生在解答题目"已知函数 $f(x)$ 是偶函数，并且在 $(0,+\infty)$ 上是减函数，判断 $f(x)$ 在 $(-\infty,0)$ 上的单调性"时，感到无从下手. 在学生的思维受阻时，教师通过分析性提问进行引导："偶函数 $f(x)$ 在 $(0,+\infty)$ 上是减函数"是已知的，同学们能否根据这一条件，得到函数 $f(x)$ 的图像在 $(0,+\infty)$ 上的变化趋势？函数 $f(x)$ 是偶函数，又将告诉我们 $f(x)$ 的图像具有怎样的特点？此时能否猜出 $f(x)$ 在 $(-\infty,0)$ 上的单调性？如何给你的猜想找个充分的理由？

（五）综合性提问

综合性提问是要求学生发现知识之间的内在联系，并在此基础上使学生把教材内容的概念、规则等重新组合的提问方式. 这类提问强调对内容的整体性理解和把握，要求学生把原先个别的、分散的内容以创造性方式综合起来进行思考，找出这些内容之间的内在联系，形成一种新的关系，从中得出一定的结论. 在综合性提问中，教师经常使用的关键词是：假如……会……，结合……谈……，根据……你能想出……的解决方法，总结……，等等.

（六）评价性提问

评价性提问要求学生运用所学内容和各方面的知识和经验，并融进自己的思想感受和价值观念，进行独立思考，提出个人的见解. 例如，要求学生对数学结论或解决问题的思想、方法作出评价，对有争议的问题给出自己的观点. 在评价性提问中，教师经常使用的关键词是：判断，评价，证明，你对……有什么看法，等等.

二、课堂提问的设计策略

(一) 提问要有梯度

要根据循序渐进的原则,由易到难,由浅入深,由简到繁,由特殊到一般,使教学活动层层深入. 可以先提认知理解性问题,然后是分析综合性问题,最后是评价创造性问题. 特别在解决一些综合性较强的题目,学生往往不知从何入手时,千万不能一步到位,要根据题目的要求,分设几个小问题作阶梯,由低到高,这样就能有效地克服学生在学习上的困难,从而引导学生的思维一步步向目标迈进.

视频 11.8 课堂提问的应用

▶ **案例 11-12**

在教学"等腰三角形性质"时,可设计以下问题:
(1) 若等腰三角形的一个底角等于 75°,则它的顶角是多少度?
(2) 若等腰三角形的顶角是 75°,则它的每一个底角各是多少度?
(3) 若等腰三角形的一个内角是 75°,则它的其余各角是多少度?
(4) 若等腰三角形的一个内角是 110°,则它的其余各角是多少度?
(5) 若等腰三角形的一个内角是 N 度,则其余各角是多少度?

(二) 注重启发性提问

陶行知曾云:"发明千千万,起点在一问……智者问得巧,愚者问得笨."教师在教学中要真正开启学生的思维,必须致力于提高"问"的艺术,其中最重要的是提出的问题要启发学生思考. 这样就要求教师设计的问题,应具有一定的启发意义,不能为问而问,总是提一些毫无启发性的"短平快"问题.

有些教师为了实施启发式教学,变"满堂灌"为"满堂问",认为问题提得越多越好,一堂课几乎全是教师习惯性的提问,表面上学生思维很活跃,而事实上,一个个简单肤浅的问题就像一条条无形的绳索,禁锢着学生思维的拓展. 其实问题并不在多少,而在于是否具有启发性,是否是关键性的问题,是否能够触及问题的本质,并引导学生深入思考.

比如,在教学"线面平行的判定定理"时,可依次向学生提问:线面平行的定义是怎样的?教室内墙壁平面与天花板平面的交线与地面的关系如何?当学生回答平行时,进一步追问为什么平行?由此逐渐启发学生发现定理的内容.

(三) 注意提问的对象与难易

学生之间的差异是客观存在的,不同学生基础不同,理解能力不同,思维方法也不同. 因此,在课堂教学中,让哪些学生回答问题,确实是一门值得深究的学问.如果让学习困难的学生回答问题,往往会出现答非所问的尴尬局面.但如果只让少数尖子学生回答问题,那么多数学生学习中存在的问题就难以暴露.为此,教师在课堂提问时,应充分考虑学生的差异性、层次性,尽可能根据学生的不同水平设计不同层次的问题,让全体学生都有参与和体验的机会.

"问"的对象的确定与问题的难易直接相关.所提问题太难太深,超越了学生的智力水平,学生就会感到望而生畏,丧失回答问题的信心和勇气;问题太易太浅,低于学生已有的知识水平和认知能力,学生无须思考即唾手可得,又失去了提问的意义.所以教师提问应避免一"问"即"发"的浅问题和"问"而不"发"的难问题.一般而言,问题的设计应以班里中上等学生水平为基础,这样既有利于激发、维持优良水平学生的参与积极性,又有利于促进中下等水平学生向优良水平靠拢,从而提高全体学生参与的积极性和主动性.

（四）提问后给学生适当的思考时间

"问"与"答"之间要有适当的时间间隔,给学生留有较充分的思考时间.如果思考时间太短,学生对问题缺乏充分的感知和足够的思考,必要的心理过程没有完成,那么学生的思维就得不到充分锻炼,"问"的效果自然不好.

研究人员认为,在课堂提问中,教师应有两个最重要的停顿时间,即"第一等待时"和"第二等待时"."第一等待时"是指教师提出问题后,要等待足够的时间,不马上重复问题或指定学生回答;"第二等待时"是指学生回答问题之后,教师也要等足够的时间才能评价学生的答案或提出另一个问题.然而在现实中,许多教师在提出问题之后,为了赶进度、省时间,往往自问自答或找优秀学生"代言",留给学生思考的时间很少,这就与"问"的应然效果是相悖的.

苏霍姆林斯基说过这样一句话："请你毫不犹豫地在每一节课上尽量留出时间让学生掌握新教材吧！这些时间会得到百倍的补偿.思考知识时脑力劳动越有效,学生完成家庭作业所需的时间就越少,下一节课上检查功课所花的时间就越少,因而可用来讲解新教材的时间就越多."

（五）灵活应用多种提问形式

由于问题的内容、性质和特点的不同,课堂提问可以使用不同的形式.

直问：也就是开门见山,直接提出问题,以便集中学生的注意力,引导他们分析问题和解决问题,其表现形式为"是什么？""有什么？"等等.

曲问：从侧面或反面提出问题,教师旁敲侧击地进行点拨,帮助学生清除思维障碍,疏通思路,加深对问题的理解.

反问：针对学生对某一问题的糊涂认识和错误症结,通过反问,使学生幡然醒悟,达到化错误为正确的目的.例如,针对学生认为"一个数的算术平方根一定比这个数小"这一错误认识,反问"1 的算术平方根是多少？这两者的大小关系如何？"

追问：对某一问题发问得到肯定或否定的回答之后,针对问题的更深层次发问，其表现形式为"为什么？""请解释其中的道理？"这样便于由表及里，浅中求深.

引问：对学生难以理解的问题，需要疏导或提示时，在关键处发问，循序渐进地达到知识理解和解决问题的目的. 例如，"已学了几种三角形相似的判定方法？本题所给的边角关系如何？还应寻求何种边角关系？"等等.

激问：在学习新知识之前，学生处于准备状态时，使用激励性语言提问，激发学习动机，把学生的情绪调动到兴奋状态. 例如，学习倒序相加的方法时，写出 $1+2+3+\cdots+9999$，提问："老师能一下子把它求出来，你们能吗？"

（六）注重元认知提问

学习过程包括了认知活动和元认知活动两方面. 相应地，教师对学生的提问就可分为认知提问和元认知提问. 认知提问针对学生的认知活动，指向具体的信息加工；元认知提问针对学生的元认知活动，指向元认知知识、元认知体验和元认知监控. 认知提问的内容往往由教师精心设计，它对学生思维的自主性、独立性要求不高；元认知提问更强调学生在提问中的主体地位，它对学生思维的自觉性、批判性要求较高. 不仅如此，元认知提问可以激发学生的自我意识，促使学生思考认知活动的特点、策略，使学生的认知更加清晰、规范和准确.

但在以往的数学课堂教学中，教师的多数提问停留在认知问题方面，所提问题较少涉及元认知方面的内容. 这就要求教师要善于观察学生的认知行为和情绪反应，了解学生的认知水平和特点，正确把握学生的元认知状态，通过设计合理的元认知提示语进行提问，以引导学生认知活动的高效进行.

第三节 基于课堂板书的数学教学设计

板书是教学中所应用的一种主要的教学媒体，板书艺术则是教学艺术的有机组成部分. 板书内容构成直接影响板书质量和教学效果，板位安排就像规划报纸的版面一样，应精心设计，严谨布局，决不可满板乱画，使板书杂乱无章.

一、板书设计要具有计划性

要充分体现一节课的内容和教学目的，板书必须有周密的计划、合理的布局. 即教师在课堂教学之前，应对本节课的板书有总体的设计，主要包括板书的内容、布局、顺序、色彩、大小等.

首先要确定板书的文字、图表和符号及其表述形式，在此基础上，合理设计板书结构，努力使板书做到既实用、又美观，使板书成为数学课堂一道优美的风景线，给学生以视觉享受. 例如，哪些写在左边？哪些写在右边？哪儿写大标题？哪儿写小标题？都要心中有数. 需相互比较的内容要对比着写，联系紧密的内容要写在一起,以利于学生的理解和记忆.

许多教师在备课中往往只备教学内容,而忽略板书,这是极大的失误. 教师在课前精心构思、巧妙设计出的板书,就像一幅画慢慢地展现在学生面前,不但直观、形象,而且还让学生获得美的享受,同时起到了示范作用,确有一石三鸟之效.

二、板书设计要具有条理性

板书是思维的一种直观表现形式,而数学课重要的目的之一,是培养学生的思维能力. 因此,数学课的板书,要层次清晰,条理分明,一目了然. 同时,形象、直观、概括、条理的板书,也便于学生对所学知识的理解和系统记忆.

为此,在黑板的整体布局上,一般应有主、辅之分. 通常把黑板分成几大块,主要板面写课题名称、重要概念、主要公式、基本图形等;辅助板书典型例题、注意事项或留给学生板演. 这样,主辅分明,重点突出.

▶ 案例 11-13

对于点与圆、线与圆、圆与圆之关系的认识,可设计条理清晰的板书结构,如图 11-1 所示.

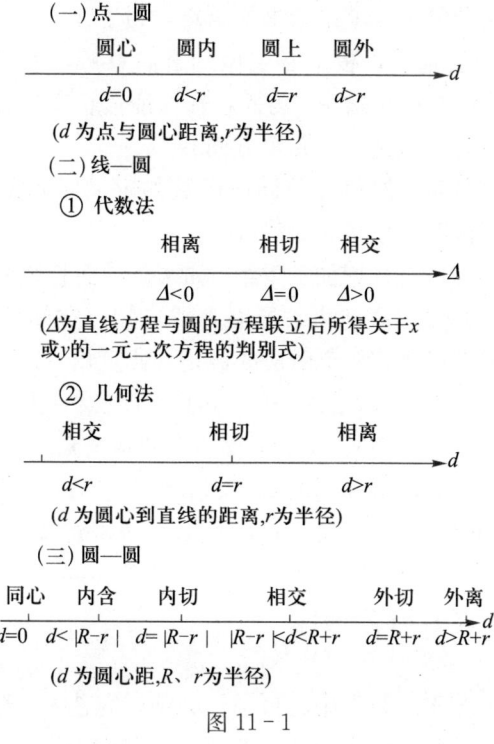

图 11-1

三、板书设计要具有启发性

板书不单纯是静态的信息传递，更是师生互动交流的重要媒介．匠心独具的板书，可以启发学生的思维，促使学生积极投入探究活动，这是板书的重要功能之一．通过知识归纳、内容串联、区别对比、画图设问等，以调动学生探求知识的积极性．

▶ **案例 11-14**

在推导"等差数列的通项公式"的过程中，由定义得到"后项减去前项等于公差"是解决问题的关键．为了引导学生得出累加法，教师可按以下格式板书上述事实（图 11-2）：

$$a_2 - a_1 = d$$
$$a_3 - a_2 = d$$
$$a_4 - a_3 = d$$
$$\cdots$$
$$a_n - a_{n-1} = d$$

图 11-2

再启发学生思考，从上述各式，能否得出用 a_1、d 表示的通项 a_n．教学实践表明，由于这样的板书具有极强的启发性，多数学生能由此得出累加法．

四、板书设计要具有简捷性

通常情况下，讲课的重点就是板书的重点，为了让学生一目了然地看清一节课的重点，板书必须做到言简意赅，重点突出．如果语言烦琐，板书过多，则会影响听讲效率．为此，在保证信息完整、规范的基础上，应尽可能地减少书写内容，做到以下几个方面．

第一，板书关键字词．如对于单调增函数的定义，只需板书如下几个关键词：定义域的某个子区间，任意 $x_1 < x_2$，有 $f(x_1) < f(x_2)$．

第二，对板书内容进行合理加工重组．如两条异面直线所成的角，教材中通常是这样定义的：直线 a，b 是两条异面直线，经过空间任意一点 O，作直线 $a' // a$，$b' // b$，我们把直线 a'，b' 所成的锐角（或直角），称为异面直线 a，b 所成的角．板书中可以整合为如下的叙述：经过空间任意一点所作的两条异面直线的平行线所成的锐角（或直角），称为异面直线所成的角．

第三，合理使用符号语言和图形语言，节约文字书写时间．例如，在立体几何中，线面平行的判定定理可用符号表示为：$a // b, b \subset \alpha \Rightarrow a // \alpha$．

五、板书设计要具有艺术性

教学是一门综合艺术，教学中的板书，必须讲究艺术．教学实践表明，富有艺术性的板书，可以唤起学生内心的美的感受，形成积极愉悦的情感体验，提高学习兴趣，促进学习效果．因此，数学课堂的板书，要尽可能地突出艺术性．主要表现在：

（1）合理安排板书结构，对整个布局合理而又匠心独运的设计，追求板书的结构美；

（2）字体书写、图形绘制，工整美观，大小适中，富有表现力；

（3）注意使用彩色粉笔，合理搭配色彩；

（4）用特殊符号，如下画线、着重号等，强调重要性.

案例 11-15

在对平面多边形的关系进行总结时，可做如下的板书设计（如图 11-3）.

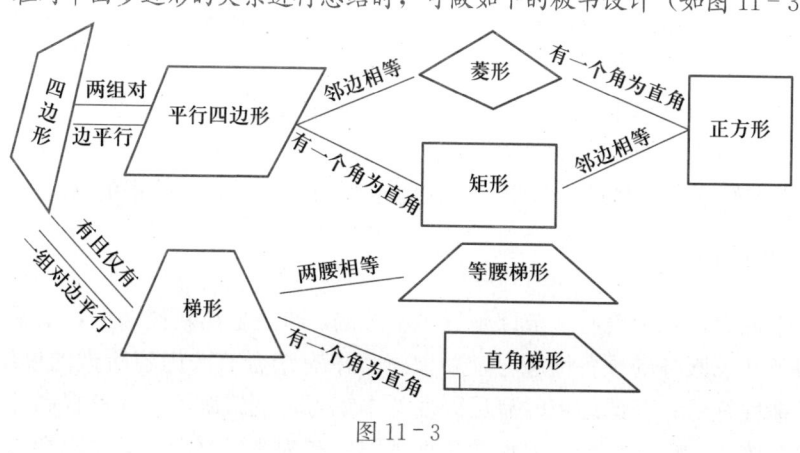

图 11-3

六、板书设计要具有示范性

板书作为一种基本的信息传递方式，应做到科学、规范，以保证学生所接受信息的科学性. 此外，教师板书的一个很重要的目的，就是在传授知识的同时，引导学生养成良好的书写、绘图、语言表述习惯. 为此，教师板书时要做到以下几点.

（1）概念、定义、定理、法则的完整性与严密性. 例如，写对数函数 $y = \log_a x$ 时，要注明 $a > 0$ 且 $a \neq 1$ 的条件；对论证的一般三角形，不能画成等边、等腰或直角三角形.

（2）解题过程逻辑严谨，步骤清晰，详略得当，关键步骤完整；几何作图力求规范，基本符合实际，以免使学生发生错觉，影响正确思维.

（3）板书字体端庄，数学符号清晰，标点符号正确，一字一句都要正确规范. 这样，通过板书示范，潜移默化，使学生养成良好的习惯，形成严谨的学习品质.

总之，板书要做到标题醒目，条理清楚，容量适中，重点突出，布局合理，字迹端正，形式多样，内容丰富，舒适美观. 这样，就会增强教学艺术性，提高教学效果.

视频 11.9 课堂板书的作用

视频 11.10 例析课堂板书的类型

视频 11.11 例析课堂板书的选择方式及注意事项

第四节　基于课堂练习的数学教学设计

课堂练习是课堂教学的重要组成部分，恰到好处的习题不仅能巩固知识，形成技能，而且能启发思维，培养能力．因此，教师要精心设计每堂课的练习，充分调动学生的学习积极性，激发学生的学习兴趣和注意力．

一、数学课堂练习的功能

（一）知识功能

视频 11.12　课堂练习的功能和类型

数学练习题的知识功能，主要体现为通过练习引入新知识．学习新知识，最重要的是建立新旧知识之间的联系，而建立新旧知识之间的联系必须先引起学生的思考，在学生的思想中产生疑问，正所谓"学起于思，思起于疑"．在这个过程中，数学练习题是架设在新旧知识之间的桥梁，并且是激发学生产生疑问的物化手段．优秀教师常常是通过数学练习题将学生引导到学习新知识的情境之中．

（二）巩固功能

在数学课中，几乎没有一节课是只讲不练的．即使是在新授课上，上新课前有为学习新知识服务的预备性练习；新课过程中有结合有关内容所做的单项的、局部的反馈性练习；新课结束时有巩固性基本练习、变式练习，还有提高性对比练习、综合练习，或为后继学习做孕伏性练习，或为激发兴趣、满足求知欲做思考性练习等．总之新课后通过练习，可以促进学生对数学概念、法则、公式、性质的进一步理解，以及促进学生对各种数学技能的掌握．

（三）反馈功能

教师借助课堂练习，可在第一时间获得学生有关解题速度、正确率、对知识的掌握程度以及他们在观察、分析、概括、归纳问题中所反映出来的各种信息，有利于对课堂教学的调控，可以使教师对学生提供的指导更具针对性．课堂练习既为教师提供了调控教学的信息，也可以为学生提供调整学习的信息．

（四）教育功能

数学知识具有应用的广泛性，结合课堂练习可以向学生进行学习目的的教育；数学知识具有严密的逻辑性，通过课堂练习进一步揭示知识间的联系与区别、对立与统一、现象与本质，可以向学生进行辩证唯物主义观点的启蒙教育；数学知识具有高度的抽象性，通过课堂练习可以帮助学生掌握由特殊到一般，再由一般到特殊地认识事物的一般规律．

二、数学课堂练习设计的原则

（一）目的性原则

练习是一种有目的、有步骤、有指导的教学活动. 练习的目的性就是要求教师在设计、编排练习题时，要紧紧围绕教学目标精心安排练习. 也就是说，教师在设计练习时必须明确每一道题的练习意义，即通过该题的练习将促进学生深化理解哪些知识、形成掌握哪些技能、侧重发展哪些能力等等，努力做到练习少而精.

视频 11.13 课堂练习的设计原则

（二）科学性原则

所谓科学性，主要是指题目本身不能出现科学性错误，问题的指向性要明确，不能模棱两可；练习题的内容不能超出所学知识范围；题型设计合理，且忌随意. 比如，在选择题中不应出现这样的命题："下列命题中，正确的个数是（　　）."因为，假如学生恰好将一个正确的命题和一个错误的命题判断反了，那么所选择的答案依然是正确的，这就不利于教师及时查找学生的错误原因.

（三）层次性原则

练习的阶梯性是指在设计编排练习的过程中，教师要根据教材本身的逻辑性、学生认识的有序性，将练习由易到难、由简到繁依次安排，以适应不同阶段、不同层次学生的需要，让学生拾阶而上，一步一步迈向掌握知识的最高点. 因此在设计课堂练习时，教师必须考虑到练习的难度和层次性，必须适合学生现有水平并兼顾到学生的"最近发展区".

（四）针对性原则

课堂练习设计一定要从教材内容和学生基础这两个方面去考虑，克服不从客观实际出发，只求练习数量和难度，而应根据掌握知识，形成技能的关键、重点、难点去设计练习. 练习的针对性和目的性是紧密相连的，具有鲜明的针对性的练习，通常是目标更明确的目的性练习，它通常是为解决某一问题而专门设计编排的，是教学中突破重点、强化技能等常用的手段.

（五）多样性原则

课堂练习设计要注意多样化. 从题型上看，有填空、选择、解答等；从方式上看，有口头练习、书面练习、实践练习等；从内容上看，有单项练习，也有综合练习等. 教师要针对某一知识采取不同形式，从不同角度和侧面组织多样性的练习，从而激发学习兴趣，提高练习效率，达到灵活运用知识、启迪思维、培养能力、提高学生素质的目的.

（六）实效性原则

课堂练习设计要处理好数量和质量的辩证关系．只注意练习内容少而精，没有一定数量作保证，就达不到巩固知识、形成技能的目的；反之，只求数量不求质量的重复性练习，只能加重学生课业负担，不利于能力培养、智力开发，造成学生心理厌烦，降低练习效果．因此，教师对课堂练习的设计，要注重讲究实效，确保课堂练习的效果．

三、数学课堂练习设计的策略

（一）设计铺垫性练习

新授课练习设计旨在为学生准备学习新知识时作知识迁移的铺垫．这类铺垫性的练习可以促进基本概念的生成，进而使知识有效迁移．此类练习产生的效应，是让学生在练习中自我发现并获取知识，而非教师的灌输；通过练习还可以引导学生学会运用归纳、猜想的思维方法．

视频 11.14 例析课堂练习设计策略（1）

视频 11.15 例析课堂练习设计策略（2）

▶ 案例 11-16

对于"平方差公式"的教学，可以设计这样的铺垫性练习：

计算下列各题：

① $(a+b)(a-c)$ ② $(a+b)(a-b)$
③ $(a+b)(a+b)$ ④ $(2a-b)(2a+b)$
⑤ $(a+3b)(a-3b)$ ⑥ $(-a+b)(-a-b)$
⑦ $(b-a)(a+b)$

请讨论：

(1) 以上各式是二项式乘以二项式，它们的积有几种情况？

(2) 为什么有的积是四项式，而有的积是三项式或二项式？

(3) 积是二项式的这样的两个式子，必须具有什么特征？

归纳得出平方差公式：$(a+b)(a-b)=a^2-b^2$．

（二）设计针对性练习

设计练习要从教材和学生两方面的实际情况出发，根据教学内容的要求及学生的接受能力，使其具有针对性．通常来说，重点内容"反复练"，难点地方"着重练"，揭示本质"变式练"，关键部分"集中练"，沟通知识"系统练"，易混地方"对比练"，错题集中"辨析练"．

案例 11-17

在"勾股定理"的教学之后，可设计以下的一系列针对性练习.

题型一：利用勾股定理求线段长

例 1 在 $\triangle ABC$ 中，$\angle C = 90°$.

(1) 已知 $AC = 6$，$BC = 8$，求 AB 的长；

(2) 已知 $AB = 17$，$AC = 15$，求 BC 的长.

练习：如果梯子的底端离建筑物 9 m，那么 15 m 长的梯子可以到达建筑物的高度是多少？

归纳：这是典型的"知二求一"的题，可以直接利用勾股定理.

题型二：利用勾股定理逆定理判断垂直

例 2 木工师傅要做一个长方形桌面，做好后量得长为 80 cm，宽为 60 cm，对角线为 100 cm，那么这个桌面是否合格？

练习：试判断三边长分别是 $a^2 - b^2$，$a^2 + b^2$，$2ab$ ($a > b$) 的三角形是不是直角三角形？

归纳：先比较三边的大小，然后再利用勾股定理.

题型三：勾股定理和逆定理的综合运用

例 3 如图 11-4，正方形 $ABCD$ 中，E 是 BC 边上的中点，F 是 AB 上一点，且 $FB = \frac{1}{4} AB$，那么 $\triangle DEF$ 是直角三角形吗？为什么？

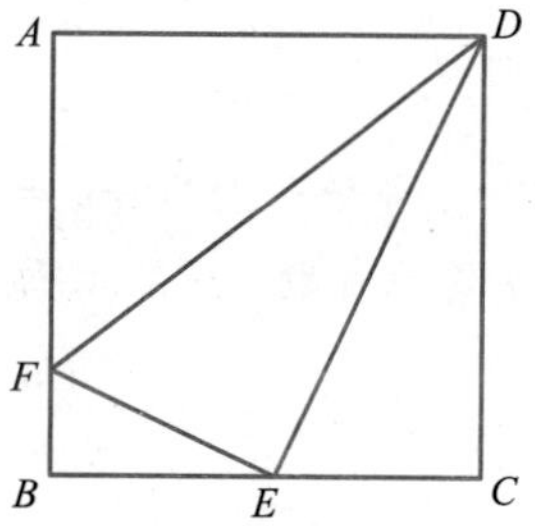

说明：本题多次利用了勾股定理及其逆定理.

图 11-4

题型四：勾股定理在折叠问题中的运用

例 4 如图 11-5，矩形纸片 $ABCD$ 的边 $AB = 6$ cm，$BC = 10$ cm，E 为 CD 边上一点，将 $\triangle ADE$ 沿 AE 折叠，使点 D 恰好落在 BC 边上的点 F 处，求 CE 的长.

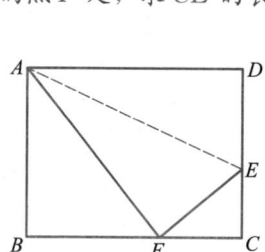

图 11-5

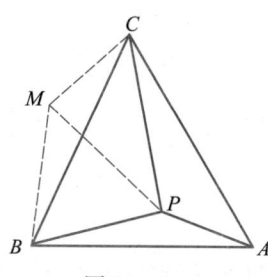

图 11-6

归纳：① 折叠—全等，找到折叠中的不变量；

② 合理设元，利用勾股定理建立方程.

题型五：勾股定理在旋转问题中的运用

例 5 如图 11-6，P 是等边三角形 ABC 内一点，$PA = 2$，$PB = 2\sqrt{3}$，$PC = 4$，求 $\triangle ABC$ 的边长.

分析：利用旋转变换，将 $\triangle BPA$ 绕点 B 逆时针旋转 $60°$，将三条线段集中到同一个三角形中，根据它们的数量关系，由勾股定理可知这是一个直角三角形．

（三）设计易错性练习

学生在平常练习中，会出现比较常见的错误现象，其错误之处往往有一定的规律．上一届学生在某一知识点上发生的错误，下届的学生也容易如出一辙．针对这种常见错误的规律，要设计预防性的练习，以防患于未然．

▶ **案例 11 - 18**

题目：已知方程 $x^2+3x+1=0$ 的两个根为 m，n，求 $\sqrt{\dfrac{m}{n}}+\sqrt{\dfrac{n}{m}}$ 的值．

错解：因为 $\Delta=3^2-4\times1\times1=5>0$，所以 $m\neq n$．
由一元二次方程的根与系数的关系，得
$$m+n=-3,\ mn=1.$$
所以 $\sqrt{\dfrac{m}{n}}+\sqrt{\dfrac{n}{m}}=\dfrac{\sqrt{m}}{\sqrt{n}}+\dfrac{\sqrt{n}}{\sqrt{m}}=\dfrac{m+n}{\sqrt{mn}}=\dfrac{-3}{1}=-3.$

分析：因为 $mn=1$，所以 m 和 n 是同号的，又因为 $m+n=-3$，所以 m 和 n 均为负数．显然上面最后一式的变形有误．

正解：设 $t=\sqrt{\dfrac{m}{n}}+\sqrt{\dfrac{n}{m}}$，则
$$\begin{aligned}t^2&=\left(\sqrt{\dfrac{m}{n}}+\sqrt{\dfrac{n}{m}}\right)^2\\&=\dfrac{m}{n}+2+\dfrac{n}{m}\\&=\dfrac{m^2+n^2}{mn}+2\\&=\dfrac{(m+n)^2-2mn}{mn}+2\\&=9\end{aligned}$$
所以 $t=3$．

（四）设计辨析性练习

在新知识学习之后，要将相似的、易混淆的内容放在一起进行对比练习，加深学生对知识的辨别、理解和掌握，进一步提高学生的辨析能力．教师在设计习题时，要把易混的习题编选进去，帮助学生纠正错误，查缺补漏，使知识结构更加完善，辨析能力得到提高．

▶ 案例 11 – 19

在判别矩形和菱形的关系时，安排如下练习：
(1) 任一矩形都是菱形吗？（否）
(2) 任一菱形都是矩形吗？（否）
(3) 是否存在是菱形的矩形？（是，正方形）
(4) 是否存在是矩形的菱形？（是，正方形）
(5) 是否存在不是菱形的矩形？（邻边不相等的矩形）
(6) 是否存在不是矩形的菱形？（非正方形的菱形）

（五）设计层次性练习

课程标准强调尊重学生的个体差异，满足多样化的学习需要．因此，针对学生能力差异的客观事实，应找准每类学生的最近发展区，为他们确定相应的目标，设计的例题一定要有层次性，即由易到难，循序渐进，一步步引导学生将问题深化，发展思维能力，使不同学生各得其所，避免"吃不了"和"吃不饱"的现象发生．

▶ 案例 11 – 20

为了巩固学生对"等腰三角形两底角相等"的性质的理解，设计了以下问题：
(1) 若等腰三角形一个底角为 55°，则其顶角为多少度？
(2) 若等腰三角形一个内角为 55°，则其余的角为多少度？
(3) 若等腰三角形一个内角为 100°，则其余的角为多少度？
(4) 若等腰三角形一个内角为 α，则其余的角为多少度？

（六）设计变式练习

层次性练习设计中，最常用的是变式设计策略．波利亚曾说："一个专心的认真备课的教师能够拿出一个有意义的但又不复杂的题目，去帮助学生挖掘问题的各个方面，使得通过这道题，就好像通过一道门户，把学生引入一个完整的理论领域．"精心设计有坡度的变式练习题，让学生通过不断训练使思维的灵活性得到不断发展，并通过渐进式的拓展训练，使学生进入广阔思维的佳境．

▶ 案例 11 – 21

题目：已知圆的方程 $x^2 + y^2 = r^2$，求经过圆上一点 $M(x_0, y_0)$ 的切线方程．

在解答之后，为激活学生思维，在学生思维活跃时，可改变题目条件，创设变式，可拓展学生的思维空间．

变式 1：若圆的方程变为 $(x-a)^2+(y-b)^2=r^2$，求经过圆上一点 $M(x_0, y_0)$ 的切线方程．

变式 2：已知 $M(x_0, y_0)$ 为圆 $x^2+y^2=r^2$ 外的一点，求过 M 点的圆的切线方程．

变式 3：若圆的方程变为 $(x-a)^2+(y-b)^2=r^2$，求经过圆外一点 $M(x_0, y_0)$ 的切线方程．

变式 4：已知 $M(x_0, y_0)$ 为圆 $x^2+y^2=r^2$ 内异于圆心的一点，判断直线 $x_0 x+y_0 y=r^2$ 与圆的位置关系．

（七）设计开放性练习

开放性练习综合性强，知识容量大，具有很强的开放性、灵活性和多变性，它能为学生提供广阔的思维空间，激发学生想象和好奇心．教师既要根据教材内容挖掘题目中的开放因素，又要有意识地设计一些开放练习，选择适当时机，以灵活的方式渗透到教学中去，发挥学生的创造性潜能．

▶ **案例 11-22**

问题：已知 $\triangle ABC$，将它分成面积相等的三个多边形，你能给出几种分法？

本题有难易不同的多种解法，对于基础差的学生来说，要想出一两种分法来也并不太难；而对于基础好、喜欢思考的学生来说，尽可能地充分利用自己所掌握的有关知识，发挥创造性，给出许多有趣的分法．

（八）设计探索性练习

课程标准要求使学生不仅能主动地获取知识，而且能不断丰富数学活动的经验，学会探索，学会学习，要给学生提供大量探索数学奥秘的材料，给学生提供充分从事数学活动和探究数学问题的时间和空间，给学生"做数学"的机会，促进学生对数学知识和方法的掌握、巩固和提高．

▶ **案例 11-23**

某学习小组在探究"各内角都相等的圆内接多边形是否为正多边形"时，进行如下讨论．

甲：这种多边形不一定是正多边形，如圆内接矩形．

乙：我发现边数是 6 时，它也不一定是正多边形．如图 11-7，$\triangle ABC$ 是正三角形，$AD=BE=CF$，可以证明六边形 $ADBECF$ 的各内角相等，但它未必是正六边形．

丙：我能证明，边数是 5 时，它是正多边形，我想边数是 7 时，它可能也是正多边形.

(1) 请你说明乙同学构造的六边形各内角相等；

(2) 如图 11-8，证明各角都相等的圆内接七边形 $ABCDEFG$ 是正七边形（不必写已知和求证）；

(3) 根据以上探索过程，提出你的猜想.

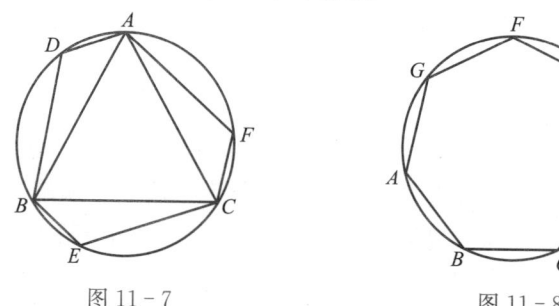

图 11-7　　　　图 11-8

总之，在教学中教师要利用数学学科的特点，根据教学内容，紧扣教学目标设计好课堂练习，加强设计"精品"习题的意识，以少胜多，以质为上. 在知识和难易程度适宜的基础上，设计有一定"坡度""难度""密度"的习题，练习时注意加大知识间的"跨度"，变换形式间的"角度"，求新、求近、求活，让课堂练习不断成为学生学习数学兴趣的直接发源地.

第五节　基于课堂小结的数学教学设计

一、课堂小结的功能

布局合理、结构完美的课堂教学，不仅要有扣人心弦的"序曲"，引人入胜的"主旋律"，还要有回味无穷的"尾声"，以达到前后浑然一体的美妙境界. 很多教师都精心设计每节课的引言，却有不少教师对结尾没有给予足够重视，使得一节课给人一种"虎头蛇尾"的感觉.

视频 11.16　课堂小结概述

（一）归纳功能

在一堂课的结尾之际，通过教师有意识地穿针引线，提纲挈领地将本节课甚至前几节课的教学内容进行简明扼要的梳理、概括，便于学生抓住教学内容的重点，将所学的知识系统化，并使新知识、新方法固着于学生的认知结构之中，使之在学生头脑里留下一个深刻的印象. 因此在一定程度上讲，若将课堂小结前面的教学过程比喻为知识的播种过程，那么课堂结尾的小结则是一个金秋的收获季节.

（二）反馈功能

学生对所学的新知识的理解往往是表面的，若在课堂结尾时，从不同的角度精心设计几个针对新知识的小问题让学生回答，可充分了解学生对新知识的掌握情况，从而有利于教师及时地进行教学调控，为下一堂课的教学目标确立和教学方法改进提供研究素材. 同时，教师对学生的回答进行讲评的过程，有利于学生进一步理解和掌握新知识，从而真正圆满地完成一节课的教学任务.

（三）铺垫功能

知识内在的逻辑顺序和学生的认知规律，决定了教学必须是一个循序渐进、环环相扣的有序过程. 在课堂教学行将结束时，提出与本节和后续内容相关的问题，让学生带着问题离开课堂，对活跃学生思维、开阔学生视野、发展学生智能，都是很有价值的，也为后继学习制造了悬念，埋下了伏笔.

视频 11.17 例析课堂小结类型（1）

二、课堂小结方式的设计

针对不同的课堂教学类型，根据不同的教学内容和要求，考虑到教学对象的知识结构、智力水平、年龄特点和心理特征，精心设计出与之适应的结尾，可收到事半功倍的效果.

（一）总结式

视频 11.18 例析课堂小结类型（2）

这是最常用的一种结尾方式. 为了使学生对所学知识与方法有一个全面系统的了解和认识，教师往往在课堂结尾时，利用简洁准确的语言、文字、表格或图示，将一堂课所学的主要内容进行提纲挈领的总结和归纳，意在让学生由博返约、纲举目张，在学习结束阶段再次强化教学要点，从中找出规律，上升到新的认识，牢固地掌握所学知识.

案例 11-24

"直线与圆的位置关系"教学的课堂小结如下：

（1）填表：直线与圆的三种位置关系.

直线与圆的位置	相交	相切	相离
直线与圆的公共点的个数			
圆心到直线的距离 d 与半径 r 的关系			
直线名称			无

（2）如何判断直线与圆的位置关系？

像这样以表格形式进行归纳总结的结尾方法，便于学生从整体上系统把握知识，易于使学生形成良好的知识网络.

（二）呼应式

有些课是用提出问题、设置悬念的方式导入课题. 带着疑问进入课堂，有利于激发学习兴趣. 但一直悬而未决，学生的积极性就会受到挫伤. 因此，课堂结尾时，应指导学生用新学的知识消除导入新课时的悬念，使结尾和导入相呼应. 这样，首尾相顾，前后呼应，有因有果，浑然一体，给人一种完整的统一感.

▶ **案例 11 - 25**

讲授"等比数列的前 n 项和"时，许多教师会提出本章引言的故事：国王要奖赏国际象棋的发明者，按照发明者的要求，麦粒总数将是 $1+2+2^2+2^3+\cdots+2^{63}$，它的结果如何计算呢？带着这个问题，学生饶有兴趣地进行了公式的推导及运用. 最后不妨回头求解当初的问题，发现这个数字大得惊人，此时此刻，学生会由衷地感慨："不算不知道，一算吓一跳."因此，这样的首尾呼应，不但释疑了学生当初心中的困惑，也激发了学生的兴趣.

（三）悬念式

由于数学知识有系统性和连贯性较强的特点，一堂课的结束往往并非是知识学习的终止，恰恰是新知识滋生的开始. 所以一些数学课收尾时，针对下一节课的教学内容，可设置一些启发性、诱导性的问题，使学生产生悬念，以激发学生的求知欲望，促使学生继续深入思考.

▶ **案例 11 - 26**

在学习了"相交弦定理"之后，学生已经知道：若圆 O 中两弦 AB 与 CD 相交于点 P，则这时 $PA \cdot PB = PC \cdot PD$. 结尾时可设置悬念：当 P 移到圆外，PAB、PCD 成了割线或切线时，是否仍然有 $PA \cdot PB = PC \cdot PD$？请说明理由. 这样可极大地调动学生的求知欲望，为下一节课的教学作好铺垫，也能促使部分学生课后认真探索研究，从而培养了学生的自学能力和创新精神.

（四）练习式

课堂教学快要结束时，教师根据教学实际，抓住重点和难点，精心设计一些习题，通过组织学生练习的形式结束本课. 这样，既能使学生所学的基础知识得到应用和强化，又能使课堂教学效果得到及时反馈.

▶ **案例 11 - 27**

在学完"对数"一节后，针对本节容易发生错误的地方，设计以下几个判断题：

$\log_a M^2 = 2\log_a M \quad (a>0, a\neq 1)$

$\log_a(M+N) = \log_a M \cdot \log_a N \quad (a>0, a\neq 1)$

$\dfrac{\log_a M}{\log_a N} = \log_a M - \log_a N \quad (a>0, a\neq 1)$

当对上述题的正误做出判断后，学生对对数的定义、运算性质就有了进一步的理解，达到了巩固和提高的目的.

总之，教学是一门科学，又是一门艺术，而这种艺术的表现手法，没有固定的公式可循. 数学教学的结尾，也无固定模式，一定要因课而异，决不能生搬硬套. 只要勤于探索、勇于实践、善于总结，就能够创造出更多更新的结尾形式.

习题作业

1. 数学课堂导入的常用方法有哪些？
2. 数学课堂练习设计应遵循哪些原则？
3. 你认为在数学教学设计中，应如何处理课堂板书与数学课件使用的关系？
4. 数学课堂小结的常用方法有哪些？
5. 试以"等比数列前 n 项和公式"为例，对本节课教学中的课堂提问进行设计.

第十二章　　基于现代教学思想的数学教学设计

学习目标

- 深刻领会主体性教学思想、过程性教学思想，并能将其渗透到具体教学设计当中.
- 掌握数学理解的确切含义，并能从理解的视角对教学案例进行分析.
- 能运用情境式、启发式教学思想，熟练地进行数学教学设计.

第一节　基于主体性教学思想的数学教学设计

一、主体性教学思想解析

（一）什么是主体性

主体性是个人作为主体在同客体的交互作用中表现出来的功能特性，是在与消极、被动、盲目的客体对比中所揭示的主体的规定性．一般体现为主动性、自主性、创造性．

主动性说明的是个人在对象性活动中的态度和作用问题．它是指主体在对象性活动中，自觉、积极、主动地发挥自身作用认识和改造客体．在认识活动中，它集中地体现为主体主动地注意、分析、思考、体验，以掌握认识客体所提供的信息；在实践活动中，它体现为主体计划、组织管理和调控实践过程，使其更具有目的性、方向性和程序性；在交往活动中，它体现为主体积极地采取行动去与他人联系、沟通，同时正确处理来自他人的信息，使交往顺利、有效地进行．

自主性说明的是个人在对象性活动中的地位问题．它是指在一定条件下，个人对自己的活动具有支配和控制的权力和能力．人只有成为自主的人，才会有主体性．自主性既表现为个人因是客体的支配者和控制者而成为主体，也表现为个人能以自己的思维来支配自己的行为，去认识和改造客体，同时还能够进行自觉地自我调节和自我控制．

创造性说明的是个人在对象性活动中的成效问题．它是指主体在认识和改造客体的活动过程中，能够突破人类或自身已有的成果，产生新知识、新见解、新行为．它一方面是对外在事物的超越，即主体通过变革和改造旧事物，产生新颖、独特的新事物，常与改革、发明、发现联系在一起．另一方面是对自身的超越，即主体不断克服自身认识和实践的局限，形成对其本人来说有价值的新东西，实现自身的否定之否定．创造性以探索和求新为特征，是个人主体性的发挥水平的最高表现，是人之主体性的灵魂．

（二）何为教学主体

对此，教学理论界多有分歧，大体上有以下见地：单一主体说，或说教师为教学主体，或说学生为教学主体；平行双主体说，教师与学生是教学活动的两个平行的双主体，教师主教，学生主学，各有所主；复合主体说，教师与学生既非单一主体，也不是平行的双主体，而是相互制约、相互促进，共同构成复合主体．

不同的观点各有一定的合理性，都触及教学过程中师生关系必然联系的某个侧面．针对教学的根本目的是促进学生的发展、学生是自身学习和发展的具有能动性的人，针对现实中以"教师为中心"的倾向，强调学生的主体地位，是顺理成章的．从教师是教学活动目的的确定者、教学活动过程的支配者这个角度看，教师是教学过程的主体,是合理的.

然而,从教学过程是师生双边活动的过程来看,不论教师主体、学生主体,还是平行双主体,都有不足之处. 参与教学活动的教师和学生都是具有一定的自觉能动性的人,这就决定了他们都可能成为教学活动的主体. 把任何一方看成客体或仅把其中一方看成教学的主体都是不科学的.

相比较而言,复合主体的观点较为合理. 一是教学过程是教与学密切联系的双边活动过程,教师、学生都是教学活动中具有能动性的人;二是教师的教与学生的学相互依存、相互制约、相互促进,构成统一的整体,共同指向教学活动所指向的对象——客体,通过对客体的学习、认识,促进学生的发展.

(三)"复合主体说"确立的依据

确立教师和学生两个主体,是对近代以来主客二分、单子式主体思维框架的一种突破与超越. 在世界教学史上,赫尔巴特极力倡导"教师中心",被认为是传统教学的代表. 杜威力图纠赫尔巴特之偏,提出了"学生中心",并以此作为自己的教学信条付诸教学实践,开现代教学之先河.

无论是"教师中心"还是"学生中心",都是对教学过程中师生互动的背离,以此为指导思想的教学活动,不可能真正实现教学的最优化. 教学实践表明,无论是"教师中心"还是"学生中心",都没有很好地解决教学活动过程中的师生关系这一对矛盾. 片面强调"教师中心"或"学生中心",只会从一个极端走向另一个极端.

后现代主义者认为,教学主体是不断发展变化的,在教学实践过程中不断确证自己的主体地位. 教学主体现代化的重要标志,就是由单一主体性走向主体性与主体间性的融合. 主体间性大致指主体之间的一种相互理解、融通的关系,不同主体通过共识等表现的一致性等.

那么,究竟谁应是教学主体,学生还是教师?其实,由于各自承担不同的责任,如果只是把其中的某个确定为主体,对从事各自活动的当事人而言,这将是不公平,同时也是不科学的. 任何我们认为科学的定义或定理,都有一个范围问题,离开特定的条件,真理也就不称其为真理. 进而我们认为,主体性教学应该是指发挥活动主体的主体性的教学活动. 在这个发挥各当事主体的主动性的活动中,只要是当事的主体者,他的主体性就应得到充分的发挥,而不应只是发挥学生的主体性或教师的主体性.

"复合主体"的教学走出了"教师中心"和"学生中心"的认识论误区,谋求教师和学生主体之间交往合作关系的确立,因而有可能真正实现课堂生命活力的焕发.

(四)"复合主体说"确立的意义

主体性教学以学生主体性的发展为目标取向,这既要求在教学过程中始终把学生作为主体来对待并引导学生自主发展,同时又对教师的主体性提出了要求,一个缺乏主体性的教师难以真正培养出具有主体性的学生.因此,主体性教学必然是"双主契合"的教学."双主契合"的教学,意味着教师是作为学生学习的顾问和合作伙伴参与教学活动.教师仍然要发挥主导作用,但这种主导作用是对作为主体的学生的合理引导、指导与疏导,而不是对学生意志的主宰与控制;教师仍然是学生学习的重要信息来源,但教师不应代替学生完成对信息的处理和意义建构,而是引导学生自主地建构知识,获得对意义的理解.

传统教学把学生当成单纯接受知识的消极、被动的客体,当成教学活动的承受者,他们学什么、做什么、怎样学、怎样做,完全取决于教师,他们的主体地位在很大程度上被忽视、掩盖,他们的主体作用成了"主听作用".与此同时,教师的主体地位也未真正被承认和受到尊重,其主体作用也未能充分发挥.教师异化成了传授知识的机器,教学活动成了单调、枯燥的重复性劳动,教师的主体地位被削弱,主体性基本被压抑,主体作用也难以产生影响.复合主体说则认为,师生都是有生命活力的、有主观能动性的人,承认并重视师生在教学中的主体地位和作用,最大限度地为师生自主性、能动性、创造性的培育、展现和发展创造条件.

目前,我国教学实践中存在的主要问题,是教师在教学中将自己的主体性作用与学生在学习上的主体作用完全对立起来,用满堂灌、题海战术、加班加点、教师一言堂等教师的单向传导方式树立教师的绝对权威,并辅以考试、批评、训斥、惩罚等方法,迫使学生被动地接受教师的主体性作用,从而使学生的主体性无法在教学活动中获得展示和发展的途径和机遇.对学生主体性的忽视在一定程度上埋没和限制了学生主体性的发展,从而影响了学生发展目标的达成与实现.这种状态应当在新的主体性教学理念的认识和弘扬之下加以彻底改变.

二、主体性视角下"病态"数学教学设计诊断

(一)"越俎代庖"式数学教学

视频 12.2 主体性视角下"病态"教学设计诊断

在教学中,教要"到位",但不能"越位".教师是教学的"主导","主导"即主要的"向导",或者说是"向导"的主角.教师在教学中的"主导",务必立足于"学为主体"之上,教师绝不能"喧宾夺主";"主导"重在"授之以渔",教师绝不能"越俎代庖".因为教学不是教"书本",也不是教"学生",而是要教"学生学".真正的教学活动应是"不教而教","无为而为".

"数学是思维的科学"①,数学教学更是不能喧宾夺主,越俎代庖.这是因为学生数学思维的发展,既不能代替也无法传递,数学知识的累积并不必然导致思维的发展."实在说来,没有一个人能教数学,好的教师不是在教数学,而是能激发学生自己去学数学……只有当学生通过自己的思考建立起自己的数学理解力

---

① 单墫.数学是思维的科学[J].数学通报.2001(6):1-3.

时才能真正学好数学."①

然而在现实的数学教学中，教师的"主导"往往异化成为教师的控制和主宰，学生成了教学过程的被动参与者和机械接受者；教师的角色常常由"导演"异化成为"演员"，学生则成了忠实的"听众"和"看客". 通常是教师事先把数学知识切碎、嚼烂了，再通过简单的灌输方式喂给学生，把学生数学知识的主动建构"转换"为知识的被动接受，把学生数学思维方面应有的训练"转嫁"给机械记忆. 这种做法是地地道道的教学"越位"，严重限制了学生独立思考、自主活动的时空，完全背离了"学为主体"的宗旨.

曾经有一位企业家问郭思乐教授什么是教学. 他说："如果你告诉学生，3乘以5等于15，这就不是教学. 如果你说，3乘以5等于什么？这就有一点是教学了. 如果你有胆量说，3乘以5等于14，那就更是教学了. 这时候，打瞌睡的孩子睁开了眼睛，玩橡皮泥的学生也不玩了：'什么什么？等于14?!'然后他们就用各种方法，来论证等于15而不是14."②

郭教授的回答生动地说明了"应然"教学的基本特征，即学生的学习不应是简单地接受外来的事实、机械地记忆现成结论的过程，而是积极、主动地调动自身思维来参与知识建构的过程. 这就意味着教师不应只教给学生现成的知识，不应低估学生的能力而事事包办，而应教给他们获取知识的方法，传给他们打开知识宝库大门的钥匙."记问之学，不足以为师"（《学记》）. 对学生而言，可以说"记问之学，不为真学". 以下案例就充分说明了这一事实.

▷ 案例 12-1

一位高中数学教师在上"两角差的余弦公式"这节课，中间把证明步骤给忘掉了，只好抱歉地请同学们自己看；第二节课在另一个班，同样是上这节课，该老师吸取了教训，把课备得很细，讲授十分顺利. 课后，他向教导主任汇报了两节课的情况，并且说自己的第二节课上得好. 但是，富有经验的教导主任却说不一定，他请别的老师命题，对这两个班就这个内容考查了一下，结果居然是第一班的情况好很多.

为此，教师在教学中应充分地给学生提供独立思考、自主参与的时空. 即使是以教师讲解为主，也必须通过适当地"重复""停顿"等手段，给学生一定的思考时间. "教学是为了使人产生有活力的思想，而形成有活力的思想需要时间."（海墨特）在西方教育心理学中，也有所谓的"时间等待理论"，包括"第一等待时"和"第二等待时".

---

① 美国国家研究委员会. 人人关心数学教育的未来[M]. 方企勤，等，译. 北京：世界图书出版公司，1993：58.

② 郭思乐. 教育走向生本[M]. 北京：人民教育出版社，2001：80.

(二)"目中无人"式数学教学

在数学教学实践中,经常可以发现这样的事实:有些教师教材钻得滚瓜烂熟,教案写得详尽周密,课上讲得头头是道,但最后教学效果并不令人满意. 究其缘由,其中一个很重要的原因,就是教师在教学中常常"目中无人",忽略了对教育对象——学生的研究.

在数学教学设计中,许多教师把"设计"视为一种单纯的技术行为,忽视了其作为人文、艺术的一面,于是不仅教学目标不能更改变动,教学过程必须环环相扣,甚至连每个环节用时多少、什么时候提什么问题都预先规定;教学中总是牵着学生沿着预定的"标准思路"展开教学,如果出现偏离这条思路的"非标准思路",他们往往会将这些视为不和谐的"噪音",想办法予以消除,以便学生沿着"标准思路"继续前行.

这样的教学设计和教学过程,忽视的是教学中最重要的因素——人的因素和最重要的目标——学生的发展. 它把教师和学科凌驾于教学之上,凌驾于学生之上,在教学中以教师为中心、以学科为本位,在课堂上"见物不见人""见师不见生". 这种"唯教师独尊""唯学科至上"的"目中无人"式教学,从根本上偏离了教学的基本性质,违背了教学的神圣使命.

▶ 案例 12-2

师:前面学习了等差数列和等比数列,今天我们来学习新的内容……

生:老师,我有一个问题,既然有等差数列和等比数列,那么,有没有等和数列、等积数列呢?

师(愣了一下):这不属于高考内容,没必要浪费时间研究这个问题.

(教师继续按照原定的教学进程上课.)

在这一简短的教学片段中,这位学生成了"半路上杀出来的程咬金",给了教师一个措手不及的"意外". 这位教师熟视无睹、一带而过,继续按预定的教学方案组织教学,按部就班地完成了教学任务. "不针对学生的思想的讲授是不会有什么效果的,教师讲的和听的应该一样多."[①] 但在目前的数学课堂教学中,类似的教学情境可谓屡见不鲜,"目中无人"的现象比比皆是. 尽管在理论中和口头上经常说要"备学生",可在具体教学实践中,一旦出现与课前教学预设相左的情况,或者发生"意外"教学事件,教师往往要么生拉硬扯到既定的教学思路上,要么束手无策、草草收场.

---

① 美国国家研究委员会. 人人关心数学教育的未来 [M]. 方企勤,等,译. 北京:世界图书出版公司,1993:59.

(三)"以点代面"式数学教学

在教学中经常听到教师这样的发问:"谁会解这道题""谁知道这是为什么"等,一旦教师找到这样的"代言人",往往就意味着教学即将暂时告一段落.仔细分析不难看出,这其实是用一些人的思维代替另一些人的思维,用个别人的理解代替全体学生的理解,这样极易导致对学生群体认识上的片面与偏向.

这种"以点代面"式的数学教学,仅是满足于问题解决本身和使教学得以顺利进行,而不是着眼于全体学生的认知发展.它把预定计划的顺利实现作为课堂教学的主要目标,把学生"默契"配合完成教学任务作为课堂教学的关键环节,这样教师在教学中,只要找到"合适"的学生配合教学就可以了.于是,教学的表面繁荣往往掩盖着的是学生认识的表层和浅化,造成诸多学生对数学知识的"假性理解".

数学教学中这种"以点代面"现象的存在,主要有以下几方面的原因.一是教师在课堂上通常只关注自己偏爱的学生,把这类学生的认知状况作为衡量教学的"标尺",没有确立起"教学面前人人平等"的观念.二是教师认识上的片面和误区,即教师总以为学生"一懂百懂""一会百会",于是对知识的理解往往"初尝辄止",从而在教学中出现"以偏概全"的现象.三是许多教师受"知识本位"和"应试趋向"的影响,在数学课堂上往往采用的是"大容量""高密度"的教学策略,于是为了抢时间、赶进度,经常在课堂上不得不"以点代面","见好就收".

事实上,不同的学生对同一个数学概念和命题有着不同的认识和理解,不同的学生对同一道数学题的解答有着不同的思路.教师在教学中既要关注、研究学生的"特殊性",又要十分注意学生的"共同点",要把学生的"特殊性"和"共同点"辩证地统一起来."只见森林,不见树木"固然不对,这样就不可能真正做到"因材施教""有的放矢"和"对症下药".但是,如果教师总是"只见树木,不见森林",这样就极易出现"以点代面""以偏概全"的现象.

(四)"本末倒置"式数学教学

教学的主要功能是为学生的成长服务,但在现实中,有些数学教学却是"本末倒置"的,"教为学存在"往往被异化成"学为教服务","以学定教"通常被演化成"以教论学".这种数学教学,从"教"出发,以"教"为主,为了达到预设的"教"的目标,完成预定的"教"的任务,教师不得不提前精心编制"教案剧";为了真情演绎预成的"教案剧",体现"剧本"的完美和教师的演技,教师在课堂中通常"目空一切",以教代学.

我国著名教育家陶行知先生一再强调说:"教的法子要根据学的法子."然而"从前的先生,只管照自己的意思去教学生;凡是学生的才能兴味,一概不顾,专门勉强拿学生来凑他的教法，配他的教材". ① 陶先生这里所批评的"学生配合"式的教学，其实是"教师中心论"的一种翻版，是"本末倒置"式教学的具体体现.

习惯于让"学生配合"的教师，就会自觉或不自觉地把自己当成天经地义的课堂教学的主角，学生则是配合教师演绎教学过程的配角. 于是，从数学教学设计伊始，教师就把自己想象成全知、全能、全方位的凌驾于学生之上的"超人"，并根据自己成人式的假想逻辑一厢情愿地编制着虚拟的教学方案. 这样的数学教学设计，异化了教师角色，扭曲了教学行为，背离了教学本性.

如果说日常教学尚保留着教学的"朴实"与"纯真"的话，那么不少公开课可谓是地地道道学与教的"本末倒置". 所谓示范课、竞赛课、优质课等不同类型的公开课，相当多的已成为包装过的"表演课". 为了"演出"的无懈可击和尽善尽美，教师事前不得不精雕细琢、精益求精. 于是在数学课堂上，经常可以看到教师声情并茂的夸张表演，学生准确而近乎完美的回答，师生之间堪称经典的精妙配合. 这样的"表演课"，异化了课堂教学的功能，完全将学与教主次颠倒、本末换位.

▷ **案例 12 – 3**

下面是一次"两角和与差的余弦公式"的公开课后，任课教师与他的一位同事的真实对话.

师 A：今天的公开课上得糟糕透了，有好几次学生都是"答非所问"，出乎我的预料.

师 B：你昨天不是已经上过一次了吗？怎么就没想到这些问题？

师 A：昨天是在另外一个班上的，今天我是借班上课，结果课前的许多准备都被搅乱了.

这种精心准备的"表演课"，欲以"精致"的不变应对"粗糙"的万变，于是便出现了"郑人买履""刻舟求剑"的现象. 这种变味的数学公开课，颠覆了教学的精神，阉割了教学的灵魂，自然不会取得满意的教学效果. 所以，应去掉公开课的"包装"，挤掉公开课的"水分"，让公开课回归教学的本真状态，真正让其发挥应有的导向作用和辐射效应.

三、典型数学教学设计案例分析

主体性包含主动性、自主性和创造性三层含义. 但由于自主性和创造性均以主动性为前提，所以下面分别通过两则案例，仅对自主性和创造性作出解析.

---

① 方明. 陶行知教育名篇［M］. 北京：教育科学出版社，2005：2.

(一) 主体性教学案例 (一)——自主性

案例 12-4 二倍角的正弦、余弦、正切的教学[①]

教师为了引出半角 $\frac{\alpha}{2}$ 的正、余弦公式，特地编写了一道引例：

已知 $\cos\alpha = -\frac{4}{5}$，$\alpha \in (\frac{\pi}{2}, \pi)$，求 $\sin\frac{\alpha}{2}$，$\cos\frac{\alpha}{2}$．

(学生思考片刻，然后教师提问．)

教师甲的教学片段

生 A：利用倍角公式 $\sin\alpha = 2\sin\frac{\alpha}{2}\cos\frac{\alpha}{2}$……

师：(未等学生说完) 我们已知 $\cos\alpha$，而不是 $\sin\alpha$，你这样做能行吗？

(学生 A 受到责问，思路打断，沉默许久．)

生 A：我想错了．

(这时学生 B 举手．)

生 B：$\sin\frac{\alpha}{2} = \sin(\alpha - \frac{\alpha}{2}) = \sin\alpha\cos\frac{\alpha}{2} - \cos\alpha\sin\frac{\alpha}{2}$．

师：(迫不及待地) 这是倍角公式吗？我们只要单独出现 $\sin\frac{\alpha}{2}$，$\cos\frac{\alpha}{2}$，你的式子太复杂了，看来行不通．

生 C：我认为用 $\cos\alpha = 1 - 2\sin^2\frac{\alpha}{2} = 2\cos^2\frac{\alpha}{2} - 1$ 能很快求出 $\sin\frac{\alpha}{2}$，$\cos\frac{\alpha}{2}$．

师：(赞许地微笑) 很好，请同学们按照学生 C 的方法，求出 $\sin\frac{\alpha}{2}$，$\cos\frac{\alpha}{2}$．

通过与教师甲的交流了解到，教师的意图是，让学生从具体的实例复习使用倍角公式，并在此基础上形成半角公式，但是学生并不领会，出现了教师意料之外的情节，教师觉得很懊恼，费了好大劲才将学生拉回来．

教师乙的教学片段

教师乙的课上也出现了与学生 A 相同的一幕，他要求学生 1 沿着自己的思路板演．

生 1：(板演) $\sin\alpha = 2\sin\frac{\alpha}{2}\cos\frac{\alpha}{2} = \frac{3}{5}$，所以……

---

① 本案例由江苏省建湖高级中学侯宝坤提供．

$$\sin\frac{\alpha}{2}\cos\frac{\alpha}{2}=\frac{3}{10},\qquad ①$$

又 $\sin^2\frac{\alpha}{2}+\cos^2\frac{\alpha}{2}=1$,解①②联立的方程组,得 ②

$$\sin\frac{\alpha}{2}=\frac{3}{10}\sqrt{10},\ \cos\frac{\alpha}{2}=\frac{\sqrt{10}}{10}\ 或\ \sin\frac{\alpha}{2}=-\frac{3}{10}\sqrt{10},\ \cos\frac{\alpha}{2}=-\frac{\sqrt{10}}{10}.$$

(学生 1 板演结束后,教师并不急于点评,而是继续让学生们发表不同的意见.)

(学生 2、学生 3 同时举手,并板演.)

生 2:(板演,记作方法 2)

$$\sin\frac{\alpha}{2}=\sin\left(\alpha-\frac{\alpha}{2}\right)=\sin\alpha\cos\frac{\alpha}{2}-\cos\alpha\sin\frac{\alpha}{2}.$$

又 $\cos\alpha=-\frac{4}{5}$,且 $\alpha\in\left(\frac{\pi}{2},\pi\right)$,所以

$$\sin\alpha=\frac{3}{5}.$$

将 $\cos\alpha=-\frac{4}{5}$,$\sin\alpha=\frac{3}{5}$,代入上式得

$$\sin\frac{\alpha}{2}=3\cos\frac{\alpha}{2},$$

所以 $\tan\frac{\alpha}{2}=3$,且 $\frac{\alpha}{2}\in\left(\frac{\pi}{4},\frac{\pi}{2}\right)$.

由同角三角函数关系,得

$$\sin\frac{\alpha}{2}=\frac{3}{10}\sqrt{10},\ \cos\frac{\alpha}{2}=\frac{\sqrt{10}}{10}.$$

生 3:(板演,记作方法 3)

$$\cos\alpha=1-2\sin^2\frac{\alpha}{2}=2\cos^2\frac{\alpha}{2}-1,$$

又 $\alpha\in\left(\frac{\pi}{2},\pi\right)$,故 $\frac{\alpha}{2}\in\left(\frac{\pi}{4},\frac{\pi}{2}\right)$,所以

$$\sin\frac{\alpha}{2}=\sqrt{\frac{1-\cos\alpha}{2}}=\frac{3}{10}\sqrt{10},\ \cos\frac{\alpha}{2}=\sqrt{\frac{1+\cos\alpha}{2}}=\frac{\sqrt{10}}{10}.$$

师:同学们看,这三种方法各用了哪些知识和思想方法,解题中有无失误,哪种方法最简洁省时?

(学生经过比较讨论,分别发言,相互补充,分析错误,得出方法 3 最好,因为它直接,不转弯;方法 2 次之;方法 1 在解方程时,花时间太多.)

课后笔者与教师乙交流得知,教师乙同样没有预料到方法 1、2,心中也没底,于是抱着放手让学生试的态度,同时也打算有错纠错、无错比较,并为自己赢得思考时间,留有回旋余地.

【案例分析与评价】

这两节课内容相同,但反映的教学观和教学心态却不同.教师甲的提问比教师乙多,貌似启发,实质强灌,看到学生未按自己设计的道路走,便强行打断,急于推销自己的思路,两次草率地否定学生的方法,造成学生思维得不到展开.学生的思路被强行纳入教师预设的轨道,是以牺牲学生的自主性和探索精神为代价的,久而久之学生参与的热情就会降低,学习没有主见和创见、失去个性,只能被动接受.

教师乙发挥了学生的自主性作用,对待学生出现的问题,没有用自己的思维替代学生的思维,而是充分展示学生的思维成果,为学生提供宽松民主的学习氛围,通过展示三种方法,让学生主动分析、比较各种方法的特点与繁简,学会从不同角度审视问题,择优从善,自觉提高反思能力和鉴赏水平,于不动声色中渐入佳境.

(二)主体性教学案例(二)——创造性

▶ 案例12-5 圆周角定义的教学①

教师在黑板上画出⊙O,在⊙O上任取两点A、B,连接AB,再画一条弦AC,如图12-1所示.

师:同学们,你们看到了什么?
生:看到圆、弧、角.
师:图中的角A是圆周角.那么什么叫圆周角?
生甲:圆周角是圆和角的组合.
生乙:圆内相交两弦组成的角.
师:这两位同学的回答是否正确?如果你认为不正确,可以通过画图举反例.

(有些学生画出了圆内相交两弦组成的角不是圆周角的反例,如图12-2.)

师:要使圆内相交两弦组成的角是圆周角,这两条弦要满足什么条件?
生:交点要在圆上.
师:如何给圆周角下定义?
生丙:圆上一点出发的两条弦所夹的角叫圆周角.
师:很好,这个定义可以用这位同学的名字来命名.请同学们阅读书中的定义(顶点在圆上并且两边都和圆相交

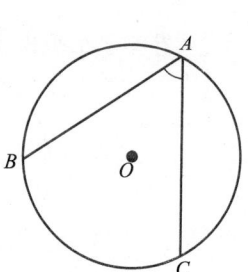

图12-1

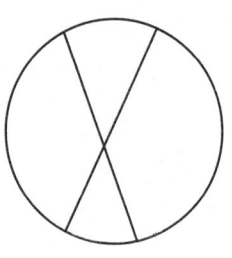

图12-2

---

① 转引自:王卉荣,李存环.基于过程的数学教学案例研究[J].数学教学研究,2015,34(3):6-10.

的角，叫做圆周角).

师：书上的定义与刚才那位同学的定义有何不同？

生：那位同学是用弦定义的，而书中是用角的两边定义的．角的边是射线，弦是线段．

师：很好，圆周角定义的要点是什么？

生：（1）角的顶点在圆上；（2）两边都与圆相交．

师：如有一个条件不满足，是否为圆周角？

生：不是．

师：请大家画一个不是圆周角的角与圆的组合图形.

（有些学生很快画出了图 12-3 中的两个图形.）

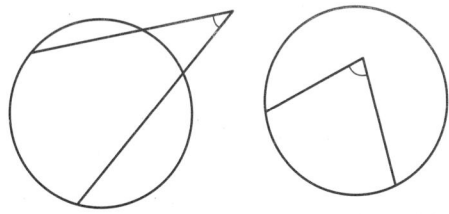

图 12-3

师：有没有顶点在圆上，但不是圆周角的角？

生：有．

（有些学生画出了图 12-4 中的两个图形.）

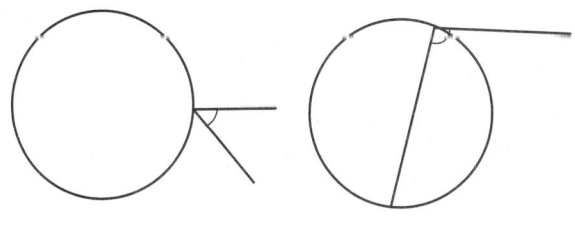

图 12-4

【案例分析与评价】

从这节课的实录片段中，我们可以看出，学生要形成一个数学概念，需要经历一个从片面到全面、从模糊到清晰、从表象联系到实质联系的复杂思维过程，绝不可能一步到位．执教老师没有采用传统的讲授法，直接将圆周角定义灌输给学生，而是从学生原有的数学现实出发，充分发挥学生的主体创造性，经过耐心细致的引导，让学生逐步认识到圆周角定义中的两个要点，从而在学生头脑中构建起圆周角概念，并且使学生受到了一次生动具体的"再创造"训练，因此取得了相当好的教学效果．

第二节　基于过程性教学思想的数学教学设计

一、过程性教学思想解析

（一）什么是过程性

过程与结果是相对的两个概念，过程性的正确理解，必须基于对两者关系的恰当认识.

教学的结果是指教学活动发展的最终产物，而教学的过程则是指为获得教学结果所必须经历的活动程序. 在人们的思维习惯中，前者与知识几乎是同义语，主要是经过严格检验和被证明是真实可靠的、能够用文字符号加以明确表达的事实；后者具体为学生在教师的引导下，充分调动已有的知识经验，通过动手实践、自主探索与合作交流，掌握事实、积累活动经验的过程.

视频 12.4　过程与结果的关系

从历史发展和人们的认识水平来看，对"过程"与"结果"关系的认识，大致有以下三种观点. 第一种观点：只要结果，不要过程；第二种观点：重视过程，但重视过程的目的是更好地掌握知识与技能，过程本身的价值被忽略；第三种观点：过程本身就是一个教学目标，经历过程已不仅是为了获得知识与技能，"过程"本身所蕴含的价值被纳入教学目标的范畴.

"重结果轻过程"是以往教学中存在的突出问题，也是十分明显的教学弊端. 随着新课程改革的大力推进，目前人们普遍接纳了后一种观念，即不仅注重教学的结果，更注重教学的过程，主张让学生通过感知、概括、应用等思维过程来获取知识. 这是因为，教学的过程与教学的结果具有不同的教育价值. 对学习者而言，结果的价值主要在于它的"消费"价值或使用价值，而过程的价值主要在于它所具有的"生产性"或"发展性"，即它对于学生身心素质形成与发展具有促进作用.

（二）"谁"的过程性

在以往的教学中，不是不存在过程性，而是存在着相对于教师的过程性，经常用教师的过程性来代替学生的过程性. 教师在备课时主要着眼于教，只注重以教的过程为中心来进行设计，而忽略或放弃了知识的发生过程和学生的思维过程. 教学时总是把教师的问题当成学生的问题，把教师的教学过程当成学生的学习过程. 教师怎么教，学生就怎么学，用教师的演示来代替学生的动手，用教师的讲解来代替学生的活动，用教师的分析来代替学生的思维.

视频 12.5　"谁"的过程性和怎样的过程性

这种所谓的替代型的"过程性"，已不具有真实的过程性所具有的价值. 真实的教学活动由于主体及情境的因素，以及互动式交往活动的深化，教学的过程充满着变数，充满着无法预知的"附加价值"和有意义的"衍生物"，这正是过程性的价值之所在.

在教学中还经常存在另外一种现象，即用一些学生的过程性来代替另一些学生的过程性. 经常可以听到教师这样的发问:"谁会解这道题""谁知道这是为什么"等,一旦教师找到这样的"代言人",往往就意味着教学即将暂时告一段落. 仔细分析不难看出,这其实是用一些人的思维代替另一些人的思维,用个别人的理解代替全体学生的理解.

这种"以点代面"式的教学,仅是满足于问题解决本身和使教学得以顺利进行,而不是着眼于全体学生的认知发展. 它把预定计划的顺利实现作为教学的主要目标,把学生"默契"配合完成教学任务作为教学的关键环节,这样教师在教学中只要找到"合适"的学生配合教学就可以了. 这种用少数优生的过程性代替其他学生的过程性,究其实质而言,也是对过程性教学的认识上和行动中的异化.

(三) 怎样的过程性

在以往的教学中,即使存在着过程性,但其过程性经常是全预设的,其过程在过程实施之前就已经有了理性设计和程序规定,教学活动只能依据预设程序按部就班地展开,从而"过程"演变成了"流程"."流程"忽视甚至漠视教学过程中丰富的教育价值,不具有充分的发展性,没有意义拓展和价值衍生.

比如,经常可以见到教师利用计算机大容量存储、快速呈现的特点,教学内容完全由计算机呈现,把本应由学生亲自探索和发现的过程,直接以 PPT 的形式显示在屏幕上,其结果是用课件代替了思考,用结果代替了过程. 我们认为,即使这种呈现存在过程性,也是预设的过程性,而不是真实的过程性;是作为结果的过程性,而不是作为过程的过程性. 这种过程性的价值,无疑将大打折扣. 因为在这种所谓的过程性当中,一切都是现成的:现成的问题,现成的论证,现成的说明,现成的讲解. 这样,它从源头上就剥离了过程与结果的内在联系.

其实,无论怎样呈现专家或教师的思维过程,最终也代替不了学生自己的思维过程. 因为对专家或教师而言所谓的过程性,对学生来说其实是以结果而存在的. 因此,要带领学生积极地参与教学活动的全过程,提供学生观察、操作、表达、思考、交流、表现等机会,使学生在主动思维过程中获取知识和发展能力. 在教学设计中教师需要重点考虑的,是通过怎样的引导来帮助学生进行探索性的思考,而不是通过精心预设的过程来代替学生的思考.

退一步讲,即使是暴露或呈现他人的过程性,为了使这种过程性契合或顺应学生的思维,使两种过程性"合拍",教师也需要非常了解和熟悉自己的教学对象,设身处地地从学生实际出发来进行教学. 当教师的思维带上了学生的色彩,甚至达到了"学生化"之后,教的过程就自然与学的过程融为一体,教学就会进入一种自然流畅的状态,这就能从一定程度上避免教师以自己的思维过程来取代学生的思维过程.

二、过程性视角下对教学设计的审视

"衡量一个教学计划是否具有教学论质量的标准,不是看实际进行的教学是否能尽可能地与计划一致,而是看这个计划是否能使教师在教学中采取教学论上可以论证的、灵活的行动,使学生创造性地进行学习."①

传统的备课和教案撰写,要求教师做到:内容要齐全,步骤要完整,格式要规范.这样就极易使备课陷入机械化和模式化,只备"课"不备"人",只备"形"不备"神",只备"结果"不备"过程".

比如在解题教学中,有些例题和习题的解法比较繁琐,但在课前的预设中经过教师的精心准备,设计好了一些巧妙的解法.上课时,教师往往很武断地否定最初的想法,然后信心十足地向学生展示简捷的方法,迫不及待地将学生引向既定的思路.这种单纯追求解法最简化的做法,忽视或压抑了学生的思维过程,脱离了学生的认知结构,就是重"课"轻"人",重"结果"轻"过程"的体现.

其实,教学设计过于精细和充分,若在教学中处理不当,危害性可能更大,其结果往往是教师热衷于自己的体验和认识成果,启发学生接受固定的答案、结果、模式,但学生的思维却远离了真实思维的原貌,许多思维流程上的"弯路""断路"和"短路"被掩盖了,寻找突破方向的许多惊心动魄的曲折过程也隐去了.著名华裔数学家萧荫堂就曾写道:"有时教授备课不足,笨手笨脚地算错了数,从他摇着首、念念有词的改正中,反而可以看出他的思路,真正学到些东西."②

为了防止重结果轻过程的学习倾向,避免以教师的思维替代学生的思维,真正尊重学生的"过程性"地位,教师在教学设计时需要注意以下几个问题.

首先,教学设计时不能只停留在对教材表面结论和说明的表述上,而要进一步挖掘和揭示其产生与形成的思维过程,引导学生的思维深入到知识发现或再发现过程中去.

其次,教师应善于"稚化"自己的思维,有意识地退回到与学生相仿的思维态势,通过"心理换位"对自身的自我监控进行必要的加工和处理,使教学设计中呈现的思路贴近学生实际,这样在引导学生学习时就不会轻易"越俎代庖".

再次,应该大力提倡教师写简案,淡化形式上的求全责备,拓宽教学的创新空间.简案并不意味着简单,它对教师提出了更高的要求,蕴含着更为丰富的教学理念——只有"大道"方才"无形",只有撰写简案,才能使整个预设留有更大的包容度和自由度,从而为过程性教学的开展留足空间、留下时间.

最后,要革新备课的形式.备课是多样化的产物,未必都形之于纸上,关键是要准备在教师头脑里.备课的形式应不拘一格,可以写在备课本上,可以写在

---

① 瞿葆奎.教育学文集:教学(上册)[M].北京:人民教育出版社,1988:778.
② 转引自:周奎英.无备课上课,不必谈之色变[J].广东教育,2006,18(2):53-54.

教材上，也可以把思路写在卡片上，关键是解决教学的"用"的问题．没有形式化的过多约束，才便于教师根据教学的随机情境和过程特点，动态地组织教学，从而更好地落实过程性教学的理念．

三、典型数学教学设计案例分析

视频 12.6 典型案例：二次根式的第二个重要公式的教学

▶ **案例 12-6** "二次根式的公式 $\sqrt{a^2}=|a|$"的教学案例①

师：上节课我们学习了二次根式的概念和一个重要公式．请同学们回忆一下，什么叫二次根式？

生：式子 $\sqrt{a}$ ($a\geqslant 0$) 叫二次根式．

师：为什么要规定 $a\geqslant 0$？

生1：$a\geqslant 0$ 可以保证 $\sqrt{a}$ 有意义．如果 $a<0$，a 就是负数，而负数是没有平方根的，所以 $\sqrt{a}$ 就没有意义了．

师：生1同学从 $\sqrt{a}$ 有没有意义来回答这个问题，是对的．但应注意，$\sqrt{a}$ 有没有意义是在实数范围内说的，因此最好在前面添一句"在实数范围内"．那么当 $a\geqslant 0$ 时，$\sqrt{a}$ 又是个怎样的数呢？

生1：$\sqrt{a}$ 总是一个非负数．

师：对！二次根式 $\sqrt{a}$($a\geqslant 0$) 是非负数 a 的算术平方根的表达式，它本身也是一个非负数．二次根式的一个重要公式又是什么？

生2：$(\sqrt{a})^2=a$($a\geqslant 0$)．（教师板书．）

师：用语言如何叙述呢？

生2：一个非负数 a 的算术平方根的平方等于这个数本身．

师：对．现在有这样一个问题，如果把式子 $(\sqrt{a})^2$ 的平方记号从根号外移到根号内，变为 $\sqrt{a^2}$，那么 $\sqrt{a^2}$ 等于什么呢？

生众：（不假思索便脱口而出）$\sqrt{a^2}$ 等于 a．（教师板书．）

师：如果把 $\sqrt{a^2}$ 改为 $\sqrt{(-a)^2}$，那么它又等于什么呢？

生众：$\sqrt{(-a)^2}=-a$．（教师板书，部分同学已开始怀疑．）

师：这两个结论是不是正确呢？我们不妨先比较一下，看两个等式的左边是否相同？

生3：相同的，因为 $a^2=(-a)^2$．

师：好，那么这两个等式的右边也应该相同，就是说 $a=-a$，难道任何数都等于它的相反数？这里显然有错误，那么问题到底在哪里呢？请同学们想一想．

---

① 本案例由青浦县数学教改实验小组提供．

（学生两两议论，一时拿不定主意）

生4：（疑惑）原来的那个结论可能有问题．

师：看来问题就在这里，如果认为$\sqrt{a^2}=a$，恐怕是不妥当的（教师在$\sqrt{a^2}=a$的等号上面打个"?"号）．那么$\sqrt{a^2}$到底等于什么呢？我们通过下面几组题目再来看．（挂出小黑板）

根据算术平方根的意义说出下列各式的结果：

第一组：(1) $\sqrt{2^2}=$＿＿＿；   (2) $\sqrt{3^2}=$＿＿＿；

(3) $\sqrt{(\frac{1}{2})^2}=$＿＿＿；   (4) $\sqrt{a^2}=$＿＿＿ ($a>0$)．

第二组：(1) $\sqrt{(-2)^2}=$＿＿＿；   (2) $\sqrt{(-3)^2}=$＿＿＿；

(3) $\sqrt{(-\frac{1}{2})^2}=$＿＿＿；   (4) $\sqrt{a^2}=$＿＿＿ ($a<0$)．

先回答第一组题目．

生5：$\sqrt{2^2}=2$，$\sqrt{3^2}=3$，$\sqrt{(\frac{1}{2})^2}=\frac{1}{2}$，$\sqrt{a^2}=a$ ($a>0$)．

师：再看第二组题目．

生6：$\sqrt{(-2)^2}=2$，$\sqrt{(-3)^2}=3$，$\sqrt{(-\frac{1}{2})^2}=\frac{1}{2}$，…．

师：这三个题目被开方数都是幂的形式，它的底数是什么数？答案与它又有什么关系？第(4)题的答案应是什么呢？

生6：被开方数的底数都是负数，答案是底数的相反数．所以最后一题$\sqrt{a^2}=-a$($a<0$)．

师：同学们都看到了吗？现在$\sqrt{a^2}=-a$了！那么刚才第一组$\sqrt{a^2}$不是等于a吗？

生6：第一组里a是大于零的，现在的a是小于零的．

师：大家同意吗？

生众：（多数学生）同意．

师：对，说得很好！上面两组题目，二次根式的被开方数都是某数平方的形式，即$\sqrt{a^2}$的形式．现在做了前面两组题目以后，大家再想想，$\sqrt{a^2}$的结果到底应该怎样表示？

（学生独立思考，然后分组讨论，气氛比较热烈．）

师：请同学们汇报一下讨论的结果．

生7：当$a>0$时，$\sqrt{a^2}=a$；当$a<0$时，$\sqrt{a^2}=-a$．

师：a可不可以等于0呢？

生7：$a=0$时，$\sqrt{a^2}=\sqrt{0^2}=0$．

师：归纳得很好．这个结论可以写得简洁一些（教师板书）．

$$\sqrt{a^2}=\begin{cases}a & (a>0)\\ 0 & (a=0)\\ -a & (a<0)\end{cases}$$

同学们看到了吗？对于同一个二次根式 $\sqrt{a^2}$，由于 a 的情况不一样，它的结果是不同的。能不能用语言来叙述一下？

生8：一个非负数的平方的算术平方根等于这个非负数本身；一个负数的平方的算术平方根等于这个负数的相反数。

师：叙述得很好！因为 $\sqrt{a^2}$ 是表示 a^2 的算术平方根，而由算术平方根的意义知道它必定是非负数，由于 a 的符号不确定，因此不一定等于 a，而要考虑各种情况：当 a 是正数或零时是它本身；当 a 是负数时是它的相反数，还是正的。

同学们回忆一下，以前我们学过的什么知识也有类似的情况呢？

生9：绝对值也有这种情况。

师：对。a 的绝对值意义也是这样：正数 a 的绝对值等于它本身；负数 a 的绝对值等于它的相反数；当 a 是零时它的绝对值等于零。

(板书成 $|a|=\begin{cases}a & (a>0)\\ 0 & (a=0)\\ -a & (a<0)\end{cases}$ 的形式)

那么，比较这两个式子，你认为 $\sqrt{a^2}$ 和 $|a|$ 又有什么关系呢？

生众：$\sqrt{a^2}=|a|$。

师：对，这就是我们今天这节课学习的内容。

(板书课题：$\sqrt{a^2}=|a|$)

$\sqrt{a^2}=|a|$ 是二次根式的第二个重要公式，求一个数的平方的算术平方根和求这个数的绝对值，结果是一致的。所以求算术平方根这个新问题，也可以直接变为求绝对值这个旧问题来解决。

师：做这两个练习时要看清应用的是哪一个公式。下面再来看一组题目。

(挂出小黑板)

化简：

(1) $\sqrt{m^2}$ $(m<0)$；　　(2) $\sqrt{(x-4)^2}$ $(x>4)$；

(3) $\sqrt{(m-5)^2}$ $(m<5)$；　　(4) $b+\sqrt{b^2-2b+1}$ $(b<1)$。

师：先看一下这组题目与刚才几组题目有什么明显不同的地方？

生10：刚才几组题目，被开方数是具体数字，这一组题目，被开方数中含有字母。

师：对。那么又应该如何化简呢？先看第(1)题。

生11：$\sqrt{m^2}=|m|$，因为 $m<0$，所以等于 $-m$。

师：可以这样书写：

$\sqrt{m^2}=|m|$，因为 $m<0$，所以 $\sqrt{m^2}=|m|=-m$。

请按这样的格式把(2)、(3)、(4)题练习一下.

(学生练习,教师巡视,再请三名学生板演)

生12:(2) $\sqrt{(x-4)^2}=|x-4|$,

因为 $x>4$,所以 $x-4>0$,

所以 $\sqrt{(x-4)^2}=|x-4|=x-4$.

生13:(3) $\sqrt{(m-5)^2}=|m-5|$,

因为 $m<5$,所以 $m-5<0$,

所以 $\sqrt{(m-5)^2}=|m-5|=-(m-5)=5-m$.

生14:(4) $b+\sqrt{b^2-2b+1}=b+\sqrt{(b-1)^2}=b+|b-1|$,

因为 $b<1$,所以 $b-1<0$,

所以 $b+\sqrt{b^2-2b+1}$

$=b+|b-1|$

$=b-(b-1)$

$=b-b+1=1$.

师:做得很好,第(4)题的被开方数不是某数的平方的形式,先运用完全平方公式把它分解为 $(b-1)^2$,再利用公式化简.下面我们再做两道题(挂出小黑板).

判断下列各式在什么条件下成立:

(1) $\sqrt{(m-2)^2}=m-2$;　　(2) $\sqrt{(n-7)^2}=7-n$.

生15:(1) $m>2$;(2) $n<7$.

师:有什么意见吗?

生16:我认为解答不完整,还应加上"等于".也就是:(1) $m\geqslant 2$;(2) $n\leqslant 7$.

师:对.现在是知道了题目 $\sqrt{(m-2)^2}$ 及其运算结果 $m-2$,要求反过来确定条件,m 可以大于2,也可以等于2.在反过来确定条件时"等于"很容易漏掉,要引起注意.

师:让我们回到这节课开头碰到的问题,$\sqrt{(-a)^2}$ 的结果到底应该是什么呢?(学生议论)

生17:$\sqrt{(-a)^2}=|-a|=a$.

生众:不对. $\sqrt{(-a)^2}=|-a|=|a|=\begin{cases}a & (a>0)\\0 & (a=0)\\-a & (a<0)\end{cases}$

师:对!这个问题还是要分三种情况说明,要注意 $-a$ 不一定是负数.通过学习,我们已经知道,$\sqrt{a^2}$ 等于 $|a|$,$\sqrt{(-a)^2}$ 也等于 $|a|$,这样就不会得到 $a=-a$ 的错误结果了.

师:上一节课,我们学习了二次根式的第一个重要公式 $(\sqrt{a})^2=a(a\geqslant 0)$,

今天这节课学习了第二个重要公式 $\sqrt{a^2}=|a|$. 大家想一想，这两个公式之间有什么联系呢？（学生议论.）

生18：当 $a\geq 0$ 时，$(\sqrt{a})^2=\sqrt{a^2}=a$. （教师板书.）

师：很好！一般来讲，这两个公式是不同的. 首先，从运算顺序看，$(\sqrt{a})^2$ 是先开方再平方，$\sqrt{a^2}$ 是先平方再开方，运算顺序不同；其次，$\sqrt{a}$ 中的被开方数是 a，a 必须大于或等于零，而 $\sqrt{a^2}$ 的被开方数是 a^2，a 可以是任何实数，因此取值范围不同；第三，$(\sqrt{a})^2=a$，$\sqrt{a^2}=|a|$，运算结果也不同. 但正如这位同学所说，当 $a\geq 0$ 时，$(\sqrt{a})^2=\sqrt{a^2}=a$，结果一样，这时两个公式统一起来了. 当 $a<0$ 时，$(\sqrt{a})^2$ 在实数范围内无意义了，而 $\sqrt{a^2}=-a$，这个公式最容易搞错，希望同学们引起充分注意.

师：留作业（略）.

【案例分析与评价】

在当前大多数教师的教学实践中，"过程性目标"仍然只是一种点缀. 在具体落实上，"经历过程"还不够充分，不够自主，流于形式化，教者依然只关注知识技能目标，而不善于设计、挖掘"过程"本身的价值，"经历过程"被异化为"走过场". 表现在时间的分配上，教师舍不得"浪费"时间在过程中，总是急不可耐地直奔知识与技能目标，并不真正让学生去经历、体验、探索.

以本课为例，如果仅从"教知识"的角度出发，5分钟的时间足以搞定. 但这样，学生获得的仅仅只是"知识"而不是"智慧"，仅仅是"知道"而没有"感悟". 而本案例的教者，以"经历过程"的视角设计教学过程，从学生的已有经验出发，通过教师的启发性引导，学生完整地经历了公式 $\sqrt{a^2}=|a|$ 探究的整个过程，不仅获得了知识与技能，而且收获了思想和能力. 学生不再是教师灌输下的知识的被动接受者，而是迸发出学习积极性的、精神愉快的、乐于思索的、自主的学习者.

本案例启示我们，要真正落实过程性目标，首先，要确立"过程本身即是教学目标"的理念；其次，要重视对过程本身的设计，善于挖掘过程本身的"附加值"，使过程本身也成为教学的资源，而不仅仅只是为了获得知识与技能；再次，要切实转变学习方式，多给学生自主探索、动手实践、合作交流的机会；最后，要舍得在过程上花时间，让学生在过程中体验、学习、感悟到更多的知识以外的东西.

总之，数学教学过程应是一个学生主体性充分发挥的过程，一个数学知识发生、发展的过程，一个数学思想方法的掌握过程，一个数学能力提高的过程，一个思维品质形成和发展的过程. 这些过程相互作用、相互影响、相互依赖、相互融合，共同决定着学习的质量和效果.

第三节 基于情境式教学思想的数学教学设计

一、什么是数学情境式教学

(一) 数学情境式教学的内涵

在国内,情境教学法最早是由特级教师李吉林所倡导,主要在语文学科来施行. 这种教学方法是指在教学过程中,教师根据教学内容的要求,有目的地引入或创设具有一定情绪色彩的,以形象为主体的生动具体的场景,使学生如临其境,如见其人,如闻其声,受到情绪的感染,引起感情上的共鸣,以情入理,情理交融,从而帮助学生理解教材,并使学生的心理机能也得到发展的方法. 情境式教学的核心在于激发学生的情感.

视频 12.7 情境式教学的内涵及类别

数学情境式教学就是指借助于数学情境提供的信息,通过联想、想象和反思,发现数量关系与空间形式的内在联系,进而提出问题、研究问题、解决问题. 同时伴随着一种积极的情感体验,其表现为对新知识的渴求,对客观世界的探索欲望,对数学的热爱等. 所谓"数学情境",是指含有相关数学知识和数学思想方法的情境,它是数学知识产生的背景,是从事数学活动的环境,也是产生数学行为的条件. 它不仅能激发数学问题的提出,也能为数学问题的解决提供相应的信息和依据.

(二) 数学情境式教学的意义

《义务教育数学课程标准(2011年版)》在课程实施建议中明确指出:数学教学要紧密联系学生的生活实际,从学生的生活经验和已有知识出发,创设各种情境,为学生提供从事数学活动的机会,激发对数学的兴趣以及学好数学的愿望. 建构主义学习理论也认为学习是学生主动地建构活动,学习应与一定的情境相联系. 在实际情境中进行教学,容易使学生利用原有知识和经验同化新知识,这样获取的新知识,不但便于保持,而且容易迁移到新的情境中去.

在数学教学中,情境创设的核心意义是激发学生的问题意识和促进探究的进行,使思维处在一种"爬坡"的状态. 这是因为,人要形成新的认识,即知识能够进入人的头脑中被理解和成为人的认知结构中的一部分,首先是要能引起人原有认识的失衡,然后才会有自我调节并生成新的认知结构的过程. 情境要促进主动建构,其内在含义就是引发认识的不平衡,并帮助生成新的认识. 《义务教育数学课程标准(2011年版)》倡导让学生经历"问题情境—建立模型—求解验证"这一重要的数学活动过程. 这种教学理念的根本意旨,就在于通过数学情境逐渐建立学生的问题意识,逐步提高学生提出问题和解决问题的能力.

(三) 数学情境的结构与类别

数学情境的表现形式有很多,可以是故事情境、图片情境、操作情境、活动情境、利用多媒体创设的直观情境等. 但这些情境中通常都应包含问题,因而都可以称之为问题情境.

"问题情境"包含两层含义. 首先是有"问题",即数学问题. 数学问题是指学生个体与已有认知产生矛盾冲突,还不能理解或者不能正确解答的数学结构. "问题"不可以用已有知识和经验轻易解决,否则就不成为问题了. 当然,问题的障碍性不能影响学生接受和产生兴趣. 其次才是"情境",即数学知识产生或应用的具体环境,这种环境可以是真实的生活环境、虚拟的社会环境、经验性的想象环境,也可以是抽象的数学环境,等等.

如果以情境中是否直接呈现数学问题为标准,数学情境可以分为问题显现型情境和问题隐含型情境. 前者直接呈现出具体的数学问题,如案例 12-7 中的问题情境;后者虽然没有直接呈现具体的数学问题,但却隐藏着一些有待人们去"挖掘"的数学问题,如案例 12-8 中的问题情境.

▶ 案例 12-7

在"等比数列"的教学中,可创设如下问题情境:阿基里斯和乌龟赛跑,乌龟在前方 1 km 处,阿基里斯的速度是乌龟的 10 倍. 当他追到 1 km 处时,乌龟前进了 0.1 km;当他追到 0.1 km 处时,乌龟前进了 0.01 km;当他追到 0.01 km 处时,乌龟又前进了 0.001 km……

(1) 分别写出相同的各段时间里,阿基里斯和乌龟各自所行的路程;
(2) 阿基里斯能否追上乌龟?

▶ 案例 12-8

在图 12-5 所示的电路图中,视"开关 S 的闭合"为条件 A,"灯泡 L 亮"为结论 B. 借用此情境,可加深学生对充要条件概念的理解,也可用于充要条件概念教学的引入中.

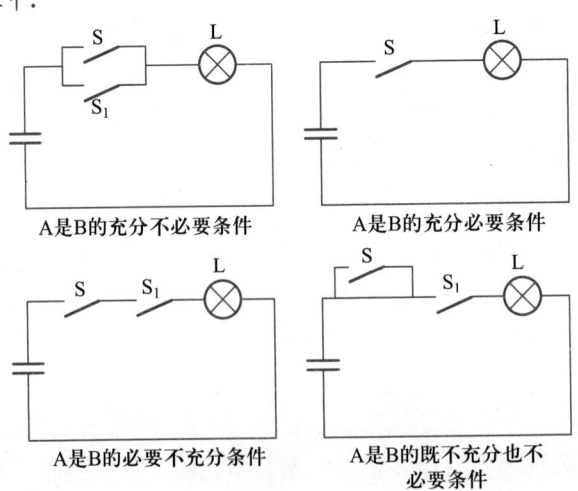

图 12-5

二、数学情境式教学设计的有效性分析

在数学课堂教学中,适时、合理地创设问题情境,设置适当的悬念,引导学生在教师创设的问题情境中不断进行探索活动,可以使学生在自我参与中产生心理体验,从而刺激学生在知识和情感两条主线的相互作用下参与整个学习过程,使知识在情感的作用下更好地被学生接受、内化,从而达到优化数学课堂教学的目的.

那么,应如何创造一个好的问题情境呢?

一个好的问题情境,对于理解新的数学概念、形成新的数学原理、产生新的数学公式,会有积极地促进作用;能够充分调动起学生原有的生活经验或数学背景,更能激发起由情境引起的数学意义的思考,从而让学生有机会经历"问题情境—建立模型—求解验证"的数学活动过程.

因此,情境并不是必须联系生活,能与学生原有知识背景相联系,同时又会产生新的认知冲突,就是好的数学问题情境. 有时需要创设现实的生活情境;有时"数学化"的情境反而会有更好的效果;还有些时候,通过现实情境引入数学内容,却会引起逻辑混乱.

一般认为,数学情境中好的问题应具备以下特征:

(1) 可及性. 问题的设计要符合学生一般认知规律、身心发展规律,包括学生的知识经验、能力水平、学习习惯、生活经历及环境、个性、爱好及基本心理情况等.

(2) 启发性. 问题应对所研究的课题具有提示作用,符合学科特点,使学生借助于这种启发,领悟数学知识的本质,提炼思想方法,灵活运用知识.

(3) 开放性. 问题富有层次感,入手较易,开放性强,解决方案多,学生思维与创造的空间较大.

(4) 挑战性. 问题能引起学生的认知冲突和学习心向,能激发兴趣,促进学生积极参与,接受问题的挑战.

(5) 体验性. 能给学生提供深刻体验,人人有所得,包括操作、探究的机会或替代性经验,使学生能够感受和体验数学,并有助于学生发现问题、提出问题.

(6) 激励性. 问题要能很好地起到激励与引导作用,能充分调动起学生学习的积极性.

(7) 衍生性. 好的数学情境应该具有衍生性,也就是通过这个情境,能够产生环环相扣、由浅入深的问题.

三、数学情境式教学设计应注意的几个问题

（一）问题情境应具有"数学味"

视频 12.8 情境式教学设计应注意的几个问题

数学与现实生活存在着千丝万缕的联系，教学中适度而有效地联系"数学现实"是大有裨益的. 但在创设情境时，不能为了情境而情境，取情境之"形"而忽视内容之"实". 情境创设要紧扣数学教学内容，突出数学学习主题，创设的情境要有"数学味"，要拥有"数学"的脊梁.

一方面，情境创设不能陷入"形而上学"的泥潭，一味地为了寻找数学知识生活化的原型而绞尽脑汁，似乎找不到数学知识的原型就无法进行教学. 因为数学学科本身具有概括性与系统性特点，有些内容找不到合适的情境，就不必牵强附会，完全可以开门见山地引入，或者由旧知引入新知，否则，就可能导致情境"数学味"的缺失.

另一方面，情境创设只是手段、不是目的，不应对情境本身过多地具体描述和渲染. 过多的无关信息，不仅无助于学生数学化能力的培养和数学知识的掌握，而且还会分散学生的注意力，模糊学生的思维，造成不必要的误导，浪费大量的时间，导致学生的思维被无意义的人为设定纠缠，从而降低学生的学习效率，失去情境创设应有的价值.

▶ **案例 12-9**

在"二次根式"的教学中，任课教师利用多媒体技术，制作了一课件，主要内容是世界杯足球赛的画面. 在课堂教学中，气氛很热烈，很吸引学生，不知不觉过去了十多分钟. 原来，设计者只是想利用足球场中心的那个圆，告知学生面积是多少，然后求其半径.

这样的情境创设，"杀鸡用牛刀"，小题大做，不仅极易"喧宾夺主"，更主要的是，情境本身没有太多"数学味"，不能从中直接抽离出数学问题，不能有效引发数学认知冲突. 与此相异，作为"算术平均数不小于几何平均数"教学的引入，以下的问题情境创设，不仅"数学味"浓、意涵深远，而且特别具有认知吸引力.

▶ **案例 12-10**

小王与小李既是同学，又是邻居，他们每次总是一起去买白糖. 小李每次总是买一元钱的白糖，小王每次总是买一斤白糖. 假设白糖的价格是经常变动的. 试问：这两种买白糖的方式，哪种更合算？

（二）问题情境应具有"关联性"

强调让学生在情境中学习数学，并不是说数学课脱离了情境，就远离了学生的"数学现实"，就不是一堂好的数学课．其实，情境创设首先必须明确，创设某一情境的意图是什么，情境与教学目标是否具有相关性．若不认真考虑情境与所学知识之间能否建立有效的联系，以及如何通过这种联系让学生体会并掌握新知识，则创设的情境可能不适合特定的数学学习内容，因而它就无法直接为新的数学知识的学习提供支持，不能为学生对特定的数学形式的理解提供有效的帮助，甚至可能引起学生的注意力偏离教学内容，从而起到负面的教学效果．

▶ 案例 12 - 11

某教师在一节初中公开课教学中，一上课就绘声绘色地说："同学们，今天齐天大圣孙悟空要和我们一起学习，你们喜欢吗？"学生的兴趣一下子提了起来，可后来却令人感到乏味：首先是孙悟空头像＋复习题，其次是孙悟空头像＋例题，再次是孙悟空头像＋巩固练习，最后还是孙悟空头像＋总结．

可以看出，这样的情境教学，情境完全成了"标签"．其实，情境联系生活不是一种时髦，它的首要功能是必须抽象或提取出问题并为教学服务．如果只是为了联系生活而牵强附会的话，必然导致创设的情境脱离问题属性，这样的情境就成为教学中的一种"累赘"了．与这种游离于数学内容之外的"包装"式情境相比，以下的情境作为教学的有机组成部分，就具有引导学生经历学习过程，培养学生数学能力的重要作用．

▶ 案例 12 - 12

对于乘法公式"$(a+b)^2=a^2+2ab+b^2$"的教学，美国一教材是这样引入的：一位老人喜欢孩子们去看他，他总会给看他的孩子们糖．他给糖的规则是：每个孩子得到的糖块数和当时看他的孩子的人数一样多．第一天 a 个男孩去看他，男孩走后，又有 b 个女孩去看他；第二天，a 个男孩和 b 个女孩一起去看他．问：这一群孩子哪一天得到的糖多，多多少块？

当然，"关联性"只是问题的一方面，另外，教师及时而有效的引导也很重要．为了防止学生注意的分散、偏离与转向，所创设的数学问题情境要有针对性，避免课堂活动游离于教学目标之外．教师应及时而恰当地引导，善于及时利用数学的眼光，敏锐地捕捉情境中的数学信息，凸显问题情境的数学本质属性．

（三）问题情境应具有"引领性"

情境创设成功与否的一个重要标准是，就相关内容的教学而言，所创设的问题情境应具有"引领性"的特征．在以往的数学课堂教学中，有些教师所创设的问题情境,只出现在课前几分钟,忽视问题情境的"全程性". 这是因为,情境设计往往在数学课堂教学展开前进行,从而部分教师误以为,只需在新课前运用相关的问题情境来激发学生的学习兴趣、调动学生学习的积极性便可以了.

其实,理想的情境不应该只在新课发生前起作用,不应仅仅起到"敲门砖"的作用,还应当在教学的进一步开展中自始至终发挥一定的导向作用. 它应该贯穿数学教学的始终,在整个教学过程中都能激发、推动、维持、强化和调整学生的认知活动、情感态度. 整堂课围绕课前的情境这一中心环节展开,不断地通过探索来解决情境中的问题,反思问题解决的过程与策略,从而更好地促进学生对知识和技能的掌握.

▶ **案例 12 - 13**

在等比数列前 n 项和公式的教学中,为了使课堂生机盎然,充满诗情画意,教师以唐诗为情境进行教学设计,让师生共同欣赏一首唐诗:远望巍巍塔七层,红光点点倍加增,共灯三百八十一,请问尖头几盏灯?

以此创设情境,提出具体问题,通过特殊问题的解决,过渡到一般问题的解决,得出普适性的等比数列求和公式,再回过头验算特殊问题的解决,这样情境就起到了统领教学全局的作用. 而以下的教学设计,不仅不能达此目的,仅仅作为"敲门砖",也是"得不偿失",因而就不能说是很成功的.

▶ **案例 12 - 14**

一位教师为了引出函数的图像表示法,结合当地实际,利用多媒体技术,创设了采茶姑娘在大山中采茶的精美画面,由于茶叶的生长与季节和气候有关,由此引出了气温随时间变化而变化的问题.

当然,"引领性"是相对而言的. 有些情境属片段式问题情境,主要用于教学中的某一环节或某个方面,重点用来说明或解释某一数学事实,以帮助学生进行数学理解,如案例 12 - 15.

▶ **案例 12 - 15**

在不等式教学中,经常遇到这样一道典型例题:已知 a,b,m 都是正数,并且 $a<b$. 求证: $\frac{a+m}{b+m}>\frac{a}{b}$. 就题论题直接要求学生去证明,将会有些单调和乏味. 在证明之前可以这样进行铺垫:把 a 克盐放在水中得 b 克盐水,浓度是 $\frac{a}{b}$;如果再加入 m 克盐,浓度就变为 $\frac{a+m}{b+m}$,这时盐水是变咸还是变淡了?

（四）问题情境应具有"真实性"

数学既然是日常生活的提炼与反映，就务必反映日常生活的真实面目．数学情境的创设一定要尊重生活实际，符合客观规律，不要人为地编造与生活不相符的书本数学．用恰当的方式展现情境，使所创设的问题情境高效发挥作用．因此，教师撷取的数学素材、创设的问题情境应该是仿真的，即可以虚拟但不可以虚假，不能忽略现实情境存在的可能性或其存在的意义，导致数学因情节失真而与生活断层、脱节甚至矛盾．

"失真"的数学问题情境，既不利于学生的数学应用意识的形成，又难以达到让学生正确认识生活、了解生活、学会生活的目的．从建构主义学习理论的角度来看，教师创设的问题情境越真实，学生构建的知识就越可靠，且越容易向实际生活迁移．

▷ 案例 12 - 16

在"独立事件同时发生的概率"的教学中，有教师创设了以下的问题情境：俗话说"三个臭皮匠顶上一个诸葛亮"，能顶得上吗？比如在一次有关"三国演义"的知识竞赛中，三个臭皮匠能答对题目的概率分别为 50%、45%、40%，诸葛亮能答对题目的概率为 90%．如果将三个臭皮匠组成一组与诸葛亮比赛，各位选手独立解题，不得商量，团队中只要有一个解出即为获胜，答对题目多者为胜方，问哪方获胜？

很多教师认为这是概率教学中的一个优秀的"问题情境"，因为直观生动，能激发学生的学习兴趣，能引起学生的认知冲突，也能对"独立事件"概念的理解有帮助．然而，为了"迎合"问题的需要，人为规定三个臭皮匠"不得商量"，这明显背离了这句话的本原含义，也是与团结协作精神相违背的．

（五）情境中问题的难易应适当

现代教学理论认为，在学生的"最近发展区"提出问题，能促进学生最大限度地调动相关旧知识来积极探究，实现学生的"现有水平"向"潜在发展水平"的迁移．因而，问题情境的创设必须与学生已有的心理水平和知识结构相适应，解决情境中的问题所需的知识经验与学生的已有认知水平要有一定的距离，这样的问题情境才能引起学生的认知冲突，唤起学生的思维愿望和动机．

过易的问题缺乏挑战性，学生感觉乏味，不感兴趣；反之，若问题过于复杂，远离学生已有生活经验和当时认知水平，则学生会产生畏难情绪，不利于产生探究情境中问题的心向，丧失探究的信心与动力．

所以，在进行问题情境创设时，教师要充分尊重学生的认知基础，创设符合学生心理特征的，具有挑战性、现实性的问题情境，在教学中通过学生自己的努力，借助教师的引导和帮助，或与同伴的合作和互助，能顺利解决情境中的问题.

视频 12.9 典型案例：基本不等式

▷ **案例 12 - 17**

在"基本不等式"的教学中，有以下两种问题情境的设计方案.

情境一：某商店在节前进行商品降价酬宾销售活动，拟分两次降价. 有三种降价方案，甲方案是第一次打 p 折销售，第二次打 q 折销售；乙方案是第一次打 q 折销售，第二次打 p 折销售；丙方案是两次都打 $\frac{p+q}{2}$ 折销售. 请问哪一种方案降价较多？

情境二：今有一台天平两臂之长略有差异，其他均精确. 有人要用它称量物体的质量，只须将物体放在左、右两个托盘中各称一次，再将称量结果相加后除以 2，就是物体的真实质量. 你认为这种做法对不对？如果不对的话，你能否找到一种用这台天平称量物体质量的正确方法？

问题情境一的设计，基于现实社会生活，基于学生的经验，又具有一定的障碍性和探究性. 这样的教学设计，抓住了问题的本质，提高了学习兴趣，使原本枯燥的不等式教学，赋予了鲜明的生活色彩与文化韵味. 问题情境二的设计，则是基于一定的物理学知识基础. 由于高中数学除必修一之外，其余内容可灵活调整与安排，因而在教学不等式时，若没有相关的力学知识作基础，则情境二的设计便必然脱离了学生的实际.

四、典型数学教学设计案例分析

视频 12.10 典型案例：余弦定理的证明

▷ **案例 12 - 18** "余弦定理"的教学案例

1. 情境创设

自动卸货汽车的车厢采用液压结构. 设计时需要计算油泵顶杆 BC 的长度（如图 12-6），已知车厢的最大仰角为 $66°20'$，油泵顶点 B 与车厢支点 A 之间的距离为 $1.95\ \text{m}$，AC 的长为 $1.40\ \text{m}$，计算 BC 的长（保留三个有效数字）.

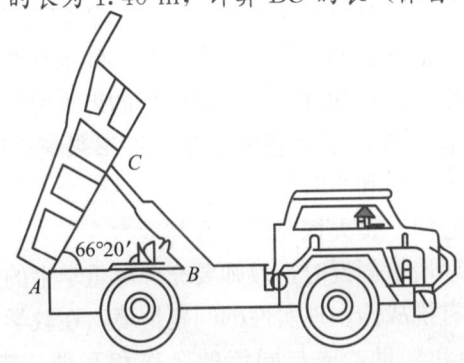

图 12-6

2. 问题提出

师：大家想一想，能否把这个实际问题抽象为数学问题？

生：可以. 在$\triangle ABC$，已知$AB=1.95$ m，$AC=1.4$ m，$\angle BAC=66°20'$，求BC的长.

师：能用正弦定理求解吗？为什么？

生：不能. 正弦定理解决的问题包括：已知三角形的两边与一边的对角，求另一边的对角；已知三角形的两角与一边，求角的对边.

师：这个问题的实质是什么？

生：在三角形中，已知两边和它们的夹角，求第三边.

3. 问题解决

师：请同学们想一想，以前遇到这种一般问题时，是怎样处理的？

生：先从特殊图形入手，寻求答案或发现解法.

可以先在直角三角形中试探一下.

师：在直角三角形中，如图12-7，根据勾股定理，有$c^2=a^2+b^2$. 在斜三角形ABC中，如图12-8，过A作BC边上的高AD，将斜三角形转化为直角三角形.

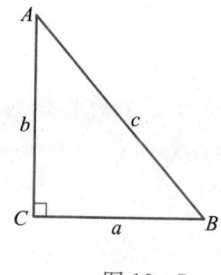
图12-7

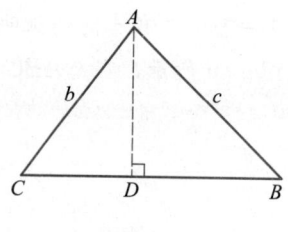
图12-8

师：垂足D一定在边BC上吗？

生：不一定，当角C为钝角时，点D在BC的延长线上.

师：所以，要分两种情况来讨论.

(1) 当三角形ABC为锐角三角形时，过A作AD垂直BC于D.

在直角三角形ADB中，$AB^2=AD^2+BD^2$；

在直角三角形ADC中，$AD=AC\sin C$，$CD=AC\cos C$，即
$$AD=b\sin C, \quad CD=b\cos C.$$

又$BD=BC-CD$，即$BD=a-b\cos C$，所以
$$c^2=(b\sin C)^2+(a-b\cos C)^2$$
$$=b^2\sin^2 C+a^2-2ab\cos C+b^2\cos^2 C$$
$$=a^2+b^2-2ab\cos C.$$

同理可证：
$$a^2=b^2+c^2-2bc\cos A;$$
$$b^2=c^2+a^2-2ca\cos B.$$

(2) 在钝角$\triangle ABC$中，不妨设角C为钝角，如图12-9，过A作AD垂直

BC, 交 BC 的延长线于 D.

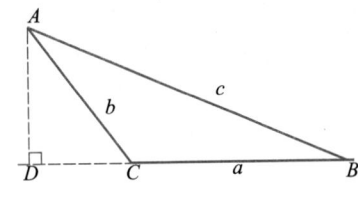

图 12-9

在直角 △ADB 中, $AB^2 = AD^2 + BD^2$;

在直角 △ADC 中, $AD = AC\sin(\pi - C)$, $CD = AC\cos(\pi - C)$, 即
$$AD = b\sin C, \quad CD = -b\cos C.$$

又 $BD = BC + CD$, 即 $BD = a - b\cos C$, 所以
$$c^2 = (b\sin C)^2 + (a - b\cos C)^2$$
$$= b^2\sin^2 C + a^2 - 2ab\cos C + b^2\cos^2 C$$
$$= a^2 + b^2 - 2ab\cos C.$$

同理可证:
$$a^2 = b^2 + c^2 - 2bc\cos A;$$
$$b^2 = c^2 + a^2 - 2ca\cos B.$$

师: 大家想一下, 还有其他的证明方法吗?

师: 如图 12-10 所示, 在 △ABC 中, AB, BC, CA 的长分别为 c, a, b. 由向量加法得

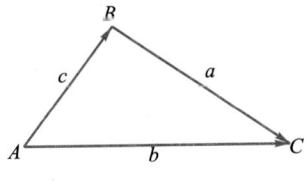

图 12-10

$$\overrightarrow{AC} = \overrightarrow{AB} + \overrightarrow{BC}$$
$$\overrightarrow{AC}^2 = (\overrightarrow{AB} + \overrightarrow{BC})(\overrightarrow{AB} + \overrightarrow{BC})$$
$$\overrightarrow{AC}^2 = \overrightarrow{AB}^2 + \overrightarrow{BC}^2 + 2|\overrightarrow{AB}||\overrightarrow{BC}|\cos\theta.$$

师: θ 是哪两个向量的夹角呢? 它与 ∠B 有什么关系?

生: θ 是向量 $\overrightarrow{AB}$ 与向量 $\overrightarrow{BC}$ 的夹角, 它与 ∠B 互补, 即 $\theta = 180° - B$.

师: 由此我们得到
$$b^2 = c^2 + a^2 - 2ca\cos B.$$

同理可得
$$a^2 = b^2 + c^2 - 2bc\cos A;$$
$$c^2 = a^2 + b^2 - 2ab\cos C.$$

4. 反思应用

师: 同学们通过自己的努力, 发现并证明了余弦定理. 余弦定理揭示了三角

形中任意两边与夹角的关系，请大家考虑一下，余弦定理能够解决哪些问题？

生：知三求一，即已知三角形的两边和它们的夹角，可求另一边；已知三角形的三条边，求角．

师：请同学们用余弦定理解决本节课开始时的问题．（请一位同学将他的解题过程写在黑板上．）

生板书：

解：由余弦定理，得

$$BC^2 = AB^2 + AC^2 - 2AB \cdot AC\cos A$$
$$= 1.95^2 + 1.40^2 - 2 \times 1.95 \times 1.40 \cos 66°20'$$
$$\approx 3.571$$

所以 $BC \approx 1.89$ （m）．

师：大家回想一下，三角形中有六个元素，三条边及三个角，知道其中任意三个元素，是否能求出另外的三个元素？

生：不能，已知的三个元素中，至少要有一个边．

师：解三角形时，何时用正弦定理？何时用余弦定理？

生：解三角形时，已知三角形的两边与一边的对角或两角与一边，用正弦定理；已知三角形的两边和它们的夹角或三条边，用余弦定理．

【案例分析与评价】

建构主义强调，学生并不是空着脑袋走进教室的．在日常生活中，在以往的学习中，他们已经形成了丰富的经验，小到身边的衣食住行，大到宇宙、星体的运行，从自然现象到社会生活，他们几乎都有一些自己的看法．有些问题即使他们还没有接触过，没有现成的经验，但当问题一旦呈现在面前时，他们往往也可以基于相关的经验，依靠他们的认知能力，形成对问题的某种解释．并且这种解释并不都是胡乱猜测，而是从他们的经验背景出发而推出的合乎逻辑的假设．所以，教学不能无视学生的这些经验，另起炉灶，从外部装进新知识，而是要把学生现有的知识经验作为新知识的生长点，引导学生从原有的知识经验中"生长"出新的知识经验．

为此，本节课沿着"设置情境—提出问题—解决问题—反思应用"这条主线，把从情境中探索和提出数学问题作为教学的出发点，以"问题"为红线组织教学，形成以提出问题与解决问题相互引发、携手并进的"情境—问题"学习链，使学生真正成为提出问题和解决问题的主体，成为知识的"发现者"和"创造者"，使教学过程成为学生主动获取知识、发展能力、体验数学的过程．教师创设情境，学生通过自主探索、合作交流，亲身经历提出问题、解决问题、应用反思的过程，成为余弦定理的"发现者"和"创造者"，切身感受了创造的苦和乐．这样，知识目标、能力目标、情感目标均得到了较好的落实，为今后的"定理教学"提供了一些有用的借鉴．

第四节　基于理解性教学思想的数学教学设计

一、什么是数学理解

视频 12.11 理解性教学的内涵及意义

《辞海》中对"理解"的解释是："理解是通过揭露事物间的联系而认识新事物的过程."

《心理学大辞典》中对"理解"的解释是："个体运用已有知识、经验，以认识事物的联系、关系直至其本质、规律的思维活动.""关于理解的实质，认知学派认为，个体在认识过程中，把新事物同化于已有的认知结构，或是改组扩大原有的认知结构，把新事物包括进去，这样的心理活动就是理解."①

理解也是教育目标分类中的一个重要学习指标. 根据布卢姆教育目标分类学，我国中学数学教学目标分类体系中，对"理解"这一目标层次的要求是：对概念和规律（定理、公式、法则等）达到理性认识，不仅能够说出概念和规律是什么，而且能够知道它是怎样得出来的，它与其他概念和规律之间的联系，有什么用途.

通过对以上各种解释的分析，我们认为，"理解"不是简单地对知识的"记忆""知道""照本解释"或者"照本运用". 所谓"理解"，应该是学生在已有知识经验的基础上，通过思考发现知识间的内在联系，并能以多种不同的方式重新呈现，且在适当的情境中正确地应用，从而使认知结构得到扩展和提高的过程.

那么，何谓数学理解？有人认为，能够用自己的语言来叙述一个概念或原理就叫理解；有人认为，能够运用自己所学的知识才叫理解；还有人认为，理解是一系列水平的层次，比如了解、领会、掌握、熟练应用等. 不错，这些都能用来描述理解的外在表现或结果，但是却没有真正从心理层面给理解下一个定义.

事实上，理解是一个心理过程，是学习者对学习对象或内容积极建构其心理意义的过程. 因此，数学理解就是指学生在已有数学知识和经验的基础上，建立新知识的个人心理表征，建构新知识的个人心理意义，不断完善和发展头脑中的数学知识网络，并能将纳入知识网络中的新知识灵活地加以提取和应用.

数学理解是一个建构数学知识意义的过程，在这个过程中，主要涉及三个方面的工作：第一，必须将原始信息改造成适应个人认知结构特点、便于存入和提取的形式，因此，建立的概念表象自己越熟悉、越细致、越准确，就越记得住，也越容易提取；第二，新知识结点与其他结点的连线越多，该结点的入口就越多，经由这些通道进入该结点的机会也就增多；第三，在新、旧知识的节点的联系中，本质性的联系越多，准确性越强，这些联系就越紧密和牢固，甚至可以大大减少中间连线的数量，这样，经由其他结点激活该节点的可能性越大，回忆必然越方便、越迅速.

---

① 朱智贤. 心理学大辞典 [M]. 北京：北京师范大学出版社，1989：386.

二、数学理解的意义

（一）理解有助于知识意义的深刻领会

理解的根本目的是深刻认识知识的意义. 囫囵吞枣、一知半解，知其然不知其所以然，这样就难以获得数学知识的意义，于是机械性学习就不可避免地产生了. 比如，在"乘除法的认识"的教学中，对于"0不能作除数"的规定，常说"零作除数没有意义"或"规定零不能作除数"，许多教师往往只是把它当成一个结论，强调"0作除数，没有意义". 令人难以信服的"强调"，必然导致学生的机械记忆.

（二）理解有助于个体知识结构的完善

数学理解的本质是数学知识的结构化、网络化和丰富联系. 建构主义学习观一再强调："要对知识形成深刻的、真正的理解，这意味着学习者所获得的知识是结构化的、整合的，而不是零碎的、只言片语的."[1] 而希伯特教授则用信息的内部表示和构成方式来描述理解，"我们认为一个数学的概念、方法或事实是理解了，是指它成了内部网络的一个部分. 更确切地说，数学是理解了，是指它的智力表示成了网络的一个部分. 理解的程度是由联系的数目和强度来确定的."[2]

（三）理解能够减轻学习者的记忆负担

记忆的基本单位未必是一个一个单独的"项"，而可能是由若干相关的项组成的组块. 由于所说的组块是用单一的符号或语言文字来代表的，因此，这就给信息的记忆带来很大的好处. 如果某一个知识点没有得到理解，那么，它就会单独地、孤立地存入记忆中的某个位置，占用一个记忆单位. 由于工作记忆容量的有限与狭小，显然这会不利于以后的学习.

而当一个知识点获得理解以后，它就会与其他知识有着紧密的联系，并与它们形成知识网络（组块），网络的结构越强，需要单独记忆的东西就越少，相对而言组块数量就越少. 随着理解的不断深入，网络内部可能得到简化，网络与网络之间的外部联系又得以加强，一些网络能进一步组成新的整体，使整体结构获得简化. 这样一来，记忆负担得以减轻，信息的提取也更加方便.

（四）理解有助于知识的灵活迁移和应用

沃特海梅尔曾做过这样的研究[3]，让两组学生对平行四边形面积公式分别展

---

[1] 张建伟，陈琦. 简论建构性学习和教学 [J]. 教育研究，1999（5）：56-57.
[2] D A 格劳斯. 数学教与学研究手册 [M]. 上海：上海教育出版社，1999：134-136.
[3] 布朗斯弗特，等. 人是如何学习的 [M]. 程可拉，等，译. 上海：华东师范大学出版社，2002：60-63.

开理解法学习和死记法学习. 第一组学生通过三角形割补关系,理解了平行四边形可以重新组合成长方形,所以他们很容易内化平行四边形面积公式的内在意义. 第二组学生则要求死记平行四边形面积公式. 在随后的迁移测试中,在一些解决平行四边形面积的典型问题上,两者都表现出色. 但对一些非常规问题(如竖置的平行四边形、带有不规则割补的平行四边形),第一组表现出色,而第二组却无能为力. 所以,迁移与应用受理解性学习程度的影响,而非仅靠记忆事实和墨守成规.

三、数学理解的类型

(一) 工具性理解和关系性理解

视频 12.12 数学理解的类型和视角

1976 年 R. 斯根普明确提出了事物的理解有两种模式:工具性理解和关系性理解[①]. 工具性理解是指一种语义理解,即符号所指代的事物是什么;或者是一种程序性理解,即一个规则所指定的每一个步骤是什么,如何操作. 关系性理解则还需加上对符号意义和替代物本身结构上的认识,获得符号指代物意义的途径,以及规则本身有效性的逻辑依据等.

斯根普认为,学生在学习新的数学概念或数学公式时,由于对代表学习对象的符号形式不熟悉,往往把注意力集中于对符号本身含义的描述,而不是它的指代物的意义上,即所从事的是促进"工具性理解"形成的活动. 他还指出,关系性理解本身就是一个数学学习目的,有益于学习者解决新的问题,有助于形成高质量的知识结构,所以更多的理解应当定位于"关系性理解". 显然,斯根普关于理解的两种模式,实质是指数学理解的两个不同层面,只有从工具性理解达到关系性理解,个体才能把握数学对象的本质.

(二) 数学理解发展的"超回归"模型

1994 年,英国的 S. Pirie 和加拿大的 T. Kieren 提出了一个数学理解发展的"超回归"数学理解模型.[②] 两位学者认为,数学理解可以划分为八个水平,即原始认识、产生表象、形成表象、性质认知、形式化、观察评述、构造化和发现创造. 这八种水平的关系可以用八个嵌套的圆来表示,并依水平的增高所表示的圆的半径依次增大,前一个圆包含在后一个圆中,逐步拓广. 这一组圆描述了理解水平之间的相互关系,从认知的观点强调了理解是一个进行中的、动态的、分水平的、非线性的发展过程,是反反复复的不断建构组织的动态过程. 该模型突出强调了理解中认知结构发展的层次性、连续性、动态性特征,而不是各种认识的简单获得,因而普遍认为该理论是以认知观点比较全面认识数学理解的一个

[①] 马复. 试论数学理解的两种类型——从 R. 斯根普的工作谈起 [J]. 数学教育学报,2001,10 (3):28-33.

[②] 李淑文,张同君. "超回归"数学理解模型及其启示 [J]. 数学教育学报,2002,11 (1):21-23.

理论.

(三) 直接性理解、解释性理解、推断性理解和创造性理解

周建华将数学理解划分为直接性理解、解释性理解、推断性理解和创造性理解四个层次[1]. 他认为，直接性理解就是对数学语言、符号的表面理解，即能识别语言描述中的错误或不妥之处，能直接找出肯定的实例或否定的反例. 解释性理解就是对数学知识内在联系的理解，即能理解概念的上位、下位、同位关系，深刻理解概念的内涵与外延，把握公式的来龙去脉，揭示公式的联系等. 推断性理解就是在充分理解数学概念、公式、定理等知识的基础上，对有关数学对象作出个人的推断. 创造性理解是指摆脱有关材料的束缚，对知识内容提出创造性的理解，创造性理解是理解层次的最高级别.

(四) 操作性理解、关系性理解和迁移性理解[2]

1. 操作性理解

操作性理解是指个体懂得数学的某个事实、技能与概念，了解某个原理，懂得某个技能的操作步骤，能够解决知识点较单一的题目，适合于解决操作性强、有固定解题模式的问题，但不能体会知识中蕴涵的数学方法与数学思想.

2. 关系性理解

关系性理解是指个体对数学的本质与规律及相关联事物的深刻认识，能够在纵横联系中认识数学，表现为能够理顺概念间的上位、下位、同位关系，能够运用所学知识与经验同化新知识，能把握数学知识之间的内在联系，能够运用所学知识解决一些综合性问题.

3. 迁移性理解

迁移性理解是指个体在关系性理解的基础上，能够将所学数学知识及思想方法迁移到别的场合. 达到迁移性理解水平的学生，能够在解决陌生情境中的问题时，表现出思维的创造性.

(五) 理解的零层次、常识性层次、逻辑性层次和观念性层次[3]

1. 零层次

如果把数学教学中那种照本宣科式的教学，在数学学习中只会背诵定义定理、模仿做题，这种实际上的不理解，也称为理解的一个层次的话，就只能称为零层次.

2. 常识性层次

---

[1] 周建华. 试论"理解"的层次结构 [J]. 中学数学, 1998 (6): 3-4.
[2] 邵梅生. 由浅入深说理解——例析学生数学理解的层次性 [J]. 基础教育课程, 2007 (11): 20-21.
[3] 于新华, 杨之. 数学理解的层次性及其教学意义 [J]. 数学教育学报, 2005, 14 (2): 23-25.

常识性层次也叫知识性层次，通常称为初步理解．其特征是能重述定义、定理、公式、法则，知道概念的外延和对象的初步分类，能读懂公式的推导和定理的证明过程，解题时能模仿和套用例题的整个解答过程及符号的使用．知识是零散的，有木无林，缺乏系统性．"懂而不会"是这一层次理解的重要特征．

3. 逻辑性层次

逻辑性层次也叫能力性层次，通常称为深刻理解．表现为对知识能牢固记忆；对概念能分析其内涵、外延；对定理能分析内容、结构，能写出完整的证明，至少能深入理解已有的证明．对知识能按逻辑顺序排成网络，有木有林，对其特征"既懂又会"．

4. 观念性层次

观念性层次也叫思想性层次，通常称为透彻理解．表现为了解概念定义构想和定理公式发现发明的大致过程，以及相关数学思想方法的脉络；对知识是结构性记忆；有运用合情推理的体验和演绎推理的基本功；不仅见木见林，而且对数学有整体的认识，对数学的精神、数学美、数学的价值、数学的文化教育功能，有切身感受．

概言之：不知其然者，全无理解，自然是零层次；"知其然"即掌握结果结论，相当于第一层次理解；而"知其所以然"即掌握结论之因，上升到理解的第二层次；这还是远远不够的，还要弄明白"何由以知其所以然"，即怎样想到这样定义、这个解法或证明的，这就涉及思想方法，离不开研究经历和观念指导，从而达到了理解的观念性层次．

（六）陈述性知识的理解、程序性知识的理解和过程性知识的理解[①]

认知心理学家将知识在学习者头脑中的呈现和表达方式，称为知识的表征．对一个事物本质的理解，就是指该事物的性质以一定的方式在学习者头脑中呈现并能迅速提取．基于此，将理解解释为对知识的正确、完整、合理的表征．

根据对数学知识的分类，数学理解应涵盖对陈述性知识、程序性知识及过程性知识的理解等三个方面．

1. 对陈述性知识的理解

陈述性知识的理解是从知识的基本单元表征，到形成命题网络，再到获得图式的过程．以"函数"概念为例．函数 $y=f(x)$ 由自变量、因变量及对应关系三个部分构成．首先，学习者需在对这三个命题表征的基础上，形成一个概念自身的命题网络．其次，学习者需要明晰函数概念与其他概念的关系．例如，从纵向看，函数的上位概念是映射，下位概念是各种特殊函数；从横向看，还需明辨函数与方程、函数与不等式等概念之间的关系，从而形成函数概念与其他概念相互联系的命题网络．最后，学习者还要理解函数与图像的关系，对一些特殊函数的图像，头脑中应有清晰的印象，即对函数概念进行表象表征．经历了上述三个步

[①] 黄燕玲，喻平．对数学理解的再认识[J]．数学教育学报，2002，11(3)：40-43．

骤,学习者就会获得函数概念的图式.

对一个陈述性数学知识的理解,是指学习者获得了该对象的图式.

2. 对程序性知识的理解

一个数学对象往往既包含结果也包含过程. 如"加法"$a+b$,既代表两个集合中的元素合并或添加起来的过程,又代表合并或添加后的结果. 又如"函数$y=f(x)$",既代表定义域中的元素按对应法则与值域中元素作对应的过程,又代表特定对应的关系结构. 因而对数学知识的理解,就不仅包括对静态的、结果的陈述性知识的理解,还包括对动态的程序性知识的理解.

与静态的陈述性知识不同,程序性知识以"产生式"这种动态形式来表征.所谓产生式是指一条"条件—行动"规则,即一个产生式总是对某一或某些特定的条件满足时才发生的某种行为的一种程序. 当一个产生式的行动成为另一个产生式的条件时,这两个产生式便建立了相互的联系. 若一组产生式有这种相互联系,便形成一个产生式系统,产生式系统代表了人从事某一复杂行为的程序性知识.

程序性知识中的策略性知识,其表征是一种双向产生式. 双向产生式是一种具有双重功能的指令,它既能指令在具备什么样的条件下会有什么动作,又能指令在不同情形中选用不同的产生式. 换言之,学习者不仅知道"如果……那么……",而且还应知道在什么条件下使用"如果……那么……".

对程序性数学知识的理解,是指建立了产生式系统和双向产生式系统.

3. 对过程性知识的理解

过程性知识是指个体对数学知识发生发展过程的体验性知识,包含对陈述性知识及程序性知识获得的体验.

过程性知识的表征可分为两个层面,一是关系表征,二是观念表征. 关系表征指个体对知识发展过程中知识之间存在某些关系的体悟. 观念表征则是对知识之间发生关系的缘由的体悟,其成分更多的是一种元认知体验. 这两种表征因人而异,不同的学习者对同一对象的关系表征的完善性、观念表征的深刻性都可能不同.

对过程性数学知识的理解,是指学习者形成完善而深刻的关系表征和观念表征.

四、促进数学理解的教学设计策略

(一) 从学生已有的知识和经验出发

研究表明,学生并不是空着大脑走进数学课堂的,在学习新的数学知识之前,学生已经具备了与所要学习的新知识相关的一些经验和看法,学生头脑中的这些已有的知识经验不仅引导着学生对数学现象的观察和解释,还影响着学生对教师和教材提供的信息的理解. 可以说,学生已有的知识经验在很大程度上引导和决定着对数学新知识的学习.

教师一旦探查出学生已有的知识经验,后续教学设计和实施就有了科学依据. 针对有利于新知识学习的知识经验,教师可以通过下位学习、上位学习和并列结合学习这三种形式,在教学中协调与整合学生学习的内容,使新旧知识很好地联系起来. 由认知结构同化论可知,学生已有知识经验的概括水平越高,就越有利于新知识的学习. 据此,奥苏贝尔提出了教学中的具体应用策略——先行组织者策略.

先行组织者是指先于学习任务本身而呈现给学生的引导材料,其抽象概括水平高于新知识,同时又能清晰地同原有的认知结构相联系,作为架设新旧知识之间的桥梁.[①] 先行组织者一般由教师在课的开始提供给学生,并贯穿于教学始终,不断为新的学习提供"固着点",发挥定向、引导作用.

1. 说明性组织者

当学生遇到新的学习任务时,倘若其原有认知结构中缺乏同化新知识的适当的上位观念,便可以设计一个概括与包容水平高于要学习的新材料的组织者,这就是说明性组织者,也称为陈述性组织者. 学生先学习说明性组织者,以获得一个可以同化新知识的认知框架.

▶ 案例 12 - 19

在学习"函数单调性"之前,可设置一些引导性材料作为先行组织者:变化之中保持不变的特性就是性质;变化过程中出现的规律性就是性质. 现实世界中的某些变化会随着时间的推移而有增有减、有快有慢,有时达到最大值、有时处于最小值……这些现象反映到数学中,就是函数值随自变量的增加而增加或减少、什么时候函数值最大或最小……这就是我们要研究的函数性质——"单调性""最大值""最小值".

2. 比较性组织者

当学生遇到新的学习任务时,倘若其认知结构中已经具备了同化新知识的适当观念,但该观念不清晰、不牢固,学生难以应用,或者学生对新旧知识之间的关系辨别不清,这时便可以设计一个指出新旧知识异同的组织者,即比较性组织者. 学生先学习比较性组织者,以用于新、旧概念的整合或辨别.

▶ 案例 12 - 20

为了帮助学生更好地理解排列与组合的不同,可设计如下的比较性组织者:
例1　(1) 全班 50 名同学每两个人握手一次,共握手多少次? (2) 全班 50

---

① 郝琦蕾,姜晋国. 奥苏贝尔的"学与教"理论:精髓、批判及其对当前教改的启示 [J]. 杭州师范学院学报(社会科学版),2003 (6):11-15.

名同学互赠照片一张,共需照片多少张?

例 2 (1) 从 2, 3, 5, 7, 11 中任意取两个数相乘,可得多少个不同的积?(2) 从 2, 3, 5, 7, 11 中任意取两个数相除,可得多少个商?

例 3 6 个人去甲、乙、丙三个车间劳动,(1) 如甲去 1 人,乙去 2 人,丙去 3 人,分配方法有多少种?(2) 如一个车间去 1 人,一个车间去 2 人,一个车间去 3 人,分配方法有多少种?

(二) 提供丰富的感性材料

数学认知理解是在已有的知识、经验的基础上进行的. 直观教学是使学生通过观察达到数学认知理解水平中的表象阶段的一种重要方法. 教师通过向学生提供足以说明有关知识的丰富的感性材料,让学生借此来进行各种复杂的认知活动,在头脑中建立起要认识事物的特征、知觉、表象或观念,从而获得对事物的一些具体的或感性的认识,为达到数学认知理解的本质阶段奠定基础. 在为学生提供丰富的感性材料时,除了一些实物、模型外,还要注意材料的多样化,可以通过多媒体展现数学图形的各种变化形式.

▶ **案例 12-21**

在讲"轴对称和轴对称图形"一节时,可以运用计算机辅助教学,制作一只会"飞"的彩蝶,彩蝶刚一"飞"上屏幕,就会吸引全体同学的注意力,这时教师要启发和引导学生观察蝴蝶的两只翅膀,由此,学生很快就能从蝴蝶两只翅膀在运动中的现象得出轴对称的形象,并且能举出许多轴对称的实例. 接着在屏幕上演示轴对称三角形,引导学生找出对称点和对称轴、对称线段与对称轴的关系,最后得到轴对称的三个性质及其逆定理. 通过这种方式,使得抽象的数学概念成为看得见、摸得着的东西,从而更有助于学生对轴对称和轴对称图形的理解.

(三) 设计具有思考价值的问题

问题是思维的源泉,更是思维的动力. 数学新课程提倡开展以问题为中心的教学,引导学生通过高水平的思维来学习,通过问题解决来建构对数学知识的理解. 其实学习过程就是学生不断发现问题、分析问题和解决问题的过程. 教学要尊重学生的学习规律,促进学生的发展,就要大力倡导以问题为中心的教学,通过问题来组织、引导和调控教学,使学生积极主动地参与学习过程,在分析问题、解决问题的过程中理解和运用知识.

实施以问题为中心的数学教学,问题的设计是关系整个教学成败的关键. 研究表明,并不是所有的问题都能达到启发学生、调动思维积极性的目的. 问题可以设计得非常具体、琐碎,使学生容易获得标准答案;问题也可以设计得充满启发性,使学生调动起自己的经验、意志和创造力,通过发现、重组等多种过程形成答案.也就是说，不同的问题所引起的学生的思维参与程度是不同的，在促进学生对知识理解方面的作用也不相同.因此，教师在教学中应尽量设计具有思考价值的数学问题，使学生始终在积极思维的过程中深刻理解所学的数学知识.

（四）构建合理的认知结构

要对数学知识形成深刻的理解，就意味着学习者所获得的知识应是结构化的、整合的，而不是零碎的、孤立的.理解的实质是认识事物之间的联系及其本质，学生通过学习应能找出知识之间的内在联系，并根据这种联系形成知识网络.学生理解数学知识的最终目的就是要构建良好的数学认知结构，从而为学生运用数学知识分析和解决实际问题打下坚实的基础.

一个良好的认知结构应具有以下三个特征：

（1）整体性.良好的认知结构是一个相对完整的体系，其中既有陈述性知识，又有程序性知识，更要有策略性知识.

（2）层次性.良好的认知结构并非各种不同知识的简单、线性排列，而是把零散、琐碎的知识，点串成线、线结网成面、面延伸成体，以知识组块的形式形成立体的知识网.

（3）开放性.随着学习过程的不断发生，良好的认知结构总是处于不断丰富、扩大的动态过程中，是一个无限发展的过程，而不是封闭和僵化的系统.

要促进学生良好数学认知结构的构建，在教学中必须充分发挥学生的主动性，引导学生通过相互讨论和交流，深入思考新知识与新知识之间、新知识与旧知识之间的内在联系，促进学生对所学数学知识的深刻理解，而不是机械记忆；要重视并及时地对数学知识进行综合整理，不断提高学生头脑中数学知识的系统性和概括性水平，使学生构建一个有序、开放、灵活的数学认知结构.简言之，积极地"联系思考"与"综合整理"，是构建良好的数学认知结构的关键.

（五）循序渐进、螺旋式地安排知识

数学理解的认知过程并非是直线发展的，学生对数学基本概念、基本原理的理解和掌握，不可能一次完成，需要不断地进行反复，才能逐渐地把对新知识的理解推向深入.因此，在数学教学过程中，要以基本概念、基本原理为核心，螺旋式地安排数学知识，使学生能够反复地接触重要的基本概念和原理，直至学生建构起了与这些基本观念相适应的知识体系.

以数学概念的学习为例.数学概念系统是一种多层次的复杂结构，因此，理解和掌握数学概念应遵循由简单到复杂、由具体到抽象、由低级到高级的认识顺序.低层次的理解是高层次理解的基础，各层次之间最好不要越级.

首先，数学概念在发生过程教学的层次性：①展示概念的背景；②创设概念提出情境；③暴露概念形成过程；④探索、研究、分析概念；⑤形成概念.

其次，数学概念在理解过程教学的层次性：①对数学语言、符号的表面理解；②对数学概念内在联系的理解；③对数学概念有关对象进行推断性理解；

④对数学概念提出创造性理解.

最后,数学概念在应用过程教学的层次性:①直接应用数学概念、定义;②正面应用概念的内涵和外延;③与邻近概念区别与判定;④反面应用概念的内涵和外延;⑤系统化和整体化应用概念;⑥概念技能的训练.

(六) 培养学生的反思意识

人的认知发展在很大程度上得益于深刻的反思活动,也就是人的元认知活动和水平. 反思活动是提高认识水平、促进思维发展的核心,对推动人深入地认识事物的本质起着非常关键的作用. 由于数学对象的抽象性、数学活动的探索性、数学推理的严谨性和数学语言的特殊性,决定了正处于思维发展阶段的中学生不可能一次性把握数学活动的本质,必须要经过反复思考、深入研究、自我调整,即坚持反思性数学学习,才可能洞察数学活动的本质特征. 因此,反思性学习是促进数学理解的重要环节.

从理解性学习的角度看,如果只做不想,不去反思,那么,不仅错误做法得不到纠正,合理完善的认知结构也得不到重新组合,从而阻碍对数学的理解. 通过反思活动,学生能改造原来的数学认知结构,形成新的更高层次的数学认知结构,从而加深对数学知识的理解. 教师应注重培养学生的反思意识,督促学生经常对自己的学习活动进行反思. 比如,经常追问自己是如何思考的,用到了哪些数学思想、方法等,从而进一步洞察数学理论的本质,领会数学思想的精髓,以达到高水平的数学理解.

五、典型数学教学案例的分析

▶ **案例 12-22** "老师,我忘了"①(节选)

一天,一位学生来问问题.

生:老师,你今天上课讲的复合函数的单调性我还是不明白.

师:哪里不明白?能不能举个具体的例子?

生:我都不太明白.

师:我们今天讲了 $y=f[g(x)]$ 这种类型的函数的单调性. 首先对它进行换元,令 $y=f(u)$,$u=g(x)$. 根据定义,如果在 $u=g(x)$ 的定义域内,若 $x_2>x_1$,有 $u_2>u_1$,那么 $u=g(x)$ 是单调递增的;而在 $y=f(u)$ 中,若 $u_2>u_1$,有 $y_2>y_1$,那么 $y=f(u)$ 是单调递增的. 结合起来就有 $x_2>x_1 \Rightarrow y_2>y_1$,由定义可得 $y=f[g(x)]$ 是单调递增的函数,其他情况可同理得出. 我们上课时给出一个帮助记忆的表("+"表示递增,"-"表示递减):

视频 12.13 典型案例:"老师,我忘了"

---

① 本案例由广东佛山一中李明提供.

$u=g(x)$	$y=f(u)$	$y=f[g(x)]$
+	+	+
+	−	−
−	+	−
−	−	+

用这张表来判断复合函数的单调性，明白吗？

生：明白．

师：好，我们看一个例子，比如判断 $y=2^{x^2}$ 的单调性，$y=2^{x^2}$ 可以看成是哪两个函数复合而成的？

生：……

师：能不能看成 $y=2^u$，$u=x^2$ 呢？

生：对，可以．

师：好，你看 $u=x^2$ 的单调性如何？

生：x 大于 0 时是递增的，小于 0 时是递减的．

师：很好，那么 $y=2^u$ 的单调性呢？

生：是递增的．

师：那么把它们复合起来，$y=2^{x^2}$ 的单调性如何？请你对照这个表来分析．

生：(在老师指导下) 当 $x>0$ 时，$y=2^{x^2}$ 是递增的；当 $x<0$ 时，$y=2^{x^2}$ 是递减的．

师：对，很好．现在你明白了吗？

生：明白了．

几天后，上课又教了对数函数的性质，这位同学又来问问题了．

生：老师，这道题求 $y=\log_{\frac{1}{2}}(x^2-2x-8)$ 的单调区间我不会做．

师：前几天我不是给你讲过这样的问题了吗？你看，首先要对函数进行换元，应该怎样换元呢？

生：令 $y=\log_{\frac{1}{2}}u$，$u=x^2-2x-8$．

师：接下来干什么？

生：判断它的单调性．

师：在什么条件下判断它的单调性？

生：……

师：看书上的定义，在定义域内判断函数的单调性．

生：对，我忘记了．

……

(学生又在老师的指导下，求出了此函数的单调区间.)

师：很好．现在这类问题清楚了吗？

生：清楚了．

一个星期后进行数学单元测验，考了类似的求单调区间的问题，可这位同学又做错了．我找到她，问："这道题我不是给你讲过了吗？怎么考试又做错了？"她不好意思地说："老师，对不起，我忘了．"

【案例分析与评价】

学生开始觉得自己对教师讲的新课不明白，教师答疑讲解后，学生认为明白了．但后来对类似的问题学生依然没有解决思路，再次"明白"后，还是不能够正确解决同类问题．学生的归因是"忘了"．是真的忘了，还是对函数的单调性、复合函数等知识内容根本就没有理解？学生还是不能够有效地把握问题，并完整、正确地解决问题．这位教师对此的反思是：

"答疑时，我自认为讲得很清楚，学生受到了一定的启发．但是反思后我发现，自己的讲解并没有很好地针对学生原有的知识水平，从根本上解决她存在的问题，只是一味地想要她按照某个固定的程序去解决这一类问题．学生虽然说明白了，却并不真正理解问题的本质性的东西，如复合函数的意义、复合函数中函数间的相互关系、换元的目的、函数单调性的定义、如何本质地反映函数的变化趋向等．由于我没有在她原有的知识水平、经验的基础上，引导她注意新知识中的某些关键点，因此她的思维过程无法连续地进行，新旧知识的联系不牢固，表面上看是记忆的问题，'忘了'，其实她还是没有真正理解我所讲解的内容．这恐怕也是学校教育中普遍存在的一种现象．"

事实上，数学教学不能停留在片段性的零碎知识层面，也不能仅仅满足于教给程序和方法，而是要把教学内容放在数学思想的脉络中，还原到它的意义情境中，让学生在这个背景下来生成"知识"．这不但能帮助学生有效地构建各自系统的认知结构并随时通畅地提取信息，也能促使各种数学知识融会贯通而使学生达到思考自如的状态．真正理解了的东西是不会轻易遗忘的．

第五节 基于启发式教学思想的数学教学设计

一、启发式教学思想解析

（一）启发是教师引导学生学习的基本方法

教师在学生学习中的基本作用，在我国古代的《礼记·学记》中给出了很好的诠释："君子之教喻也，道而弗牵，强而弗抑，开而弗达．道而弗牵则和，强而弗抑则易，开而弗达则思．"意思是说，善于教学的人在于诱导学生，是指引而不是强逼，是鼓励而不是压制，是启迪思想而不是完全讲解或提供答案．诱导而不强逼，教师的教和学生的学就会和谐；鼓励而不是压制，教师教的容易，学生学的轻松；善于启发而不是全都讲解或提供答案，学生就会勤于思考，乐于探

视频 12.14 启发是引导学生学习的基本方法

究. 概括起来是说，教师在教学中的主要任务是"引导"，而"启发"则是教师引导学生学习的基本方法.

那么，何谓"启发"呢?《论语·述而》中记载："子曰：不愤不启，不悱不发。""启发"一词盖源于此. 宋代朱熹对此注解说："愤者，心求通而未得之意；悱者，口欲言而未能之貌. 启，谓开其意；发，谓达其辞." 意思是，教导学生不到他想弄明白而又不能弄明白的时候，不要去点拨他；不到他想说出来而又说不清楚的时候，不要去启发他.

孔子在《论语·子罕》中说："吾有知乎哉? 无知也. 有鄙夫问于我，空空如也. 我叩其两端而竭焉." 这就是说，孔子遇到有人向他提出问题时，他并不立即表示自己知道很多，马上说出问题的答案，而是首先从问者的疑难出发，让问者把自己的意见说出，并通过一些补充性的问题来反问，从问题的正、反两面加以反诘，借以激发提问者进一步思考，弄清问题的性质和内容，从而促使问者觉悟到合理的答案，很自然地引出问题的结论."叩竭法"的运用是典型的孔夫子式的启发式教学.

古希腊哲学家苏格拉底也认为，他从来都没有教给别人什么，他只不过是像一个灵魂的接生婆那样，帮助人们产生自己的思想、观点. 苏格拉底在引导童奴小厮学习"比已知正方形的面积大一倍的正方形的边长是多少"时[1]，就是通过步步反问使童奴最后陷入困惑的状态，使其自知其不知，因而力求认知，以弥补自己的不知，再通过引导性的提问，使其自己寻找到问题的答案. 通过"产婆术"的运用，使自以为知者知其不知，使自以为不知者知其所知，这是典型的苏格拉底式的启发式教学.

关于"启发"在引导学生学习中的重要性，也为国内多数教育工作者所认识. 有学者甚至认为，启发是教师教学的基本功."启发的技巧和水平可以有高低，但是无论如何启发都是必需的，不进行启发甚至可以认为是教师的无能."[2] 把"启发"作为教学的常态化要求，作为教师必备的基本素质，这一认识是非常有远见的.

（二）学习引导中的二重启发原理解析

视频12.15 学习引导中的二重启发原理

教师在课堂教学中对学生的引导，主要应通过启发性的帮助来实现. 所谓启发性的帮助，就是要求教师设身处地站在学生的立场，了解学生的具体情况，懂得他们正在进行的思维过程，逐步地诱导他们进行思维. 从内容的角度来看，这种启发性的帮助应由易到难，以符合认知规律；从思维的角度来看，这种启发性的帮助应由远及近，以提高思维强度. 为了形象地表达这一思想，下面作一草图示意（如图12-11）.

---

[1] 柏拉图. 柏拉图对话集 [M]. 王太庆，译. 北京：商务印书馆，2004：173-183.
[2] 涂荣豹. 谈提高对数学教学的认识 [J]. 中学数学教学参考，2006，(1—2)：4-8.

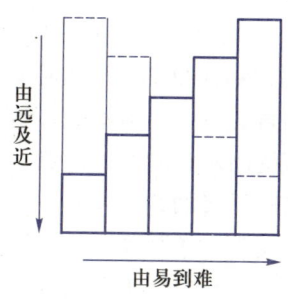

图 12-11 二重启发原理示意图

在图 12-11 中，横向是从内容的角度来看的，示意启发应"由易到难"；纵向是从思维的角度来看的，示意启发应"由远及近"．具体而言，实线台阶表示学习内容由易到难，相应的启发也应由易到难；虚线台阶表示启发由远及近，思维强度渐次递减．实线与虚线交叉"重叠"在一起，意欲表示简单、容易的内容在启发时，距离目标的起点可远些，以提高思维强度；复杂、困难的内容在启发时，距离目标的起点可近些，以节约学习的时间．两方面合起来看，这样做显然是从学习效率的角度来考虑问题的．

启发性的帮助主要依赖于提问方式来实现．

从学习内容的角度来看，提问应先易后难，逐步深入，这样就能通晓义理；如果先难后易，效果就会适得其反．《礼记·学记》指出："善问者，如攻坚木，先其易者后其节木，及其久也，相说以解；不善问者反此．"启发性提问很重要的一条就是应把握递阶秩序．它要求教师及时了解学生在学习中所处的基本内容层级，并以此为基础引导学生进行循序渐进地深入思考．比如，在数学解题教学中，在启发学生寻找解题思路时，可向学生依次作出如下提问：它是什么？它有什么性质？它们之间有什么关系？教师通过阶梯式提问，达到对学生启发和引导的目的．

从学生思维的角度来看，为了提高学生的思维强度，在可能的情况下，提问应离目标远些．远离目标的提问，具有含而不露、指而不明、开而不达、引而不发的特点，因而更有助于主体的深层认知参与．如果这样的提问过于笼统，多数学生仍然没有思路，再离目标近些进行提问，如此由远及近，最终达到预期的目的．比如，在数学解题之后，问学生"你还有什么想法"，这时学生的思考可能仍不着边际；接着问"你能换一个角度考虑吗"，这时学生的思考就有了一定的方向性；如果问"你能根据复数的意义来解答这个问题吗"，这时就几乎告诉了学生探究的思路．

二、数学教学中的启发策略分析

（一）启发的适度性策略分析

在教学过程中，启发首先应适度，不能过于直白，也不能过于含蓄．启发的

视频 12.16 数学教学中的启发策略

主要作用在于给学生以暗示,以此来达到对学生的学习进行引导的目的,不当的、尤其是过度的启发则不能达到此目的. 所谓暗示,依照心理学的一般解释,是指在无对抗条件下,通过语言、行为、情境等,用间接、含蓄的方式对人的心理和行为施加影响,使人们接受暗示者的某一观点、意见,或按暗示的一定方式活动,从而使其思想、行为与暗示者的意志相符.

在教学过程中,启发的意义就在于教师不是直接阐述知识,而是教师本人退居到暗示的地位,用暗示诱导学生自己去思考和感悟,促使他们在主动探究中进行自得和自化. 这种暗示性的启发主要由教师采用言语的方式来施授. 既可以言近而旨远,言有尽而意无穷,话里有话或弦外有音,也可以举一而寓三、一语而多关,或进行迂回设问. 语忌直,意忌浅,脉忌露,味忌短,如此才能达到暗示的效果.

为了达到暗示的启发效果,教师对学生进行提问时,必须适度远离目标,委婉而含蓄. 所谓委婉而含蓄,指的是提问内容的一般性与提问词句的简明性. 对于不委婉、不含蓄性提问的坏处,著名数学家波利亚用十分典型的例子深入浅出地做了详细剖析.[①]

"你能不能应用勾股定理啊?"当教师这样进行提问时,对学生的帮助就是太多了. 它有以下几个缺点(大意):

(1) 如果学生已经接近于问题的解答,他当然明白这一提问所包含的启示意义,可是他已不需要这项帮助了. 反之,一个学生离问题的解决还很远的时候,他就很可能完全不明白这一提问的作用. 因此这一提问并不能帮助那些急需帮助的学生.

(2) 如果这一提问的启示意义是被了解了,那么,它把所有的奥秘都显露出来,几乎没有留下什么可给学生做了.

(3) 这一提问的启示意义太狭隘,即使学生能应用它来解决手头的这个题目,但对以后会碰到的题目他们根本没有学到什么,这一提问太不具有启发性了.

(4) 就算学生懂得这一提问的作用,可是他很难体会到教师凭什么会想到它的,学生本人怎样才能够独立地想到它. 看起来这一提问太不自然了,这就像从一顶帽子里抓出一只兔子的戏法一样令人感到意外,它根本就不具有什么启发性.

暗示性的启发也可以由情境来施授,采取非言语的方式来进行. 在教学过程中,为了避免因说教而带来的压力感,有时只需利用情境进行暗示性的启发即可. 情境是以具体直观的生动形象呈现在人们面前的,对人的影响较之抽象说教具有更大的作用. 同时,情境刺激使学生自主地明白一定的内涵,并感到结论是自己亲身认识到的,而不是来自教师的具有压力的影响,因而往往能收到特殊的

---

① G·波利亚. 怎样解题——数学教学法的新面貌[M]. 涂泓,等,译. 上海:上海科技教育出版社,2002:23.

教学效果.

例如，在研究三角函数 $y=A\sin(\omega x+\varphi)$ 的图像特征时，可以令参数 A，ω，φ 的取值变化，动态地反复演示相应函数的图像，启发学生感悟参数的不同变化对函数图像特征的影响. 这样，通过教学情境的暗示性启发，教师实际上进行了"不言之教". 暗示不成再明讲，即使是明讲，通常也不应直接讲授现成知识，而是应讲解预备知识和探究方法. 因为数学是思维的科学，明讲就意味着"越俎代庖"，就减缩甚至代替了学生的思维.

（二）启发的适时性策略分析

在教学过程中，教师的启发不仅应适度，而且要适时，即当启处启，当发处发，"启"在关键处，"发"在要害处，防止超前启发和滞后启发. "不愤不启，不悱不发"即指明了"愤""悱"是启发的必然前提，也是启发的"应然"时刻. 学生对某个问题尝试解决，但又因水平限制而无法解决，如此不断尝试、不断受阻，内心求知的欲望不断郁积，当这种郁积达到不可抑制的状态时，教师就要适时疏导学生受阻的心，引导他们解决内心郁积已久的困惑.

孔子在《论语·季氏》中指出："言未及之而言，谓之躁；言及之而不言，谓之隐；未见颜色而言，谓之瞽."他从反面告诫人们：不要在不该说的时候却急于说；不要在该说的时候却不说；也不要不察颜观色而盲目地说. 在教学过程中，如果学生能知难而进，自行消除"愤""悱"，这是最理想不过的. 如果通过学生的积极努力，实在不能用自己的力量去解决问题，这时教师可以通过"点化"的方式对学生的思维进行疏通. "点化"时只指示目标、方法、范围和方向，而不要轻易言及具体的探究内容.

然而在观课和研课的过程中，我们经常可以发现，不少教师急于学生给出一个正确答案，不断地打断学生，不停地提示；或不待学生深入思考，就赶紧"启发"："首先是不是该……呢？""接下来是不是……呢？""然后是不是……呢？"这是一种既不适度更不适时的启发，学生尚未尽力，更未"心愤愤，口悱悱"，教师便去积极施教，这便是典型的教学越位. 这种所谓的"启发"，割裂了学生的思维过程，肢解了学生的思维探究，完全背离了启发式教学的宗旨.

三、典型数学教学设计案例分析

▷ **案例 12-23** "多边形的外角和"的教学案例①

复习提问

①n 边形的内角和是多少？

生：$(n-2)\cdot 180°$.

视频 12.17 典型案例：多边形的内角和与外角和

---

① 本案例选自：http://www.pep.com.cn/czsx/jszx/qnxc/jxsj/200506，有增删.

②什么叫三角形的外角?

生:三角形的一边和这个顶点的另一边的延长线所组成的图形叫三角形的外角.

③一个三角形有多少个外角?理由是什么?

生:有 6 个,每个顶点处有两个外角,共 6 个.

(师:每个顶点处的两个外角是相等的.)

④什么叫三角形的外角和?

生:每个顶点处取一个外角,再相加,叫三角形的外角和.

新课过程

(人教版《数学》七年级下册,下同)在第 83 页上有一题,如图 12-12,$\angle BAE$,$\angle FBC$,$\angle ACD$ 是三角形的外角,你能利用三角形的内角和求出三角形的外角和吗?

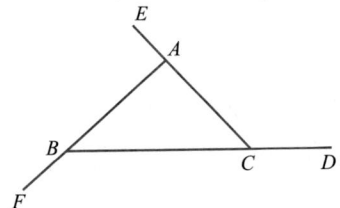

图 12-12

师:谁来说一说如何求解?

生:利用 $\angle CAE$,$\angle ABF$,$\angle BCD$ 是平角,$\angle CAE + \angle ABF + \angle BCD = 540°$,又因为 $\angle ABC + \angle ACB + \angle BAC = 180°$,所以 $\angle BAE + \angle FBC + \angle ACD = 360°$.

师:这个证法很好,我们还可以利用"三角形的一个外角等于和它不相邻的两个内角之和"来证明,同学们下来还可以去想想,现在请大家用语言来总结这个结论.

生:三角形的外角和为 360°.

师:刚才我们定义了三角形的外角和,你能定义多边形的外角和吗?

生:在多边形的每一个顶点处取一个外角,它们之和叫多边形的外角和.

师:同学们有当数学家的天赋,我们的数学家也是这样定义的.现在我们要探究多边形的外角和,先看简单的,求一个四边形的外角和,如图 12-13 所示,应如何进行求解?

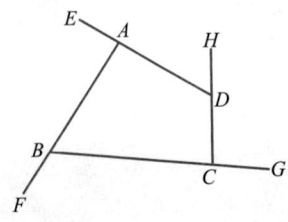

图 12-13

生：四边形的每一个顶点处的一个外角加上相邻的内角为 $180°$，有四个顶点，总和为 $4×180°=720°$，又因为四边形的内角和为 $(4-2)×180°=360°$，所以外角和为 $720°-360°=360°$.

师：完全正确，同学们根据刚才证明三角形的外角和的思路，来证明四边形的外角和，很不错. 有何结论？

生：四边形的外角和为 $360°$.

师：现在请同学们看课本第 88 页的例 2（略，内容是关于六边形的外角和问题）.

师：有何结论？

生：六边形外角和为 $360°$.

师：根据我们刚才的三个结论？你有何猜想？

生：多边形的外角和为 $360°$.

师：这个想法很好，也就是不管其边数为多少（$n≥3$），其外角和为 $360°$，是不变的. 要证明了，才能把猜想变成真理，请思考如何证明？

设边数为 $n(n≥3)$.

请大家动笔在草稿本上算算（给学生几分钟思考的时间）.

生：n 边形有 n 个顶点，每个顶点处的一个外角与其相邻的内角之和为 $180°$，有 n 个 $180°$，这些角的总和为 $180°·n$，n 边形的内角和为 $(n-2)·180°$，所以 n 边形的外角和为：$180°n-(n-2)·180°=360°$.

师：很好，现在证明了我们的猜想，得到结论，谁来总结一下？

生：定理 $n(n≥3)$ 边形的外角和为 $360°$.

师：这个定理很美，不管其边数怎样变化，其外角和是不变的. 这是我们通过计算得来的，应该还能通过其他的角度，让我们认识得更清楚一点. 如图 12-14 所示，通过作这样的辅助线你能证明吗？

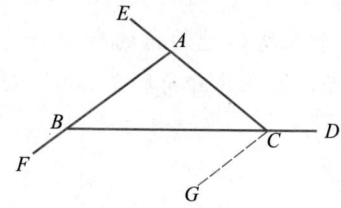

图 12-14

把 AB 平移到 CG 的位置.

（学生思考几分钟.）

生：因为 CG 是由 AB 平移得来的，所以 $AB // CG$，得

$\angle EAB=\angle ACG$，$\angle FBD=\angle GCD$，

$\angle DCA+\angle EAB+\angle FBD=\angle DCA+\angle ACG+\angle GCD=360°$.

师：很好，可以这样来进行思考，把三角形缩成一个点，其外角刚好围成一个圆，当然是 $360°$ 了.

再看一看四边形，也能这样理解吗？

师：如图12-15，过C作$CK\!/\!/DE$，$CM\!/\!/AF$，那么……

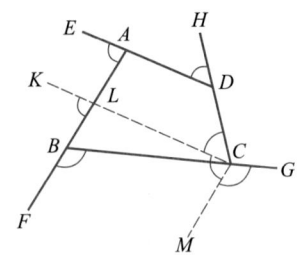

图12-15

生：有$\angle HDA=\angle DCK$，$\angle EAL=\angle KLB=\angle KCM$，$\angle FBG=\angle GCM$. 把这些外角移在一起，刚好围成一个圆.

师：回答正确，也可以这样理解，把四边形缩成一个点，其外角和刚好围成一个圆，当然外角和不变了.

师：更多的边数呢？

生（兴奋地）：一样的，先把多边形缩成一个点，其外角和刚好围成一个圆，当然是360°，不管其边数怎样变化，其外角和不变.

师：是这样的. 还可以这样理解，如图12-14，一个人面向CD，沿着CA前进时，方向改变为$\angle DCA$；沿AB前进，其方向改变为$\angle EAB$，也就是$\angle ACG$的大小；再由AB转向CD时，方向改变量的大小是$\angle FBC$，也就是$\angle DCG$. 此时，刚好转了一圈，是360°. 四边形也可以这样理解吗？

生：如图12-15，假设面向CG，转动$\angle HCG$；面向CH，转动$\angle HCK$；面向ED，再转$\angle KCM$；最后转$\angle MCG$，回到出发的位置. 刚好转了一圈，因此外角和是360°.

师：再换种理解方法，如图12-16，假设一人从A出发，经过各个顶点，然后回到出发的A点，这个人所转过的角的和恰好是这个多边形的外角和. 由于刚好转了一圈回到出发点，因此其外角和是360°. 对于其他多边形，也可以作出同样的理解.

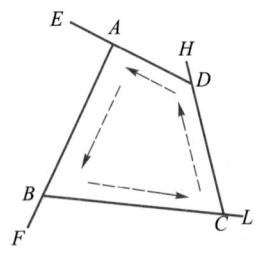

图12-16

师：如图12-17，对于凹多边形来说，显然也会有"外角和"的概念. 那么，凹多边形的外角和等于多少呢？

生：……

师：就外角和而言，凹多边形与凸多边形的区别在哪里？

生：旋转的方向到凹角形成的顶点处，角是顺时针旋转；在凸角形成的顶点处，角是逆时针旋转.

师：从数学的角度来看，就是"正"与"负"的区别，即把逆时针旋转的角度视为正角，把顺时针旋转的角度视为负角，就可以达到目的了．此时的结论应当是什么呢？

生：角度改变量的代数和是360°.

师：也可以说是方向改变量的代数和是360°.

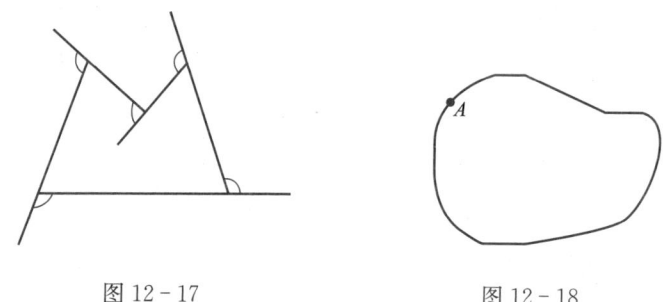

图 12-17　　　　　　　图 12-18

师：有可能的话，研究闭曲线的"外角和"．如图12-18，假设你从该曲线上的任一点 A 出发，则行走方向时时在改变，但是，当你重新回到出发点 A 时，所有角度的改变量之和（即方向改变量的总和）是多少度呢？

生：仍然是360°.

【案例分析与评价】

在启发式教学中，教师的作用是外因、是催化剂，主要起引导和点拨的作用，落脚点是诱使学生思考，并通过独立尝试，建立新旧知识的联系，作出猜想或判断．评判一种教学是不是启发式教学，不是看其外在的形式是否热闹，关键是看学生的心智活动是不是达到了领悟的水平，是不是经过自己的尝试作出猜想或判断．

在本案例中，教师通过课堂提问的方式，有效地启发学生进行了积极思维，提供了学生参与教学、互相讨论和交流的机会．围绕多边形外角和问题，从特殊到一般，从形成猜想到获得证明，从凸多边形到凹多边形甚至闭曲线，设计了一系列相互联系、渐次加深的问题，构成具有启发性的"问题系列"，将每一个问题顺次呈现给学生，通过学生各种心理活动的积极参与，特别是思维活动的深入开展，主动获得每个问题的解答，从而引导学生的认识活动逐步加深，从过程到结果，不断建构对多边形外角和的新认识，完成从已知状态到目标状态的转化．

习题作业

1. 简述主体性教学思想的基本内涵.

2. 试从过程性教学思想出发,择一数学课例进行分析与点评.
3. 你认为数学学习中是否存在"会而不懂"的现象?为什么?
4. 利用情境式教学思想,试对"余弦定理"进行教学设计.
5. 试从启发式教学思想出发,对某一数学概念或结论进行教学设计.

参考文献

著作类

[1] 中华人民共和国教育部. 普通高中数学课程标准（实验）[M]. 北京：北京师范大学出版社，2003.

[2] 张奠宙，宋乃庆. 数学教育概论[M]. 北京：高等教育出版社，2009.

[3] 胡庆彪. 高中数学教例剖析与教案研制[M]. 南宁：广西教育出版社，2005.

[4] 李求来，昌国良. 中学数学教学论[M]. 长沙：湖南师范大学出版社，2006.

[5] 余元希. 初等代数研究[M]. 北京：高等教育出版社，1988.

[6] 朱德祥. 初等几何研究[M]. 北京：高等教育出版社，1988.

[7] 何小亚. 数学学与教的心理学[M]. 广州：华南理工大学出版社，2003.

[8] 曹才翰，章建跃. 数学教育心理学[M]. 北京：北京师范大学出版社，2010.

[9] 美国国家研究委员会. 人人关心数学教育的未来[M]. 方企勤，等，译. 北京：世界图书出版公司，1993.

[10] 叶雪梅. 数学微格教学[M]. 厦门：厦门大学出版社，2008.

[11] 鲍建生，周超. 数学学习的心理基础与过程[M]. 上海：上海教育出版社，2009.

[12] 曲文. 当代教育改革理论与实践[M]. 哈尔滨：黑龙江人民出版社，2006.

[13] 中华人民共和国教育部. 义务教育数学课程标准（2011年版）[M]. 北京：北京师范大学出版社，2012.

[14] 严士健，张奠宙，王尚志. 普通高中数学课程标准解读[M]. 南京：江苏教育出版社，2004.

[15] 布卢姆. 教育评价[M]. 上海：华东师范大学出版社，1990.

[16] 加涅. 教学设计原理[M]. 上海：华东师范大学出版社，1999.

[17] 张大均，郭成. 教学心理学纲要[M]. 北京：人民教育出版社，2006.

[18] 何克抗，林君芬，张文兰. 教学系统设计[M]. 北京：高等教育出版社，2006.

[19] 何克抗. 教育技术学[M]. 北京：北京师范大学出版社，2009.

[20] 刘安君，孙全森，汪自安. 数学教育学[M]. 济南：山东教育出版

社，1997.

[21] 张景焕. 教育心理学［M］. 济南：山东人民出版社，2010.

[22] 杜晓新，冯震. 元认知与学习策略［M］. 北京：人民教育出版社，1999.

[23] 格劳斯. 数学教与学研究手册［M］. 陈昌平，等，译. 上海：上海教育出版社，1999.

[24] 张奠宙，李士锜，李俊. 数学教育学导论［M］. 北京：高等教育出版社，2003.

[25] 张思明. 高中数学新课程与学生学习［M］. 北京：高等教育出版社，2008.

[26] 裴娣娜. 教育研究方法导论［M］. 合肥：安徽教育出版社，2011.

[27] 王林全，吴有昌. 中学数学解题研究［M］. 北京：科学出版社，2009.

[28] 李士锜. PME：数学教育心理［M］. 上海：华东师范大学出版社，2001.

[29] 李祎. 数学教学方法论［M］. 福州：福建教育出版社，2010.

[30] 李祎. 数学教学生成论［M］. 北京：高等教育出版社，2008.

[31] 李祎. 中小学数学中的"为什么"［M］. 福州：福建教育出版社，2012.

论文类

[1] 鲍建生，黄荣金. 变式教学研究［J］. 数学教学，2003（1）：11-12.

[2] 聂必凯. 数学变式教学的探索性研究［D］. 上海：华东师范大学，2004.

[3] 程慧. 高中数学变式教学的研究与实践［D］. 武汉：华中师范大学，2007.

[4] 黄险锋，昌明. 高一函数教学中"关键节点"的处置［J］. 数学通报，2013（3）：26.

[5] 乔连全. APOS：一种建构主义的数学学习理论［J］. 全球教育展望，2001（3）：16-18.

[6] 李莉. 学生学习数学概念的层次分析［J］. 数学教育学报，2002，11（3）：12-15.

[7] 张中发. 基于APOS理论的数列教学研究［D］. 上海：华东师范大学，2008.

[8] 邵东涵. 基于APOS理论的实数教学研究［D］. 武汉：华中师范大学，2012.

[9] 李鑫. "有意义接受学习"和"探究学习"整合下的有效教学策略研究［D］. 上海：上海师范大学，2010.

[10] 江超群. 论探究教学中教师的引导作用［D］. 重庆：西南大学，2010.

[11] 唐剑岚. 国外关于数学学习中多元外在表征的研究述评 [J]. 数学教育学报, 2008, 17 (1): 30-34.

[12] 唐剑岚. 数学多元表征学习的认知模型及教学研究 [D]. 南京: 南京师范大学, 2008.

[13] 郑毓信. 多元表征理论与概念教学 [J]. 中学数学教学参考, 2011 (6): 2-4.

[14] 张素玲, 吴维煊. 如何构建数学思维"问题链" [J]. 中小学教学研究, 2005 (12): 63-64.

[15] 高文. 建构主义学习的特征 [J]. 外国教育资料, 1991, 28 (1): 35-39.

[16] 黄光荣. 问题链方法与数学思维 [J]. 数学教育学报, 2003 (2): 35-37.

[17] 吴祖凯. 精心设计"问题串", 培养学生思维品质 [J]. 数学通讯, 2010 (1): 4-6.

[18] 杨慧. 高中数学教学的"问题链"设计研究 [D]. 上海: 上海师范大学, 2012.

[19] 颜仁荣. "问题串"在初中数学课堂教学中的应用 [D]. 武汉: 华中师范大学, 2011.

[20] 冯宇光. 初中数学"问题串"教学设计的实践和思考 [J]. 中学数学教学参考, 2009 (9): 27-28.

[21] 陈吉利, 黄克斌. 新课程理念下的教学目标设计 [J]. 教育理论与实践, 2012 (8): 54-56.

[22] 李昌官. 布卢姆认知目标新分类指导下的数学教学设计 [J]. 数学教育学报, 2012 (3): 67-71.

[23] 豆宏健. 教学设计中教学目标的分类与表述 [J]. 甘肃联合大学学报 (社会科学版), 2004, 20 (3): 77-81.

[24] 李祎, 涂荣豹. 生成性教学的基本特征与设计 [J]. 教育研究, 2007 (1): 41-43.

[25] 李祎, 单墫. 作"无为"之师, 行有为之教 [N]. 中国教育报 (教育科学版), 2006-10-10 (3).

[26] 李祎, 涂荣豹. 学习贵在"自得" [N]. 中国教育报 (教育科学版), 2006-12-23 (3).

[27] 李祎. "问"问题中包含着怎样的学问? [N]. 中国教育报 (教育科学版), 2005-6-10 (3).

[28] 李祎. 动态生成观下数学解题教学设计的改进 [J]. 数学通报, 2006, 45 (5): 20-23.

[29] 李祎. 两则数学课例的比较研究及其教学启示 [J]. 中学数学教学参考, 2004 (11): 21-22.

［30］李祎.数学命题教学中学生创新素质培养的教学原则与策略［J］.数学教学研究，2005（3）：2-4.

［31］李祎.基于教学生成的数学教学设计［J］.天津师范大学学报（基础教育版），2006（3）：65-68.

［32］李祎.论数学解题创新的教学原则与策略［J］.数学通报，2002（8）：23-25.

［33］李祎.关于数学探究学习的认识与思考［J］.天津师范大学学报（基础教育版），2009（1）：48-51.

［34］李祎.学习引导中教师的启发策略分析［J］.上海师范大学学报（基础教育版），2008（3）：15-18.

［35］李祎.基于探究学习的数学教学策略研究［J］.数学通报，2009（2）：22-24.

［36］李祎.为病态数学教学开药方［N］.中国教育报（教育科学版），2009-10-16（3）.

［37］李祎.数学情境创设应注意的几个问题［J］.数学教学研究，2011（11）：2-6.

郑重声明

高等教育出版社依法对本书享有专有出版权。任何未经许可的复制、销售行为均违反《中华人民共和国著作权法》,其行为人将承担相应的民事责任和行政责任;构成犯罪的,将被依法追究刑事责任。为了维护市场秩序,保护读者的合法权益,避免读者误用盗版书造成不良后果,我社将配合行政执法部门和司法机关对违法犯罪的单位和个人进行严厉打击。社会各界人士如发现上述侵权行为,希望及时举报,本社将奖励举报有功人员。

反盗版举报电话　（010）58581999　58582371　58582488
反盗版举报传真　（010）82086060
反盗版举报邮箱　dd@hep.com.cn
通信地址　北京市西城区德外大街4号　高等教育出版社法律事务与版权管理部
邮政编码　100120